智慧交通关键技术与应用系列丛书

共享汽车资源优化关键技术

刘　浩　孙　宁　葛启彬
谢东繁　赵小梅　孙会君　编著

中国建筑工业出版社

图书在版编目（CIP）数据

共享汽车资源优化关键技术/刘浩等编著.—北京：中国建筑工业出版社，2023.12
（智慧交通关键技术与应用系列丛书）
ISBN 978-7-112-29535-7

Ⅰ.①共… Ⅱ.①刘… Ⅲ.①汽车—资源优化—研究 Ⅳ.①F570.7

中国国家版本馆CIP数据核字（2023）第253295号

责任编辑：李玲洁
责任校对：赵 力

智慧交通关键技术与应用系列丛书
共享汽车资源优化关键技术
刘 浩 孙 宁 葛启彬 谢东繁 赵小梅 孙会君 编著

*

中国建筑工业出版社出版、发行（北京海淀三里河路9号）
各地新华书店、建筑书店经销
北京点击世代文化传媒有限公司制版
天津画中画印刷有限公司印刷

*

开本：787毫米×1092毫米 1/16 印张：12¼ 字数：280千字
2024年5月第一版 2024年5月第一次印刷
定价：**50.00**元
ISBN 978-7-112-29535-7
（42292）

版权所有 翻印必究
如有内容及印装质量问题，请联系本社读者服务中心退换
电话：（010）58337283 QQ：2885381756
（地址：北京海淀三里河路9号中国建筑工业出版社604室 邮政编码：100037）

前　言

"汽车共享"最早出现于20世纪40年代，由瑞士人发明。他们在全国组织了"自驾车合作社"，这在瑞士这样的山地国家非常实用，一个人用完车后，便将车钥匙交给下一个人，比在平地国家建立网络更容易。

后来日本、英国等国争相效仿，但都未形成规模。日本主要是因为汽车制造商不支持这个计划，日本人喜欢拥有一辆自己的私家车。而英国尽管政府支持，但汽车租赁费用低廉，从而阻碍了"汽车共享"的发展。

汽车共享业务是典型的舶来品，第一家上市公司是2011年4月25日在美国上市的ZIPCAR公司。目前在国内商业化运营汽车共享的品牌有易多汽车共享、EVNET两家公司，汽车共享是移动互联网＋车联网的复合性业务，属于新兴行业，在中国更是很少有人知晓。但中国是人口大国，在人均社会资源非常有限，大型城市限车、限号的情况越来越严格，以及买车、养车成本越来越高，城市停车位饱和等大背景下，汽车消费将是一个困扰社会的新问题。

汽车共享属于公共交通出行的补充，是满足自驾出行的主要交通方式。国外有数据统计，一辆共享的汽车可以解决14个人的自驾出行需求，非常适合北京、上海、广州等大型城市优化路面交通资源配置。通过汽车共享的运营，使大型城市既不用建设太多的停车位，也能满足市民自驾出行的需求，是适合现阶段中国实际情况的解决方案。

车辆共享运营商越来越多地选择第三方品牌来增加收入和提高竞争力。交通传媒，也称户外广告媒体，是一种战略。目前市场上的大型汽车共享运营商有加拿大的汽车共享公司和英国的都市汽车俱乐部，小型汽车共享运营商有澳大利亚"扎特"拼车公司。对于未来的应用，许多汽车共享公司投资插入式混合动力电动汽车（电动混合动力汽车）。随着这些类型的车辆使用，天然气消耗成本大大降低。由于大多数顾客并不需要长时间或远距离使用，能够给拼车公司足够的时间来"养精蓄锐"，以便不时之需。此应用可以大大减少CO_2排放和改善城市环境。此外，拼车可视为一个科学技术消费变化案例，是一个"创新和社会经济环境之间的相互调整过程"。基于现今旅客运输能力和目前的技术变化现状，这一创新具有很大的潜力。其他国家已步入设计"概念汽车"的阶段，建立整个城市公共交通系统。PhiaroP70t海螺号是日本新概念车，完全由电池供电，而三个座位是为汽车共享理念所设计。该车小而紧凑，续航足以环绕城市也不会占用太大的停车位。这种类型的概念车已经引起全球汽车公司的关注。

汽车租赁是满足社会公众个性化出行、商务活动、公务活动和旅游休闲等需求的交通服务方式。近年来，我国汽车租赁业呈现快速发展态势，特别是随着移动互联网技术广泛应用和新能源汽车的推广，分时租赁模式（也称汽车共享）在北京、上海、广州、深圳等地兴起。据统计，目前全国有6301家汽车租赁业户，租赁车辆总数约20万辆，市场规模以每年20%左右的速度增长。据了解，目前分时租赁企业40余家，车辆总数超过 4 万辆，95%以上为新能源车辆。但总体来看，我国汽车租赁业发展仍处于起步阶段，还存在服务能力不足、法规政策建设滞后、企业经营风险较高、分时租赁新模式发展亟待引导等突出问题，与经济社会发展以及人民群众不断增长的个性化出行需求不相适应。

　　本书针对我国共享汽车发展现状，详细阐述了共享汽车用户出行行为分析、共享汽车站点选址优化、考虑租赁点特性的车辆调度模型、考虑站点充电的车辆调度模型、基于用户综合评价的调度模型，本书可供我国共享汽车发展的研究人员以及相关教学人员使用。

目 录

第1章 绪论 ... 1
1.1 共享汽车的产生背景 ... 1
1.1.1 车与行供需矛盾日益突出 ... 1
1.1.2 共享交通的理念深入人心 ... 1
1.1.3 新一代信息技术蓬勃发展 ... 2
1.2 共享汽车的发展 ... 3
1.2.1 国外发展情况 ... 3
1.2.2 国内发展情况 ... 3
1.3 共享汽车概述 ... 4
1.3.1 共享汽车服务概述 ... 4
1.3.2 共享汽车运营模式 ... 4
1.3.3 共享汽车服务设施 ... 5
1.3.4 共享汽车运营服务系统 ... 5
1.4 共享汽车服务存在的问题 ... 6
1.4.1 用户需求把握不够精准 ... 6
1.4.2 整体资源配置缺乏依据 ... 6
1.4.3 服务站点选址有待优化 ... 6
1.4.4 车辆调度缺乏技术支撑 ... 7
1.5 共享汽车关键技术 ... 7
1.5.1 用户出行行为分析技术 ... 7
1.5.2 共享汽车站点选址优化技术 ... 8
1.5.3 共享汽车车队规模优化与静态调度技术 ... 9
1.5.4 共享汽车动态调度与路径优化技术 ... 9

第2章 共享汽车用户出行行为分析 ... 11
2.1 出行行为 ... 11
2.1.1 变量定义 ... 11
2.1.2 用户聚类 ... 14
2.1.3 出行行为特征分析 ... 17
2.2 运营特性分析 ... 20
2.2.1 租赁点及区域划分方法 ... 20
2.2.2 特性分析指标 ... 21

第3章 共享汽车站点选址优化 ... 25
3.1 基于数据驱动的选址模型 ... 25

		3.1.1 研究问题基本描述	25
		3.1.2 选址模型	25
		3.1.3 案例分析	29
	3.2	基于运营数据的站点调整模型	41
		3.2.1 常用共享汽车站点布局方法总结	41
		3.2.2 共享汽车站点布局调整模型	42
		3.2.3 模型求解	47
	3.3	考虑充电的选址模型	52
		3.3.1 问题描述	53
		3.3.2 考虑电动共享汽车充电时间的选址模型	53
		3.3.3 求解算法	55
		3.3.4 算例与结果分析	59
	3.4	竞争选址模型	65
		3.4.1 共享汽车系统竞争选址模型	65
		3.4.2 模型求解	67

第4章 考虑租赁点特性的车辆调度模型 ... 76

4.1	租赁点运营特性分析	76
4.2	考虑租赁点分区的车辆调度模型	76
	4.2.1 问题描述	76
	4.2.2 模型构建	77
	4.2.3 实例分析	80
4.3	考虑租赁点车位数的车辆调度模型	85
	4.3.1 问题描述	85
	4.3.2 模型构建	86
	4.3.3 实例分析	90

第5章 考虑站点充电的车辆调度模型 ... **109**

5.1	充电特性分析	109
5.2	考虑站点充电的动态调度和路径选择模型	109
	5.2.1 站道充电动态调度模型构建	109
	5.2.2 站道充电动态调度算例分析	116
5.3	考虑站点充电的车队规模与静态调度	121
	5.3.1 站点充电静态调度模型构建	121
	5.3.2 站点充电静态调度算例分析	125
5.4	考虑站点充电的车队规模与动态调度	130
	5.4.1 站点充电动态调度模型构建	130
	5.4.2 站点充电动态调度算例分析	137

第6章 基于用户综合评价的调度模型 ··· 144
6.1 用户行为分析 ··· 144
6.1.1 共享汽车车辆调度问题分析 ································· 144
6.1.2 构建模型 ··· 145
6.1.3 案例分析 ··· 149
6.2 用户综合评价模型与分析 ·· 159
6.2.1 典型评价模型 ·· 159
6.2.2 共享汽车用户评价指标体系构建 ························· 161
6.2.3 共享汽车用户评价模型构建 ······························· 164
6.2.4 案例分析 ··· 173

参考文献 ·· 184

第1章 绪论

1.1 共享汽车的产生背景

1.1.1 车与行供需矛盾日益突出

全球经济的快速发展，汽车保有量逐年提升。与此同时，城市交通压力随之增大，交通拥堵、能源紧张、环境污染等问题制约着城市的发展。在常见的交通方式中，目前最为普遍的公共交通包括城市轨道系统、公交系统和公共自行车系统，但是这些公共交通系统都存在各自的短板，城市轨道系统和公交系统在出行的灵活性、个性化服务等方面存在弊端，而公共自行车系统能够承担的运输距离较短，不能满足群众的长距离出行需求。

为了缓解上述问题，许多国家一方面大力建设公共交通，推动公共交通的发展，另一方面出台相关政策限制私家车的数量，如购车摇号、尾号限行等。但是，汽车保有量仍然逐年增加。原因在于，与公共交通相比，小汽车更加灵活、自由、舒适。所以，共享汽车这种兼顾公共交通的资源效率和个人运输的灵活性的新型出行方式就此产生。共享汽车有多方面的发展优势，首先，共享汽车能够降低人们购买私家车的需求，对于缓解环境污染和交通拥堵问题有积极的意义。其次，共享汽车服务使用户避免拥有车辆带来的各种繁琐手续，如保险等问题，同时享受灵活而自由的小汽车出行。再者，共享汽车可以引导市民减少对于私家车的使用，改变其出行习惯，进而养成其环保出行、绿色出行的理念。

当前阶段，我国汽车生产总量已跃居全球前列，随着小康社会的全面建成，我国对汽车的消费需求不断增加，但大城市的汽车存在明显的过剩功能。截至2020年底，全国汽车保有量超100万辆的城市有70个，其中北京市的汽车保有量已超657万辆，稳居全国第一。2021年北京市机动车保有量达到685万辆，较上年增长4.3%；私人小微型客车增速保持稳定，保有量达到483.6万辆。在未来很长一段时间内，随着交通需求的快速增长，人们对汽车的需求也会增加，汽车保有量仍会不断上升，由此引起的社会和经济问题也会愈演愈烈。

1.1.2 共享交通的理念深入人心

随着越来越多企业入局共享汽车领域，近年来共享汽车行业得到迅速发展。国内共享汽车行业已经成为城市交通中不可忽视的一部分，而其重资产重运营的特点也早已凸显。我国共享汽车分时租赁经营范围主要集中于北京、上海、广州、深圳等一线城市，近几年来重庆、武汉以及石家庄等城市也相继展开了共享汽车业务。

有研究表明，平均每年每位共享汽车用户可减少 CO_2 排放 146～312kg。此外，潜在的驾驶需求与高昂的出行成本是共享汽车行业规模扩张的重要因素。用户方面，数据显示，2021年全国机动车驾驶员达4.81亿人，其中汽车驾驶员4.44亿人，约1.8亿人处于"有证无车"状态，为共享汽车行业提供了广阔的发展空间。从出行成本角度看，私家车存在车辆利用率低、维修保养成本高、出行代价大、停车难等诸多弊端，共享汽车虽然便捷性稍逊于私家车，但在经济方面占有绝对优势。用户不必购置汽车、不用负担车辆维修保养、保险、停车位等费用，仅需支付车辆租赁费用，远低于利用私家车出行的成本，对私家车主以及"有证无车"人员有巨大的吸引力。技术方面，5G通信技术、大数据、移动支付为共享汽车平台构建、产品更新、服务提升提供了有力支撑。产业方面，新能源汽车行业发展迅猛增长，2021年、2022年连续两年超过300万辆，呈快速增长趋势，为共享汽车行业注入了强大活力。

作为共享经济下的新兴产物，共享汽车开始逐渐为人们所熟悉，在诸多城市率先得到发展，与共享单车的区别在于共享单车旨在解决城市出行的"最后一公里"，而共享汽车是为了解决城市内的即时短途出行。

1.1.3　新一代信息技术蓬勃发展

在移动互联网和物联网技术的发展和支持下，共享汽车（也称短时租赁）出行由于其具有提高车辆流动性和资源可持续的潜力，引起了广泛的关注（Shaheen, Cohen, 2013），并逐渐成为能够满足用户多样性出行需求的新的交通方式。共享汽车是一种新型的公共交通方式，有相关研究表明，共享汽车可以减少道路上车辆平均行驶的里程数，可能减少交通拥堵（Crane, Ecola, Hassell, Nataraj, 2012）和尾气排放（Shaheen, Cohen, 2013）。

共享汽车是近年来兴起的一种出行方式，它既具有私家车灵活、便捷的优势，又具有公共交通节能、环保的属性，可以认为是介于两者之间的一种新型的交通方式。作为共享经济下的新兴产物，共享汽车开始逐渐为人们所熟悉，在北京、上海、杭州、兰州等城市率先得到发展。

不同于传统的城市交通方式，共享汽车有其自身的特点，一是便捷，用户可以随时随地在网上进行预约，手续较为简单，只需缴纳一定的押金即可使用汽车，避免了购车、摇号、保险等繁琐的程序，其便捷性能够满足城市居民的个性化出行，以及商务活动、公务活动和旅游休闲等多样化的用户需求；二是能够在一定程度上缓解交通问题，与私家车相比，共享汽车缓解了人们对汽车的购买需求，提高了车辆的周转率，同时能够为无车用户以及车辆限行用户提供出行便利，具有更好的公共交通服务属性，在一定程度上能够缓解城市交通拥堵问题，且由于大部分共享汽车均为电动汽车，这有助于建设生态文明城市。

1.2 共享汽车的发展

1.2.1 国外发展情况

共享汽车要求用户具备驾驶经验，因此共享汽车对采用私家车出行的人群有较大影响。通过对上海市 271 名受访者进行调查，Wang 等人发现拥有私家车的受访者中会放弃私家车而使用共享汽车的比例约为 11%；对共享汽车感兴趣且计划在 5 年内购置私家车的人数占受访者群体的 32%，其中 51% 的人表示，如果成为共享汽车会员，他们将放弃购买私家车的计划。Martin 等人的研究显示近 60% 的共享汽车成员未拥有私家车，并且共享汽车租赁能够为道路减少 75000～94000 辆汽车，意义重大。Millard-Ball 等人发现共享汽车组织中的一部分成员取消了购买小汽车的计划，并且发现平均每辆共享汽车可以替代 14.9 辆私家车。Efthymiou 等人的研究结果显示共享汽车将对使用公共汽车、无轨电车或有轨电车上下班的群体产生较大吸引，同时环保意识也是用户选择共享汽车出行的重要影响因素。

影响用户选择共享汽车出行的因素主要有年龄、学历、收入及车型等。年龄对用户选择共享汽车出行的影响并不完全相同。Yoon 等人的研究表明，老年人比年轻人更可能选择共享汽车出行。然而 Wang 等人的调查统计结果显示，对共享汽车不感兴趣的受访者比感兴趣的受访者的平均年龄高 4 岁，这表明年轻人可能对汽车共享更感兴趣。学历方面，Wang 等人的调查结果显示，56% 的受访者拥有本科以上学历，高于当地平均水平，因此对共享汽车感兴趣的人群的受教育程度分布倾向于高等教育。收入方面，Efthymiou 等人通过 Ordered Logit 模型发现，年收入在 15000～25000 欧元之间的中低收入受访者加入共享汽车系统的意愿更大。车型偏好方面，Zoepf 和 Keith 对北美地区的共享汽车公司会员进行调查分析，结果表明在其他条件相同的情况下，用户最喜欢混合动力汽车。同时发现，行驶更长距离的用户不喜欢乘坐电动汽车或插电式混合动力车，尽管插电式混合动力车没有明显的行驶距离限制。Costain 等人通过分析多伦多的一家共享汽车公司会员近 3 年的运营数据发现，在 9 种不同类型的车辆中，用户使用最多的是小型轿车和货车。Jin 等人的研究发现，用户更喜欢五人座的汽车而不是四人座的汽车。

1.2.2 国内发展情况

国内在共享汽车与其他交通方式相互影响方面，作了很多研究。卿三东在成都市金牛区开展问卷调查的结果表明，与其他交通方式相比，共享汽车在 4～6km 的出行范围内具有较高的优势。勾钰研究了昆明市呈贡大学城及其周边的用户在共享汽车出现后出行方式的变化。在 0～3km 出行范围内，共享汽车对步行、自行车、共享单车、公交、地铁、私家车、出租车等的影响较小；在 3～9km、9km 以上出行范围，使用共享汽车出行的用户比例明显增大。刘向利用 Nested Logit 模型得出的结论显示共享汽车在 15～60km 的中长距离出行中占有相当优势，同时居民在中长距离出行时偏好自驾机动化出行，所以共享汽车同私家车有竞争潜力。徐慧亮利用波特五力模型分析共享汽车与其他出行方式的竞争关系，发现共享汽车与网约车、出租车的客户群体重合度较高，竞争关系明显。杨蕴敏认为共享汽车不仅能降低出行费用，而且能够减少尾气污染，将产生良好的社会效益和环境效益。张淼经过调查统计发现，平均每位共享汽车用户每年可以减少 CO_2 排放 225kg。夏凯旋通过收集相关数据，发现北京市共享汽车的经济生态效率约是私家车的 2.34 倍，比例略低于荷兰，并建议政府规范共享汽车行业，促进生态效益提升。

由于共享汽车在国内起步发展较晚，因此影响城市居民选择共享汽车的意愿性研究较多。袁霞、王爱民利用技术接受模型和理性行为理论研究城市居民对共享汽车的态度，结果显示环保意识较高的居民对共享汽车持乐观接受态度，日后使用共享汽车出行的意愿更高。陈人杰利用模糊理论，选取出行便捷程度、安全可靠性、出行舒适度、出行费用、生态环保和可达性等指标对使用共享交通出行的用户进行偏好研究。发现共享汽车用户对出行便捷程度要求最高，其次是出行费用和安全可靠性。出行同行人数对成都市居民使用共享汽车的影响比较显著，当同行人数为 4 人时，用户选择共享汽车的概率越大，同行人数越少，使用概率越低。同时，该地区 64.67% 的居民认为每小时的出行费用应小于 15 元。尹治使用结构方程模型对共享汽车用户的满意度进行评价分析，结果显示用户对车辆投放数量、计费规则和租赁价格的满意度最低，建议企业改善运营、提高用户满意度。黄露儿对杭州市滨江区的居民进行调查，发现使用共享汽车出行的用户中 25~35 周岁的群体约占 60.14%，企业工作者选择共享汽车的意愿较大，用户可以接受的价格为每小时 15~25 元。张圆使用有序 Logit 模型和多项 Logit 模型研究影响用户使用共享汽车出行频率的主要因素，发现用户的职业属性、共享汽车的安全可靠性、便捷性和时效性对出行频率的影响较大。

1.3 共享汽车概述

1.3.1 共享汽车服务概述

共享汽车是指在某一时段，多人共用一辆汽车，是一种新型的公共交通方式，有相关研究表明，共享汽车可以减少道路上车辆平均行驶的里程数，可能减少交通拥堵（Crane, Ecola, Hassell, Nataraj, 2012）和尾气排放（Shaheen, Cohen, 2013）。共享汽车是近年来兴起的一种出行方式，它既具有私家车灵活、便捷的优势，又具有公共交通节能、环保的属性，可以认为是介于两者之间的一种新型的交通方式。

用户在用车过程中拥有车辆的使用权，但车辆的所有权属于共享汽车运营商，从经济学上来讲，这种将资产的所有权和使用权分离的模式，具有资源共享、减少汽车总量以及保护环境的作用。

1.3.2 共享汽车运营模式

共享汽车运营模式可分为固定站点式和自由浮动式两种，其中，在基于站点的运营方式中，通常根据取还车限制而分为双向式和单向式，双向式（有时称为往返式）要求顾客在取车站点归还所用车辆，给用户带来一定的不便，因而双向式运营模式相关研究相对较少。往返式共享汽车系统是传统的汽车租赁模式，要求用户在系统内的任一站点借车后，在同一站点还车；单向共享汽车系统是指用户在系统内的某一站点借车后，可在系统内的任意站点还车；自由浮动式共享汽车系统是指用户可以在任意可用于停车的位置借还车，包括公共停车位和路侧停车位。

自由浮动式停车位无需运营商提供站点和停车位，无需用户到达指定的站点借还车，是一种自由的、理想的模式，但是车辆管理调度问题对于运营商来说是一个巨大的挑战。而固定站点的往返式共享汽车要求车辆的借还车必须在同一站点，这种模式对于短时租赁的用户来说十分不便。单向式共享汽车因为允许用户根据需要在不同于取车站点的同一运营商的其他站点归还车辆，它结合了双向式和自由流动式两种模式的优势，虽在管理复杂程度上低于自由流动式，但就灵活性和便利性而言又优于双向式。

1.3.3 共享汽车服务设施

共享汽车一般用于城市内的即时短途出行，对于常见的共享汽车系统，一般需要共享汽车的运营商通过中间的服务平台与用户建立联系，运营商需要提供租赁服务平台、站点、车辆和充电桩等资源、设施。

我国共享汽车行业起步较晚，目前还处于探索推广阶段，站点作为共享汽车运营的关键部分，对运营规模和用户群体有直接的影响，运营商在运营共享汽车时，必须完善相应的设施，为用户提供尽可能的便利，才能又好又快地发展。共享汽车系统中的站点选址是共享汽车发展的基础和依据，站点布设不合理，会在一定程度上降低用户体验，最终可能会失去用户。针对共享汽车的应用前景及基础设施布局的必要性，本书以共享汽车的站点选址为中心展开的相关研究，不仅具有现实意义，也具有理论意义。另外，充电桩的配备不足，会在车辆供需平衡的传统调度中增加额外的充电调度问题。

1.3.4 共享汽车运营服务系统

用户只需在运营商提供的网站或APP上进行注册，提交证件照和驾驶证等信息，并缴纳一定的押金，在验证通过后即可使用租车服务。用户在租车的时候可随时随地在服务平台上进行车辆预订，运营商会根据用户提供的取车、还车的时间、地点、车型等信息，为用户准备最接近要求的车辆。用户用车完毕后，支付费用即可完成一次出行，运营商通常根据出行距离或出行时间进行收费。

由于用户出行的多样性，共享汽车租赁点容易出现"无车可借、无位可还"的现象，解决该问题的主要手段是通过车辆调度尽可能地满足用户在租赁点的借还需求，同时也是提高企业服务水平的基本策略。在众多共享汽车车辆调度文献中，根据需求是否已知，可以分为需求确定条件下的车辆调度和需求不确定条件下的车辆调度。需求确定条件下的车辆调度是指共享汽车租赁系统为用户提供预约租车服务，因此系统会提前了解用户的出行需求，包括出发租赁点、到达租赁点、出发和到达时刻等详细信息，为系统进行车辆调度提供准确数据。需求不确定条件下的车辆调度研究的对象是即时访问的共享汽车租赁系统，用户的出行需求未知且不确定性较强，对共享汽车企业的运营调度有较高要求。

1.4 共享汽车服务存在的问题

1.4.1 用户需求把握不够精准

由于单向式共享汽车允许用户在异站点取还车辆,可能会由于用户需求的不同而导致车辆分布不均衡的问题,出现在热门取车点车辆供小于求,在热门还车点则供过于求的现象,需要运营商对车辆进行调度。人们更加关注共享汽车在实际生活中的应用。叶建红等人提出,合理布局站点分布有利于吸引更多的市民选择共享汽车出行。但只是进行了理论层面的研究,缺乏数据支撑和贴合实际的建议。陈卫东和杨若愚以上海市 EVCARD 公司的运营情况作为基础,论述了现阶段我国共享汽车在发展过程中存在的问题,并提出需要对共享汽车需求进行准确预测,在此基础上对站点进行选址问题的研究。这一思想具有一定的可行性和合理性,但缺乏基于数据的更进一步的研究讨论。Galatoulas 等学者将研究的重点放在对共享汽车的需求预测和成本分析方面,通过对人口基本信息的采集和陈述的偏好调查,进而为设施的布局提供合理建议。与陈卫东仅是进行理论研究相比,该研究进行了需求的估计和预测,但只是采用了调查的方法,存在较大的局限性。

1.4.2 整体资源配置缺乏依据

随着电动汽车的普及和推广,共享汽车行业采用电动车队成为一大趋势,但考虑到电动汽车引入后带来的充电问题,共享汽车的综合优化问题变得更加复杂。

目前,关于充电桩选址的研究方法主要分为两大类:一类是以运筹学优化方法为核心,考虑备选点的服务半径、空间约束、路径约束等条件,将覆盖率最高、运营商总成本最小、用户步行成本最小等指标作为目标函数,通过分析约束条件之间的关系建立优化模型,最后使用运筹学、图论等理论方法求得最优解,该方法正趋于完善。随着交叉学科的发展,尤其是信息技术和计算机的发展,衍生了另一类选址方法。这类方法通常基于实际数据或仿真数据和匹配的算法,来进行选址研究,主要得益于信息技术和计算机算法的发展,该方法还处于发展中。

由于电动汽车较高的车辆成本,以及技术水平所限,行驶里程也相对较短,充电时间较长等因素,其对运营范围内充电设施供应的要求较高,但现有充电基础设施的建设多是为了满足区域内居民非营运车辆的充电需求,而较少考虑充电频率较高的营利性质的共享汽车车辆充电需求。因此充电设施不足成为制约共享汽车发展、加大共享汽车运营难度的重要因素。

1.4.3 服务站点选址有待优化

许多学者对于静态共享汽车选址问题的研究采用数学规划模型的方法。吴阳等以用户到达站点的距离最小、设置站点数最小为目标函数,提出了一个优化共享汽车停放点布局的多目标数学模型,同时以共享汽车出行距离、站点服务范围等作为约束条件,采用改进的遗传算法求解模型。实例分析的结果表明该方法适用于小规模的共享汽车停放点布局优化问题，而对于大规模问题中的动态性等问题还需进一步地研究和改进。杨帆全面分析了共享汽车站点位置选择的各种影响因素，对需求预测、选址原则、站点布局要求等进行了充分的考虑。但是，文献对于上述问题的研究和讨论仅停留在理论层面，缺乏基于实际数据的研究。

目前，对共享汽车系统进行研究的文献中，通常将选址问题和调度问题分开考虑，对调度模型的建立多是基于假设数据，缺乏一定的科学性和合理性。在实际运营过程中，不考虑调度问题而进行站点的选址，会导致站点无车可用或者还车无位这种不平衡情况出现的概率增加，同样的，不考虑站点布局情况而进行调度方案的求解，会使得结果与实际情况不符，应用性较差。

关于站点扩展调整的问题，Fassi 等建立了一种基于离散事件模拟的决策支持系统，该系统的目标为最大化用户的满意度及最小化投入的车辆数目，可以在新的增长的需求的前提下，决策共享汽车系统最优的站点调整方案，但该方法仅适用于较小的网络。

1.4.4　车辆调度缺乏技术支撑

共享汽车调度的主要目标是平衡共享汽车供给与需求在时空分布上的不均衡性。在一定时间范围内，由于用户在不同站点借还车数量不同，导致车辆在站点间的分布不均衡，故需要共享汽车企业组织一定的人力物力对共享汽车在不同站点间进行调度。国内开展的需求不确定条件下的共享汽车车辆调度研究，多数是通过预测手段得到用户出行数据。陈金升认为共享汽车、网约车、共享单车和传统出租车是居民日常出行经常选择的四种出行方式，作者利用问卷调查的方式研究居民对四种出行方式的选择偏好，通过多项 Logit 模型得到共享汽车的效用函数，进一步得到共享汽车的出行分担率，获得了用户选用共享汽车出行的需求数据。在此基础上，构建了以调度成本最小为目标的调度路径优化模型，并使用遗传蚁群混合算法进行求解。崔晓敏将共享汽车租赁点的需求预测问题进行分类，设计出长短期记忆神经网络（LSTM）和径向基神经网络（RBF）相结合的需求预测模型，根据得到的需求预测数据，建立了以调度成本、车辆在租赁点积压成本以及租赁点车辆短缺造成的收益损失最小为目标的调度模型。宋婷颖等人利用马尔科夫链模型对租赁点的短时出行需求进行预测，然后以用户需求满足率为目标进行优化，得出车辆调度方案。

1.5　共享汽车关键技术

1.5.1　用户出行行为分析技术

以往针对用户进行研究的文献中，部分研究了用户对共享汽车的接受程度及探讨了共享汽车的发展潜力。这些研究对企业发展共享汽车提供了帮助。Kim 等人采用混合选择模型框架研究了出行时间不确定情况下出行情景和用户潜在态度对短期共享决策的影响，研究表明时间限制、缺乏自发性、出行时间变化较大等对人们选择共享汽车出行的意愿产生了显著的负面影响。袁霞等人采取问卷调查的方式，利用技术接受模型的理论方法，综合分析用户对共享汽车的使用创新性、环保理念和风险感知程度等因素对其用车态度的影响，找到影响用户使用共享汽车的关键性因素，并为企业的运营提出针对性策略。Chen等人采用聚类的方法，分析了杭州共享汽车用户的使用模式。研究根据用户的出行特征将用户分为五类，并分别对五类用户的出行时空特征进行了描述分析，有利于针对特定人群采取相应的方案。Ying等人利用杭州的GPS数据及订单数据获取共享汽车用户出行信息，将其与出租车的出行作对比，将出行分为三种。在此基础上，建立人工神经网络模型分析不同种类用户的出行特征，进而判断出共享汽车的常规市场及拓展市场，为企业调整扩展业务提供方案。

该研究内容是对共享汽车用户的数据进行收集和预处理，以及对用户的出行行为和驾驶行为特征进行分析。首先，对所需用户数据进行介绍，包括订单数据、用户数据和驾驶轨迹数据，并根据需要对订单数据和驾驶轨迹进行删除、插值等预处理。其次，从用户对共享汽车企业的价值角度分析用户的出行行为特征，对用户行为定义变量，并对用户价值进行聚类，得到三类用户：高价值用户、低价值用户和潜在用户，并从用户个人属性、价值属性、出行行为特征三个方面分析用户的行为规律特征。

1.5.2 共享汽车站点选址优化技术

共享汽车系统选址与传统的充电站选址问题有相似之处，就研究问题而言，一般需要确定位置、容量来最小化运营商投资成本或最大化用户效益。就研究方法而言，传统选址方法均可应用于共享汽车系统的选址。但共享汽车系统也有其自身的特点，针对单向共享汽车系统，站点的不平衡性是其中一个主要特点，其收费标准以及优惠政策等均对站点的选址有一定影响。加上近年来共享理念的兴起，已经有一些学者对共享汽车站点的选址问题进行了研究。

共享汽车系统的选址研究还处于发展阶段，研究方法也可以分为两大类。一类是基于多源数据的数据驱动优化选址方法，这类方法主要依据多源数据结合一些算法分析来确定站点的位置，这类方法一般不涉及数学模型。Zhu等人基于出租车轨迹数据、POIs和路网三个数据源，考虑时空相关性，用一种深度学习方法预测共享汽车需求，结果证明需求的分布符合幂律分布，以此作为站点的筛选规则。另一类方法是基于数学规划的优化选址方法，这类方法的重点在于对模型的改进和优化。Boyacı等人考虑四季不同场景、车辆调度、充电限制及社会补贴等因素，建立一个多目标混合整数线性规划模型，用于规划单向共享汽车系统，为便于求解，基于虚拟集线器的概念引入聚合模型。该方法旨在最大化用户和运营商的整体效益，为运营商在两者利益的权衡中提供支持。Correia等人提出一种混合整数优化方法来确定单向共享汽车系统的最佳车站数、车站位置和车站容量，其目标是最大化共享汽车运营商的利润，车辆库存的不平衡问题在三种车辆分配方案下得到解决，分别是控制性服务、全面服务和选择性服务。Correia等人扩展了以前的出行选择和站点选址模型，在模型中考虑更多可供选择的取车点和还车点。将用户灵活性与车辆库存信息的不同组合进行对比分析，结果显示用户灵活性与车辆库存信息相结合增加了公司的利润，因为人们将直接到有可用车辆的车站，从而使车队的使用更加有效。

1.5.3 共享汽车车队规模优化与静态调度技术

根据目前所存在的问题提出问题的假设,并引入参数,建立模型,从而实现优化车辆调度并确定车辆混合配比以最大化运营商的利益。提出一个两阶段随机规划模型,考虑随机需求下单向共享汽车系统混合燃油与电动汽车的车队规模和静态调度综合优化问题,在数值实验中验证了模型有效性。

采用随机规划方法中的两阶段带补偿随机规划,以处理随机变量实现之前便作决策的问题。该模型一般是先制定一个初始决策,使得目标函数极小化,待随机变量实现后,仍有机会采取应急策略,导致的额外费用通常称为补偿函数。该思想与本书所研究的问题相符合,两个决策分属两个阶段,问题中顾客需求为决策者所要面对的随机事件。随机需求数据可以从预测中得来,也可以从实际历史数据中抽样一定比例,一般假设需求的概率分布已知。在第一阶段(即运营期开始前),需要决策混合车队中电动汽车的比例和两种不同类型汽车在各站点的分配数量。在第二阶段(即共享汽车用户出行需求发生后),由于需求不确定性的存在,要对第一阶段的决策采取一定的补偿策略(即与随机需求相应的车辆调度,包括对燃油汽车和电动汽车车辆进行供需平衡调度和对电动汽车的充电调度)。该两阶段随机规划静态调度模型的目标,是最小化两个阶段总成本。

1.5.4 共享汽车动态调度与路径优化技术

在共享汽车近年来的相关研究中,电动汽车的充电行为是车辆调度中一个重要的内容。基于无线充电技术趋于成熟的背景,无线充电的建设与应用逐渐提上日程,在城市道路上配置无线充电车道,不但为缓解电动汽车充电难问题提供了新的思路,也将为共享汽车运营中采用纯电动汽车车队提供有力保障。与此同时,根据国家号召,城市公共停车场充电设施的配备比例也在逐步提高。因而在未来的单向共享汽车运营中,需要结合站点充电与车道充电两种充电方式的不同特点,做出充电调度和服务调度的决策。

基于无线充电车道的充电特性,车辆在调度过程中就可以进行充电,因而传统调度中从车辆供过于求的站点调出车辆的机制需要进行相应的调整。考虑基于无线充电应用下的单向共享汽车车辆调度,其以充电为目的的调度将转化为在共享汽车车辆路径规划中选择可以途经无线充电车道的路径从而进行工作中的电能补充。在选择调入调出站点时,还应当结合备选调出站点与调入站点之间的路径上是否能补充车辆电量,各自能够补充多少电量等因素进行整体决策,与传统纯站点充电背景下的共享汽车调度具有较大的差异性。

在部分路段配置了无线充电车道的路网上,运营商租赁的共享汽车站点位于路段节点,经过长期的基础设施建设,城市充电桩配比大幅提高,使得运营商所租赁的站点充电设施与站点停车位配比可以满足车道充电之外剩余的充电需要。在车辆调度决策中考虑无线充电车道的影响,将充电调度从调到可充电站点转为在车辆服务路径中选择可充电路径完成调度。通过建立模型描述电动车辆充电调度与电动车辆站点充电行为,以及可选路径时长与路段充电效率以及站点供需再平衡之间的复杂关系，对运营商利润进行整体优化。

将应用场景设定为电动车辆充电方式是无线充电车道与站点充电相结合，在调度决策中将充电调度从前文的电动车辆调至可充电站点转化为车辆服务衔接与路径选择，以优化运营商的利润和服务水平为目标，建立无线充电车道应用下的单向共享汽车车辆调度与路径选择模型。在数值实验中通过算例分析了车队规模和需求规模对决策目标利润和服务水平的影响，验证了模型的有效性。

第 2 章 共享汽车用户出行行为分析

2.1 出行行为

为深入挖掘用户特征，本节在已知数据的基础上，定义了几个新的变量，从用户价值角度出发，突出用户出行行为属性特征。在用户研究中，RFM 模型是用户价值分类的经典模型，但是考虑到用户价值的多样性体现和用户使用共享汽车的特点，通过引入用户注册时长和用车类型 2 个变量，对模型进行扩展。此外，本节定义了用户使用共享汽车的行为变量，以反映用户的出行行为特征。行为变量包括用户不同方面的出行行为，如出行里程、出行时长、车型偏好、站点异质性等。

2.1.1 变量定义

1. 聚类变量

RFM 模型是衡量共享汽车用户价值和用户为企业带来收益能力的一种模型。R 代表用户在用车后的最近一次消费，F 代表用户的消费频率，M 代表用户的消费金额，这 3 个指标在活跃度、忠诚度等方面评估了用户的价值。在对共享汽车用户的分析中，同时考虑到了用户使用共享汽车的特点。由于企业提供的共享汽车有多种车型，包括经济型的双座汽车、舒适型的四座汽车等，用户可以根据经济能力选择不同的车型，同时也需要交付不同的费用，在费用的交付上则能够体现用户对企业的经济价值。此外，用户注册的时间长短也不一致。在一定程度上，注册时间越长，用户使用共享汽车的机会越大，相反，注册时间短的用户对企业的价值贡献相对要小。鉴于此，在 RFM 模型的基础上，增加了用车类型和用户注册时长 2 个指标，结合经典 RFM 模型中的 3 个指标，通过出行行为指标从多方面体现共享汽车用户的价值。具体指标如下。

（1）总消费金额

总消费金额是指单个用户在统计时间范围内，首次用车后 T 天内出行消费的总金额。计算公式见式（2-1）：

$$TA_i = \sum_{d=1}^{T} TA_{i,d} \tag{2-1}$$

式中 TA_i——用户 i 在 T 天内消费的总金额，元；

$TA_{i,d}$——用户 i 在第 d 天消费的金额，元。

（2）总使用次数

总使用次数是指单个用户在统计时间范围内，首次用车后 T 天内出行的次数。计算公式见式（2-2）：

$$TC_i = \sum_{d=1}^{T} TC_{i,d} \qquad (2\text{-}2)$$

式中　$TC_{i,d}$——用户 i 在第 d 天出行的次数，次。

（3）用车类型

统计用户在 T 天内的出行信息，将使用最多次数的车型选为用户的偏好车型。偏好车型见式（2-3）。共享汽车中共有 6 种车型，其中，"知豆"包括知豆 1、知豆 2 和知豆 D2，将这 3 种车型统称为"知豆"。依据收费标准按照从低到高的顺序将车型分为 4 类，可为用户的消费价值提供参考。各种车型的收费标准及类型划分见表 2-1。

$$CT_i = \mathrm{mode}(CT_{i,c}), \ c = 1, 2, 3, 4 \qquad (2\text{-}3)$$

式中　$CT_{i,c}$——用户 i 在 T 天内使用车辆的类型集合；

　　　c——车型类型，取值为 1，2，3，4；

mode（·）——取众数的函数。

各种车型的收费标准及类型划分　　　　　表 2-1

车辆类型	收费标准	车辆分类
知豆	0.15 元/min	1
众泰 E200	0.15 元/min +0.5 元/km	2
北汽 EC200	0.15 元/min +0.7 元/km	3
比亚迪 E5	0.15 元/min +1.0 元/km	4

（4）用户注册时长

用户注册时长是指用户注册时距首次用车后 T 天的时间差。计算公式见式（2-4）。

$$RT_i^{\mathrm{regis}} = D_i^{\mathrm{end}} - D_i^{\mathrm{regis}} \qquad (2\text{-}4)$$

式中　D_i^{end}——用户 i 首次用车后第 T 天；

　　　D_i^{regis}——用户 i 的注册时间。

（5）最后用车时间差

最后用车时间差是指用户在 T 天内最后一次用车距 T 天结束的时间差。计算公式见式（2-5）：

$$UT_i^{\mathrm{gap}} = D_i^{\mathrm{end}} - D_i^{\mathrm{last}} \qquad (2\text{-}5)$$

式中　D_i^{last}——用户 i 在 T 天内最后一次用车的时间。

以上 5 个指标反映了用户的活跃度、对企业的忠诚度以及对企业利润做的贡献，因此将作为聚类变量，对用户的经济价值进行聚类，得到用户的不同经济价值类型。

2. 出行特征

（1）站点异质性比例

站点异质性比例定义为用户在 T 天内借还车站点不一致的订单数量在所有订单数量中占的比例，反映了用户站点借还车的偏好。其公式见式（2-6）：

$$SR_i^{\text{station}} = \frac{\sum_{d=1}^{T} C_{i,d}^{\text{diff}}}{\sum_{d=1}^{T} C_{i,d}} \tag{2-6}$$

式中　SR_i^{station}——站点异质性比例；

　　　$C_{i,d}^{\text{diff}}$——用户 i 在 T 天内的出行中借车站点和还车站点不一致的订单数量；

　　　$C_{i,d}$——用户 i 在 T 天内所有订单数量之和。

（2）出行日期

在出行日期中，令 TR_i^{weekday}、TR_i^{weekend}、TR_i^{holiday} 分别代表工作日出行、周末出行、节假日出行的订单数量占出行总订单数的比例。计算公式见式（2-7）~式（2-9）：

$$TR_i^{\text{weekday}} = \frac{\sum_{d=1}^{T} C_{i,d}^{\text{weekday}}}{\sum_{d=1}^{T} C_{i,d}} \tag{2-7}$$

$$TR_i^{\text{weekend}} = \frac{\sum_{d=1}^{T} C_{i,d}^{\text{weekend}}}{\sum_{d=1}^{T} C_{i,d}} \tag{2-8}$$

$$TR_i^{\text{holiday}} = \frac{\sum_{d=1}^{T} C_{i,d}^{\text{holiday}}}{\sum_{d=1}^{T} C_{i,d}} \tag{2-9}$$

式中　$C_{i,d}^{\text{weekday}}$，$C_{i,d}^{\text{weekend}}$，$C_{i,d}^{\text{holiday}}$——代表用户 i 在 T 天内工作日、周末、节假日出行的订单数量。

（3）出行距离

在出行距离中，令 TD_i^{short}、TD_i^{long}、TD_i^{average} 分别代表所有出行订单中的最短距离、最长距离和平均距离。计算公式见式（2-10）~式（2-12）：

$$TD_i^{\text{short}} = \min(TD_i) \tag{2-10}$$

$$TD_i^{\text{long}} = \max(TD_i) \tag{2-11}$$

$$TD_i^{\text{average}} = \frac{\sum TD_i}{\sum_{d=1}^{T} C_{i,d}} \tag{2-12}$$

式中　TD_i——用户 i 所有订单出行距离的集合。

（4）出行时长

由于出行距离与出行时长具有较高的相关性，用不同的方式选取出行时长的指标。根据用户出行时长的不同，将用户出行时长划分为短时出行（0~2h）、中短时出行

（2~12h）、中长时出行（12~24h）和长时出行（>24h），令 TR_i^s、TR_i^{ms}、TR_i^{ml} 和 TR_i^l 分别表示不同时长出行订单数量占总订单数量的比例。计算公式见式（2-13）~式（2-16）：

$$TR_i^s = \frac{\sum_{d=1}^{T} C_{i,d}^s}{\sum_{d=1}^{T} C_{i,d}} \tag{2-13}$$

$$TR_i^{ms} = \frac{\sum_{d=1}^{T} C_{i,d}^{ms}}{\sum_{d=1}^{T} C_{i,d}} \tag{2-14}$$

$$TR_i^{ml} = \frac{\sum_{d=1}^{T} C_{i,d}^{ml}}{\sum_{d=1}^{T} C_{i,d}} \tag{2-15}$$

$$TR_i^l = \frac{\sum_{d=1}^{T} C_{i,d}^l}{\sum_{d=1}^{T} C_{i,d}} \tag{2-16}$$

式中 $C_{i,d}^s$，$C_{i,d}^{ms}$，$C_{i,d}^{ml}$ 和 $C_{i,d}^l$ ——表示用户 i 在 T 天内不同时长出行的订单数量。

（5）出行时刻

将一天平均划分成24段，每段1h，将出行时刻定义成不同值。出行时刻是指在所有订单中，用户出行次数最多的时刻。计算公式见式（2-17）：

$$TT_i^{start} = \text{mode}(TS_{i,t}) \tag{2-17}$$

式中 $TS_{i,t}$ 表示用户 i 在 T 天内所有出行时刻的集合。

2.1.2 用户聚类

1. 聚类算法

不同共享汽车用户对企业贡献的价值存在着差异，由于价值评价指标较多，很难凭经验直接对用户的价值分类，所以需要用聚类的算法对其进行划分。将聚类变量中的5项变量作为输入变量，判断各用户的相似程度，再采用K-means聚类算法，结合Calinski-Harabaz和SSE测度指标，以确定最合理的用户分类。

首先采用min-max方法对聚类变量进行标准化处理，其计算公式见式（2-18）：

$$a'_{ij} = \frac{a_{ij} - \min\{a_{ij}, \cdots, a_{nj}\}}{\max\{a_{1j}, \cdots, a_{nj}\} - \min\{a_{1j}, \cdots, a_{nj}\}} \tag{2-18}$$

K-means聚类算法的相关公式见式（2-19）~式（2-21）。

两个数据间的距离：

$$D(x_i, x_j) = \sqrt{|x_{i1} - x_{j1}|^2 + \cdots + |x_{im} - x_{jm}|^2} \tag{2-19}$$

聚类 C_i 的中心 $\overline{X}_i$ 计算公式：

$$\overline{X}_i = \frac{1}{n}\sum_{i=1}^{n} X_i \qquad (2\text{-}20)$$

收敛测度函数：

$$E = \sum_{i=1}^{k} \sum_{X \in C_i,} \sum_{i=1}^{N_j} \|X - \overline{X}_i\|^2 \qquad (2\text{-}21)$$

式中　k——聚类的个数；

$\overline{X}_i$——聚类 C_i 的中心；

N_j——聚类 C_i 中样本数。

K-means 聚类算法描述如下：

Step1：依次输入共享汽车用户聚类的数目 K、N 个用户的聚类变量值、最大迭代次数 $Maxstep$ 及收敛条件 θ。

Step2：随机选择 K 个聚类中心。在本节中，被选取的 K 个用户的变量集合即为初始聚类中心。

Step3：对每个共享汽车用户聚类变量值，计算其与 K 个聚类中心的距离，并选择距离最小的类别为该名用户的所属类别，距离需要满足式（2-22）：

$$D = \mathrm{argmin}D(\overline{X}_i, x), \ \overline{X}_i \in C_i \qquad (2\text{-}22)$$

式中　D——用户 x 和最近的聚类中心的距离；

C_i——第 i 个用户类别的聚类中心；

$\overline{X}_i$——第 i 个用户类别。

Step4：重新计算 K 个聚类中心。Step3 中初步确定了每名共享汽车用户所属的类别，在此基础上，根据式（2-20）对每个初始类别计算其聚类中心，再用收敛测度函数计算此时的收敛测度函数值 E。

Step5：如果达到最大迭代次数 $Maxstep$ 或者满足式（2-23），代表每一类别中的共享汽车用户不再发生变化，聚类结束，否则返回 Step3。

$$|E_1 - E_2| < \theta \qquad (2\text{-}23)$$

式中　θ——极小值；

E_1、E_2——前后两次迭代的收敛测度函数值。

Step6：输出 K 个用户类别和迭代次数。

为了找到对用户进行聚类的最佳聚类数，需要针对一系列 K 值运行 K-means 聚类算法，并采用轮廓系数法、肘部法等方法对不同聚类数的效果进行结果比较，从而确定共享汽车用户的最佳聚类数。

2. 聚类结果

选取 5 个聚类变量作为聚类指标，并采用 K-means 聚类算法，将所有用户聚成了 2～8 类。由图 2-1 可以看出，聚为 3 类时，Calinski-Harabaz 值最大，且 SSE 首次出现曲率最大的转折点，因此把共享汽车用户聚为 3 类效果最好，具体指标见表 2-2。

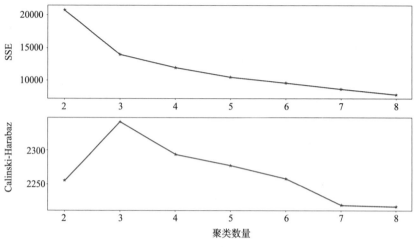

图 2-1　出行聚类测度指标

不同价值类型用户指标范围　　　　　　　　　　　　表 2-2

类型	消费金额（元）	使用次数（次）	最后用车时间差（d）	注册时长（d）	车型偏好	用户数量（人）	订单数量（条）
高价值用户	366.915～9955.52	9～262	0～74	98～822	类型3，类型1	490	34432
低价值用户	5～1558.76	1～36	15～98	98～908	类型3，类型1	2056	8595
潜在用户	8.05～1630.23	2～61	0～85	98～893	类型3，类型1	2034	35138

分别对三类用户作如下定义。

（1）高价值用户：此类用户在消费金额、使用次数上均为最大，且最后用车时间差较小，说明该类用户最为活跃，价值最高，但其偏好车型的收费相对较低，因此，该类用户更考虑用车的经济性。高价值用户共有 490 名，占总人数的 10.70%。虽然用户人数少，但订单量最大，有 34432 条订单，占订单总数量的 44.05%。

（2）低价值用户：这些用户最后用车时间差最大，消费金额、使用次数均为最低。此外，该类用户的注册时间最长，因此，该类用户短期内用车最少，甚至成为流失用户的可能性较高。低价值的 2056 名用户占总用户数的 44.89%，共有 8595 条订单，占订单总数量的 11.00%。

（3）潜在用户：潜在用户消费金额及使用次数居于高价值用户和低价值用户之间，但其注册时长较短，且最后用车时间差与高价值用户几乎一致，因此，该类用户具有一定的发展潜力。潜在用户共有 2034 名，占总人数的 44.41%，订单数量是 35138 条，占订单总数量的 44.95%。

2.1.3 出行行为特征分析

本节将从用户基本属性、价值属性、出行行为特征三方面对不同类型用户的出行行为进行介绍。

首先是基本属性。年龄方面,相较其他两类用户,高价值用户中 34 岁及以下年龄的用户占比最大,达到 78%,而潜在用户和低价值用户中 34 岁及以下的用户占比分别为 60% 和 70%。由此,年轻用户创造的价值相对更高。性别方面,高价值用户中男性比例较高,为 86.50%。其他两类用户男性比例各为 81%。

其次是价值属性。在消费金额方面,潜在用户的平均消费金额比较低,25 元以内占 56.7%,大于 100 元的比例为 1.6%。相对而言,低价值用户平均消费金额偏高,大于等于 50 元的比例为 29.2%,高于其他两类用户,见图 2-2。在用户车辆车型偏好方面,低价值用户更倾向于使用类型 3 的车辆,而高价值用户和潜在用户对类型 1 和类型 3 的车辆偏好程度相差不大,因此低价值用户更看重车辆的舒适性,见图 2-3。

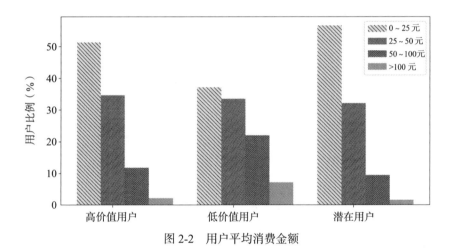

图 2-2 用户平均消费金额

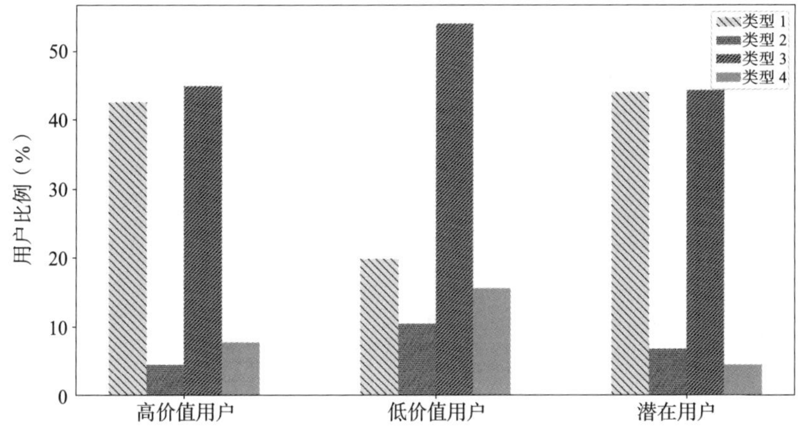

图 2-3 用户车辆类型偏好

最后是出行行为特征。这里分别从出行日期、出行时刻、出行时长及站点异质性方面进行描述。在出行日期方面，统计各类用户分别在工作日、周末、节假日出行的比例，得知高价值用户工作日出行比例最大，低价值用户工作日出行比例最小，而低价值用户在节假日出行的比例最高，见图2-4。因此可以看出，高价值用户的出行目的多为通勤，而低价值用户的出行目的多为休闲娱乐。

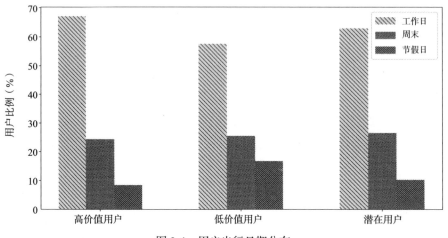

图2-4 用户出行日期分布

在出行时刻方面，分别对用户借车时刻、用户还车时刻进行分布统计，如图2-5和图2-6所示，结果表明高价值用户的早晚高峰都较为明显，借车的早晚高峰分别为7：00～8：00和17：00～18：00，还车的早晚高峰分别是8：00～9：00和18：00～19：00。潜在用户的晚高峰与高价值用户的晚高峰时间相同，这表明潜在用户的出行时刻规律与高价值用户接近，其在今后的发展中逐渐转变成高价值用户的概率较大。但低价值用户的出行不能明显区分出早晚高峰，原因主要是低价值用户不常用共享汽车进行通勤。此外，低价值用户的出行时刻规律表明用户的休闲娱乐活动多集中在下午时段。

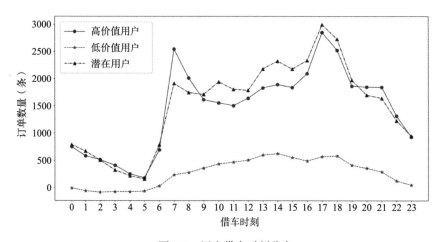

图2-5 用户借车时刻分布

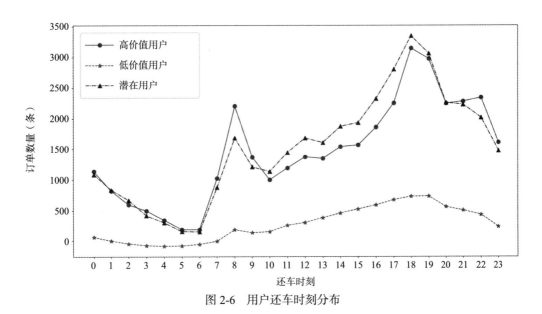

图 2-6 用户还车时刻分布

在出行时长方面，统计结果如图 2-7 所示，潜在用户中 0～2h 的出行占比最大，达到 83.8%，高价值用户次之，表明大部分用户都是短时出行。低价值用户的 2～12h 出行比例明显比其他两类用户高。结合用户的出行日期、出行时刻和出行时长可以看出，高价值用户大部分为通勤用户，常在早晚上下班时选择共享汽车作为交通工具，潜在用户中通勤用户的比例可能比高价值用户低一些，而低价值用户可能在一些特殊情况下会选择共享汽车，很少会把共享汽车作为常用出行方式。

在站点异质性方面，由于高价值用户常租用共享汽车通勤，所以其站点异质性比例最高，为 83.0%，而低价值用户的站点异质性最低，为 68.9%。

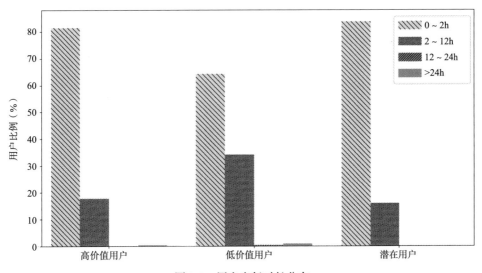

图 2-7 用户出行时长分布

2.2 运营特性分析

2.2.1 租赁点及区域划分方法

共享汽车租赁系统规模大、服务覆盖范围广，在为很多用户出行提供便利的同时，容易出现车辆分布不平衡的情况，因此需要进行车辆的重新调度。现有大部分研究是在整个租赁系统内进行全局车辆调度，该调度方式存在如下缺陷：一是实践运营层面，难以突出调度重点，将会增加调度服务时间、调度费用，且不易及时满足用户借还需求，降低用户服务体验；二是理论研究层面，构建满足所有租赁点调度需求的优化模型，不仅会使模型异常复杂，而且会增加求解难度和计算时间，同时难以保证得到最优解。因此，需要对此类问题进行简化，可以将租赁系统划分为若干区域，研究区域内租赁点的借还特性，优先考虑通过区域内部相互协调的方式缓解借还不均衡矛盾，降低模型复杂度，提高运算效率。

目前常用的划分区域的方法主要有扫描法、利用行政区域边界划分和聚类分析法三类。扫描法主要用于区域较小、用户数量较少的情况。利用行政区域边界进行简单分割，虽然简便易行，但存在如下不足：一方面，城市行政区域是根据当地经济发展、历史沿革、人文风俗、地理条件等因素综合确定的，不完全符合租赁系统运营实际；另一方面，以行政功能确定的区域并不能完全体现用户的出行意愿，用户经常跨越行政区出行，因此以行政边界划分区域的方法不适用。聚类分析法可以解决调度区域较大、用户数目较多的区域划分问题，而且不需考虑行政区域的影响，容易获得符合实际运营状态下的划分结果。因此最终采用聚类分析的方法对租赁点经纬度进行区域划分。

目前聚类算法已经相当完善，常用的聚类算法有原型聚类、层次聚类和密度聚类，其中原型聚类主要有 K-means 聚类、学习向量化和高斯混合聚类三种。K-means 聚类算法需要确定初始聚类中心数目 K 值，而且对噪声和离群点敏感，最终结果受初始值影响较大，难以保证全局最优。学习向量化（Learning Vector Quantization，简称 LVQ）与 K-means 算法类似，但是 LVQ 需要数据样本带有类别标记。高斯混合聚类的前提是聚类样本需要满足高斯混合分布。因此，原型聚类算法也不适合本节研究的问题。层次聚类是通过计算不同类别数据点间的相似度来创建一棵有层次的嵌套聚类树。在聚类树中，不同类别的原始数据点是树的最底层，树的顶层是一个聚类的根节点。由于对租赁点的经纬度进行聚类不涉及层次划分，所以层次聚类算法不宜采用。密度聚类可以通过设置聚合半径参数，将相距较近的租赁点聚合成类簇，达到区域划分的目的。

DBSCAN（Density-Based Spatial Clustering of Applications with Noise）是一个比较有代表性的基于密度的聚类算法。基于密度的聚类算法以数据集在空间分布上的稠密程度为依据进行聚类，即只要一个区域中的样本密度大于某个阈值，就把它划入与之相近的簇中。

为便于介绍密度聚类算法原理，首先需要定义如下概念，给定数据集 D 和参数（ϵ，$MinPts$）：

（1）ϵ—邻域：对 $x_i \in D$，其 ϵ—邻域包含样本集 D 中与 x_i 的距离不大于 ϵ 的样本，

即；$N_\epsilon(x_j) = \{x_j \in D | \text{dist}(x_i, x_j) \leq \epsilon\}$

（2）核心对象：若 x_j 的 ϵ—邻域至少包含 MinPts 各样本，即 $|N_\epsilon(x_j)| \geq MinPts$，则 x_j 是一个核心对象；

（3）密度直达：若 x_j 位于 x_i 的 ϵ—邻域中，且 x_i 是核心对象，则称 x_j 由 x_i 密度直达；

（4）密度可达：对 x_i 与 x_j，若存在样本序列 $p_1, p_2, \cdots, p_n$，其中 $p_1 = x_i$，$p_n = x_j$ 且 p_{i+1} 由 p_i 密度直达，则称 x_j 由 x_i 密度可达；

（5）密度相连：对 x_i 与 x_j，若存在 x_k 使得 x_i 与 x_j 均由 x_k 密度可达，则称 x_j 由 x_i 密度相连。

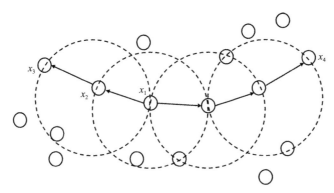

图 2-8　DBSCAN 算法中的基本概念

图 2-8 中虚线表示 ϵ—邻域，x_1 是核心对象，x_2 由 x_1 密度直达，x_3 由 x_1 密度可达，x_3 与 x_4 密度相连。

基于上述定义的概念，密度聚类算法原理为：

输入数据集 $D = \{x_1, x_2, \cdots, x_m\}$ 以及参数 $(\epsilon, MinPts)$，执行下列步骤：

Step 1：从数据集 $D = \{x_1, x_2, \cdots, x_m\}$ 中随机抽取一个未被访问的对象 p，在其 ϵ—邻域内满足阈值要求的称为核心对象；

Step 2：遍历整个数据集 $D = \{x_1, x_2, \cdots, x_m\}$，找到所有从对象 p 的密度可达对象，形成一个新的簇；

Step 3：通过密度相连产生最终簇结果；

Step 4：重复执行 Step2 和 Step3，直到数据集中所有对象均被访问。

2.2.2　特性分析指标

本节将分别针对租赁点和区域的运营特性构建指标进行分析。

1. 租赁点

针对租赁点，构建了租赁点借还系数、租赁点调度优先系数以及租赁点车位周转率 3 个指标，为各个租赁点的车辆调度决策提供理论参考。相关指标定义如下：

（1）租赁点借还系数

租赁点借还系数是指在某一时段内，用户在租赁点的借车数与还车数的比值，可以反映租赁点的借还不均衡程度，其公式如下：

$$\mu_{i,t} = \frac{D_{i,t}^{\text{out}}}{D_{i,t}^{\text{in}}} \times 100\% \quad (2\text{-}24)$$

式中 $\mu_{i,t}$——租赁点 i 在时段 t 的借还系数，%；

$D_{i,t}^{\text{out}}$——租赁点 i 在时段 t 的借车数，辆；

$D_{i,t}^{\text{in}}$——租赁点 i 在时段 t 的还车数，辆。

当租赁点借还系数等于100%，表明用户在租赁点借还均衡，租赁点无调度需求产生；当租赁点借还系数大于100%，表明用户在租赁点的借车数大于还车数，需要及时调入车辆满足用户借车需求；当租赁点借还系数小于100%，表明用户在租赁点的借车量小于还车量，将会产生闲置车辆，可以向其余租赁点提供车辆满足用户借车需求。

（2）租赁点调度优先系数

租赁点调度优先系数是指在某一时段内，用户在租赁点的借（还）车数占租赁点所属区域借（还）车数的比值。比值越大，表明租赁点在区域的重要度越高，即当区域内有两个及以上的租赁点同时产生调度需求时，比值越高的租赁点的调度需求应当优先被满足。

1）租赁点车辆调入需求优先系数

$$\lambda_{i,t}^{\text{out}} = \frac{D_{i,t}^{\text{out}}}{\sum_{i \in m} D_{i,t}^{\text{out}}} \times 100\% \quad (2\text{-}25)$$

2）租赁点车辆调出需求优先系数

$$\lambda_{i,t}^{\text{in}} = \frac{D_{i,t}^{\text{in}}}{\sum_{i \in m} D_{i,t}^{\text{in}}} \times 100\% \quad (2\text{-}26)$$

式中 $\lambda_{i,t}^{\text{out}}$、$\lambda_{i,t}^{\text{in}}$——分别表示租赁点 i 在 t 时段的车辆调入优先系数、调出优先系数，%；

m——表示租赁点 i 所属的区域。

（3）租赁点车位周转率

租赁点车位周转率是指在某一时段内，用户在租赁点的还车数与租赁点车位数的比值。租赁点车位周转率表示租赁点的车位在该时段被重复占用的次数，可以反映租赁点车位的利用水平。租赁点车位周转率越高，表明车位利用越频繁；反之，租赁点车位周转率越低，则车位利用频率越低。计算公式如下：

$$\beta_{i,t} = \frac{D_{i,t}^{\text{in}}}{N_i} \quad (2\text{-}27)$$

式中 $\beta_{i,t}$——租赁点 i 在时段 t 的车位周转率，%；

N_i——租赁点 i 的车位数，个。

2. 区域

针对区域，构建了区域借还系数、区域调度优先系数以及锡尔系数，分析每个区域内车辆使用、车位分配状况，为实现区域调度提供理论支撑。相关指标定义如下：

（1）区域借还系数

区域借还系数是指在某一时段内，用户在同一个区域的借车数与还车数的比值。可以反映区域整体的借还不均衡程度。当区域借还系数等于100%，表明用户在该区域借还均衡，区域无调度需求产生；当区域借还系数大于100%，表明用户在区域的借车数大于还车数，需要及时调入车辆满足用户借车需求；当区域借还系数小于100%，表明用户在区域的借车量小于还车量，将会产生闲置车辆，可以向其余区域提供车辆满足用户借车需求。

$$\mu_{m,t} = \frac{D_{m,t}^{\text{out}}}{D_{m,t}^{\text{in}}} \times 100\% \tag{2-28}$$

式中　$\mu_{m,t}$——区域 m 在时段 t 的借还系数，%；

$D_{m,t}^{\text{out}}$——区域 m 在时段 t 的借车数，辆；

$D_{m,t}^{\text{in}}$——区域 m 在时段 t 的还车数，辆。

（2）区域调度优先系数

区域调度优先系数是指在某一时段内，区域用户的借（还）车数占整个租赁系统借（还）车数的比值。比值越大，表明该区域在系统的重要度越高，即当系统内有两个及以上的区域同时产生调度需求时，比值越高的区域的调度需求应当优先被满足。

1）区域车辆调入需求优先系数

$$\lambda_{m,t}^{\text{out}} = \frac{D_{m,t}^{\text{out}}}{\sum_{m \in M} D_{m,t}^{\text{out}}} \times 100\% \tag{2-29}$$

2）区域车辆调出需求优先系数

$$\lambda_{m,t}^{\text{in}} = \frac{D_{m,t}^{\text{in}}}{\sum_{m \in M} D_{m,t}^{\text{in}}} \times 100\% \tag{2-30}$$

式中　$\lambda_{m,t}^{\text{out}}$、$\lambda_{m,t}^{\text{in}}$——分别表示区域 m 在 t 时段的车辆调入优先系数、调出优先系数，%；

M——表示租赁系统内的区域集合。

（3）锡尔系数

锡尔系数又称为锡尔熵，最早是由 Theil 于 1967 年研究国家之间的收入差距时提出来的，是广义熵指标体系的一种特殊形式。锡尔系数作为刻画空间差异的指标，也被学者广泛运用于各种领域。锡尔系数 Γ 的计算公式为：

$$\Gamma = \sum_{i=1}^{n} y_i \ln\left(\frac{y_i}{p_i}\right) \tag{2-31}$$

式中　n——区域的个数；

y_i——第 i 个地区的国内生产总值（GDP）占全部地区国内生产总值（GDP）的比值；

p_i——第 i 个地区的人口数占人口总数的比值。

类似地,运用锡尔系数测算区域内各租赁点的需求分布与车位分配的匹配情况:

$$\Gamma_m^{\text{out}} = \sum_{i \in m} \varphi_i^{\text{out}} \ln\left(\frac{\varphi_i^{\text{out}}}{\eta_i}\right) \quad (2\text{-}32)$$

$$\Gamma_m^{\text{in}} = \sum_{i \in m} \varphi_i^{\text{in}} \ln\left(\frac{\varphi_i^{\text{in}}}{\eta_i}\right) \quad (2\text{-}33)$$

其中:

$$\varphi_i^{\text{out}} = \sum_{t \in T} D_{i,t}^{\text{out}} / \sum_{t \in T} D_{m,t}^{\text{out}} \quad (2\text{-}34)$$

$$\varphi_i^{\text{in}} = \sum_{t \in T} D_{i,t}^{\text{in}} / \sum_{t \in T} D_{m,t}^{\text{in}} \quad (2\text{-}35)$$

$$\eta_i = N_i / \sum_{i \in m} N_i \quad (2\text{-}36)$$

式中 Γ_m^{out}、Γ_m^{in}——分别表示区域 m 的借车锡尔系数、还车锡尔系数;

φ_i^{out}、φ_i^{in}——分别表示租赁点 i($i \in m$)平均一天借车数、还车数分别占该区域借车数、还车数的比例;

T——表示一天中的所有时段集合;

η_i——表示租赁点车位数占所在区域车位总数的比例。

从式(2-32)、式(2-33)中可以看出,当租赁点借(还)需求数占所在区域需求数的比例与租赁点车位数占所在区域车位总数的比例相同时,Γ_m^{out} 或 Γ_m^{in} 的值为 0,表示车位在区域各个租赁点的分配绝对均衡,各区域无差异;Γ_m^{out} 或 Γ_m^{in} 的值越大,表明车位在区域内的分配与用户在各个租赁点的需求差异较大,车位分配不均衡。

第3章　共享汽车站点选址优化

3.1 基于数据驱动的选址模型

本节结合了目前共享汽车系统站点选址的两大类方法，针对单向共享汽车系统，提出了一种基于数据驱动的站点选址模型。该模型基于实际数据挖掘当前站点分布的时空特征及潜在需求，考虑需求距站点的距离衰减程度，需求满足程度以及车辆利用程度，建立了混合整数线性规划模型，该模型既考虑了需求的空间覆盖情况，又考虑了单向共享汽车的特征。本节的主要出发点和贡献总结如下：①挖掘共享汽车系统的供需特征，构建基于数据驱动的选址模型；②分析了需求满足率和车辆利用率对选址结果的影响。

3.1.1 研究问题基本描述

单向共享汽车系统是一种基于站点式的共享汽车系统，它不仅便于运营商的管理，也给予用户更多的出行选择，允许用户在运营商提供的任意站点借还车，相对于双向共享汽车系统灵活性更高，更受用户的青睐。因此单向共享汽车系统是目前最受欢迎的模式，其相关研究也相对较多，如何对单向共享汽车系统资源配置进行优化，成为重要的研究方向之一。影响人们选择共享汽车的因素主要有家庭收入、车辆保有量、受教育程度和土地利用特征等，但这些数据需要耗费大量人力物力来调查，而且出于对个人信息的保护，部分被调查者可能提供虚假信息，因此这种从"源头"来分析共享汽车的需求有一定的局限性，本节基于实际运营数据，从"表象"来挖掘共享汽车需求。

本节针对单向共享汽车系统，研究其站点的选址问题。关注的问题是如何在满足整体需求的情况下，兼顾用户的便利性的同时最小化运营商的总成本，这往往是运营商最为关心的问题，即投入最小的成本尽可能满足更多的需求。选址的结果最终需要确定建设站点的位置、站点的容量以及站点的初始投放车辆。共享汽车系统是一个涉及运营商、用户、道路系统等相关因素的复杂系统，先前的研究方法孤立了数据和模型，没有把两者联系起来，为此，不同于传统的基于数学规划的建模方法，拟在基于大量实际运营数据的基础上，分析现有站点分布的特点及需求现状，并提出基于数据驱动的选址模型方法。

3.1.2 选址模型

本节提出的基于数据驱动的选址模型结合了传统的需求覆盖模型及共享汽车的特性，其中考虑了需求与共享汽车车辆的相关性、需求的满足程度和车辆利用程度，其中，需求与车辆的转换是基于现有需求的分布。

1. 基本假设

本节研究的是单向共享汽车系统的初始站点选址问题，不涉及其他类型交通方式，不考虑具体每个需求的满足情况，但考虑了需求满足率和车辆利用率的影响，在模型建立前需要进行以下假设：

（1）其他交通方式与共享汽车互不影响，不考虑其对共享汽车站点选址的影响；

（2）共享汽车的停车位只供共享汽车使用；

（3）并非所有的需求都能满足；

（4）每个网格的所有需求集中在网格中心附近；

（5）一个站点至少有一个停车位；

（6）所有车辆完全一样。

2. 模型框架

本节研究单向共享汽车系统的站点选址问题，经过调研发现，当前站点的选址多数是依据经验估计确定的，缺乏一定的科学依据及合理性。随着人们对共享汽车需求的增加，目前的站点分布已难以满足。旨在保证满足一定需求的前提下，使得运营商总成本最小，最终确定站点的分布、容量及车队规模。

首先基于用户的订单数据和站点数据分析站点的空间分布特征、站点平衡性特征以及车辆的使用情况，挖掘相关变量之间的相关性关系；其次基于车辆轨迹数据提取潜在的共享汽车出行需求，并结合现有站点的分布分析需求的分布特征及需求覆盖情况。

基于数据特征的分析，考虑出行耗电成本、出行需求空间覆盖以及车队规模与需求的相关性关系，以最小化运营商的总成本为目标，构建基于数据驱动的选址模型。本节的研究框架如图3-1所示。

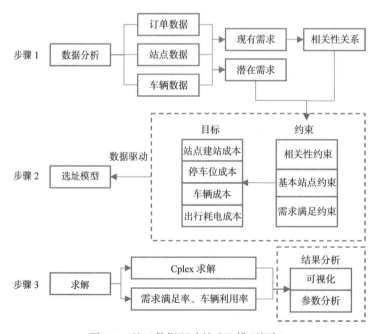

图3-1 基于数据驱动的选址模型框架

3. 模型参数

为了便于理解模型，将本模型中用到的相关变量和参数进行如下解释：

$i, k \in \boldsymbol{I}$：备选站点的集合，$\boldsymbol{I} = \{1, 2, \cdots, i, \cdots\}$；

$j \in \boldsymbol{J}$：需求区域的集合，$\boldsymbol{J} = \{1, 2, \cdots, j, \cdots\}$；

C_s：每个候选站点建站的基本费用，元；

C_p：每天每个停车位的租赁成本，元；

C_v：每天每辆车的固定成本，元；

C_e：每辆车辆单位时间内的耗电成本，元；

α：弹性系数，保证车辆有车位可停；

β：需求满足率；

γ：车辆利用率（平均每天的车辆使用次数）；

M：一个足够大的正整数；

$P_{\max}$：每个备选点停车位的最大数目；

X_i：备选站点 i 是否建站，建站取 1，否则取 0；

P_i：备选站点 i 设置的停车位数；

V_i：备选站点 i 的初始车辆数，辆；

z_{ji}：需求区域 j 的需求被备选站点 i 满足的比例；

q_{ik}：备选站点 i 到备选站点 k 的潜在需求量；

T_{ik}：备选站点 i 到备选站点 k 的平均出行时间，用站点间的最短行驶时间表示；

n_{ik}：备选站点 i 到备选站点 k 的租车量占备选站点 i 的所有租车量的比例；

u_{ik}：备选站点 i 到备选站点 k 的可用车辆数，辆；

s_{ji}：需求区域 j 的中心到备选站点 i 的距离衰减程度；

D_j：需求区域 j 的潜在需求量；

w_1：备选站点的覆盖范围。

4. 模型构建

本节考虑在满足一定租车需求的基础上，最小化运营商的总成本，构建共享汽车站点选址的数学规划模型。运营商的总成本包含四部分：站点建站成本、停车位成本、车辆成本以及出行耗电成本。该模型基于已有数据信息，将需求的空间覆盖程度、需求满足程度和车辆利用程度作为模型的约束条件，旨在对单向共享汽车系统进行资源配置，包括确定站点的位置 X_i、站点容量 P_i 以及站点的初始库存车辆 V_i，建立的选址模型如下所示：

$$\min W = C_s \sum_{i \in \boldsymbol{I}} X_i + C_p \sum_{i \in \boldsymbol{I}} P_i + C_v \sum_{i \in \boldsymbol{I}} V_i + C_e \sum_{i \in \boldsymbol{I}} \sum_{k \in \boldsymbol{I}} u_{ik} + T_{ik} \tag{3-1}$$

$$P_i \leq M X_i, \quad \forall i \in \boldsymbol{I} \tag{3-2}$$

$$X_i \leq P_i, \quad \forall i \in \boldsymbol{I} \tag{3-3}$$

$$V_i \leq \alpha P_i, \quad \forall i \in \boldsymbol{I} \tag{3-4}$$

$$P_i \leq P_{\max}, \quad \forall i \in I \tag{3-5}$$

$$z_{ji} \leq X_i, \quad \forall i \in I, j \in J \tag{3-6}$$

$$\sum_{i \in I} z_{ji} \leq 1, \quad \forall j \in J \tag{3-7}$$

$$\sum_{i \in I} D_j z_{ji} \leq D_j, \quad \forall j \in J \tag{3-8}$$

$$\sum_{j \in J} D_j z_{ji} \leq P_i, \quad \forall i \in I \tag{3-9}$$

$$\sum_{j \in J} \sum_{i \in I} D_j z_{ji} s_{ji} \geq \beta \sum_{j \in J} D_j \tag{3-10}$$

$$\gamma u_{ik} = n_{ik} \sum_{j \in J} D_j z_{ji} s_{ji}, \quad \forall i \in I, k \in I \tag{3-11}$$

$$V_i \geq \sum_{k \in I} u_{ik}, \quad \forall i \in I \tag{3-12}$$

$$f(V, U) \geq 0 \tag{3-13}$$

$$V = \sum_{i \in I} V_i \tag{3-14}$$

$$U = \sum_{i \in I} \sum_{j \in J} D_j z_{ji} s_{ji} \tag{3-15}$$

$$0 \leq z_{ji} \leq 1, \quad \forall i \in I, j \in J \tag{3-16}$$

$$P_i、V_i \in N^+, u_{ik} \geq 0, \quad \forall i, k \in I, j \in J \tag{3-17}$$

目标函数（3-1）是最小化运营商平均一天的总成本。总成本主要包括 4 个部分：建站的投资成本、停车位成本、车辆成本以及出行耗电成本，其中出行耗电成本是指车辆在出行过程中的电量消耗成本，与站点之间的行驶时间紧密相关。

该模型共包含 16 个约束。每个约束的含义如下：约束（3-2）表示只有在备选点建立站点，才会在该备选点设置停车位，其中 M 是一个足够大的正整数；约束（3-3）表示如果在备选点建站，则该备选点至少有一个停车位；约束（3-4）表示站点的初始车辆数不超过停车位数，其中 $\alpha [\alpha \in (0, 1)]$ 是一个弹性系数，这是为了保证站点至少有（$1-\alpha$）个停车位供车辆停车；约束（3-5）限制每个站点的最大停车位数；约束（3-6）表示只有备选点 i 建立站点，需求区域 j 的需求才能被满足；约束（3-7）表示需求区域 j 的需求最多被满足 100%；约束（3-8）限制区域 j 被满足的需求量；约束（3-9）表示站点的容量限制；约束（3-10）表示满足一定的需求满足率 β；约束（3-11）表示备选站点之间的可用车辆，通过车辆利用率将车辆与需求联系起来；约束（3-12）限制从站点租出的车辆数不超过站点的库存车辆；约束（3-13）表示车队规模与需求之间的函数关系是由现有数据得到的一条规律；约束（3-14），约束（3-15）分别表示共享汽车系统中车队规模大小以及满足的需求量；约束（3-16），约束（3-17）分别表示变量的范围及非负约束。

该模型的目标函数和约束均为线性，是一个混合整数线性规划模型，其中决策变量 X_i、P_i、V_i 为整数变量，z_{ji} 为连续变量，u_{ik} 为中间变量，可见决策变量的数目较多，理论上 CPLEX 即可求解，CPLEX 是目前公认的求解线性规划问题的最优方法之一。

3.1.3 案例分析

1. 研究区域

依据目前掌握的相关数据，本节的研究对象是北京市，但根据前文的分析可知，目前北京市共享汽车的需求主要集中在六环路以内，且主要集中在四环路以内，本节基于需求的大致分布，将选址的区域设置为四环路内，备选站点共有 136 个，其空间分布如图 3-2 所示。

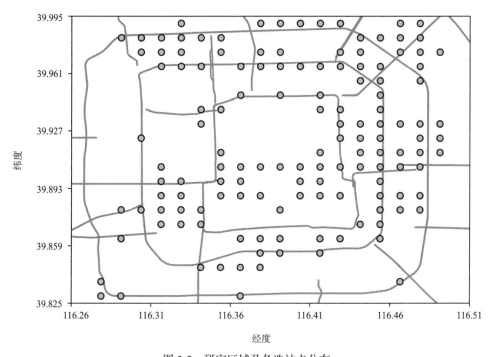

图 3-2 研究区域及备选站点分布

2. 参数设置

考虑到最近选择原则，用户总是期望在离需求点最近的站点借、还车，基于此原则，本节基于共享汽车潜在需求，统计各个备选站点对之间的潜在需求。例如，对于一个出行需求 d，其起点和终点分别表示为 O、D，且离起点 O 最近的备选站点是 i，离终点 D 最近的备选站点是 k，则将出行需求 d 计入 q_{ik}。由于本节没有涉及实际路网信息，为了简化，最短出行时间采用距离/自由流速度表示，其中，自由流速度的值取 60km/h。

考虑到需求区域和备选站点之间的距离，本节采用一个距离衰减函数来确定需求区域的需求满足程度，距离衰减函数见式（3-18）：

$$S_{ji} = \begin{cases} \dfrac{\left[-\left(wt_{ji}\right)^4 + w_1^4\right]}{w_1^4 \exp\left[\left(\dfrac{wt_{ji}}{40}\right)^3\right]}, & wt_{ji} \leqslant w_1 \\ 0, & wt_{ji} > w_1 \end{cases} \quad (3\text{-}18)$$

式中 wt_{ji}——需求区域 j 到备选点 i 的距离，km；

w_1——备选点 i 能够覆盖需求的最大距离，km，已知站点的覆盖范围为 1.5km，因此，w_1 取值为 1.5。

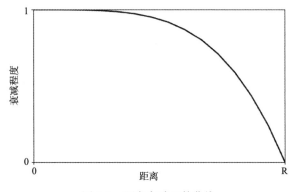

图 3-3　距离衰减函数曲线

距离衰减函数曲线如图 3-3 所示。该函数表示需求区域离备选站点的距离越近，此需求区域被该备选站点满足的需求越多，反之则越少。

n_{ik} 表示备选站点 i 到 k 的租车量占从 i 出发的所有需求量 q_{ik} 的比例，用于对站点满足的需求进行分配，见式（3-19）：

$$n_{ik} = \dfrac{q_{ik}}{\sum\limits_{k \in I} q_{ik}} \quad (3\text{-}19)$$

本节假设电动汽车的使用年限为 5 年，结合目前该类型电动汽车的市场价格，确定车辆的成本，停车位和站点的价格根据相关文献的取值进行设置，查询此种类型车辆的百公里能耗以及电价水平，通过转换计算确定单位时间的平均耗电成本，设置相关参数如表 3-1 所示。

模型参数设置　　　　　　　　　　　　　表 3-1

参数	每个备选站点建站的基本费用 C_s	每天每个停车位的租赁成本 C_p	每天每辆车的固定成本 C_v	每辆车单位时间内的耗电成本 C_e
取值	1 元/d	12 元/d	56 元/d	6 元/h

3. 结果分析

第 3.1.2 节中的选址模型是一个混合整数线性规划模型，首先采用经典的 CPLEX 进行求解，模型中有两个变参数 β（需求满足率）及 γ（车辆利用率），两个参数的不同组合都会对最终的选址结果产生一定的影响。为了分析不同需求满足率的选址结果有何不同，本节设置不同的需求满足率 β，车辆利用率取 1 时，其选址结果如表 3-2 所示，可以看到，随着需求满足率的增大，站点数、停车位数及车辆数也随之增加，但其增加的幅度有所不同，且总成本也随之增加，为了便于显示其不同，做出其对应的变化趋势如图 3-4 所示。

车辆利用率取 1 时的选址结果　　　　　　　　　　表 3-2

需求满足率	0.4	0.5	0.6	0.7	0.8	0.9
站点数（个）	7	11	19	22	35	51
停车位数（个）	80	100	120	144	166	195
车辆数（辆）	63	79	94	110	125	141
总成本（元）	4522	5670	6767	7962	9093	10336

由图 3-4 可以看出，随着需求满足率的增加，站点数、停车位数和车辆数均呈现上升趋势。车辆数（也称车队规模，指共享汽车系统总的投放车辆）随需求满足率的增加呈线性增长趋势，这与线性约束（3-10）有关，约束（3-10）表示车队规模与满足的需求呈现线性关系，因此，随着需求满足率（即满足的需求）的增加，该共享汽车系统的车队规模也相应地线性增加。停车位数也呈现上升趋势，但停车位的增加幅度略高于车辆数，系统的车队规模与停车位数之间的差距越来越大，这是因为随着满足需求率的增加，需要更多的车辆来满足出行需求，但在最小化运营商总成本目标的限制下，需要在车辆和停车位之间寻求一个平衡。将车辆和停车位进行转化是一个平衡策略，即增加停车位来减少部分车辆的使用，从另一个角度说，增加的停车位相当于提高了车辆的利用率。

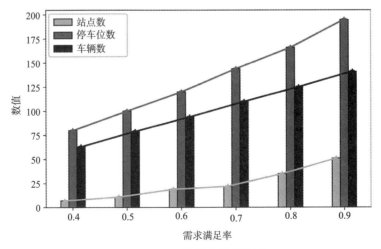

图 3-4　选址结果变化趋势图

模型中的目标函数是最小化运营商的总成本,包括站点建站成本、停车位成本、车辆成本以及出行耗电成本。为了方便,将每项成本进行归一化处理,特定需求满足情况下的各项成本占比如图3-5所示。

可以看到随着需求满足率的增加,停车位、车辆和出行耗电的成本与其对应的数目呈现相似的变化趋势,由于停车位成本和车辆成本在总成本中占比比较大,两者基本呈线性增加趋势,因此,总成本也呈现线性增加的趋势,尽管站点建站成本和出行耗电成本波动较大,但由于占比较小,对总成本的影响不大。

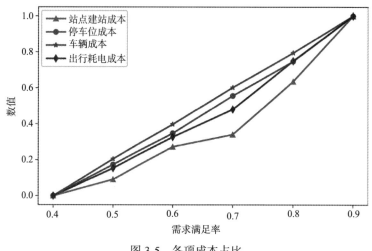

图3-5 各项成本占比

图3-6～图3-11分别表示车辆利用率取1时,不同需求满足率下站点的空间分布,其中左侧子图(a)表示停车位的空间分布,右侧子图(b)表示站点初始库存车辆的空间分布,圆圈的颜色及大小对应不同的数值,颜色越深、圆圈越大对应的数值越大。可以看出,随着需求满足率的增加,研究区域需要建的站点数也随之增加,且增加的站点在需求满足率增加前的原站点附近,有的甚至是将原站点在其附近分割成多个站点。例如,图3-7(a)与图3-6(a)相比,虽然多建了4个站点,但从其空间分布上来看,增加的站点是图3-6的站点的空间延伸,并对停车位的大小进行均衡,图3-7中的站点数虽然增加了,但其增加的主要是规模较小的站点(停车位少的站点),相当于将规模较大的站点(停车位多的站点)分割成若干个规模较小的站点。这是因为本节的模型中考虑了站点的最大辐射范围,随着需求满足率的增加,少量的规模较大的站不足以满足特定的需求,需要大量的中、小站(停车位相对较少的站点)加以调节,本质上来说,是要在站点数量和站点大小之间取得一个平衡,这个平衡可以是使得运营商的总利润最大,也可以是使得运营商的总成本最小(本节的目标函数)。另外,站点的成本以及停车位和车辆的成本也是影响两者平衡的一个因素,但由于价格的影响因素较为复杂,而且各个城市也有所不同,不是本节研究的重点,因此这里只是取一个经验数值。

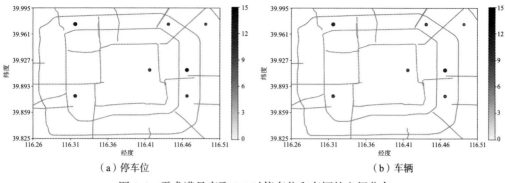

图 3-6　需求满足率取 0.4 时停车位和车辆的空间分布

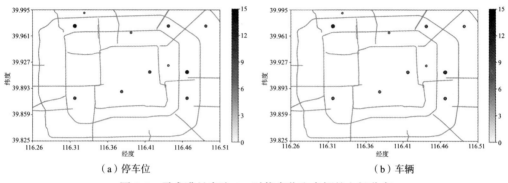

图 3-7　需求满足率取 0.5 时停车位和车辆的空间分布

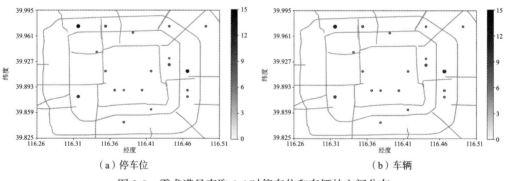

图 3-8　需求满足率取 0.6 时停车位和车辆的空间分布

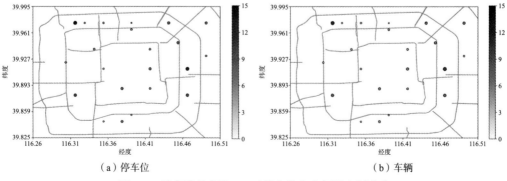

图 3-9　需求满足率取 0.7 时停车位和车辆的空间分布

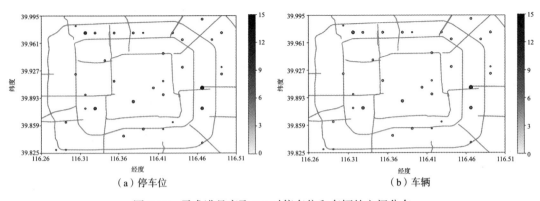

图 3-10 需求满足率取 0.8 时停车位和车辆的空间分布

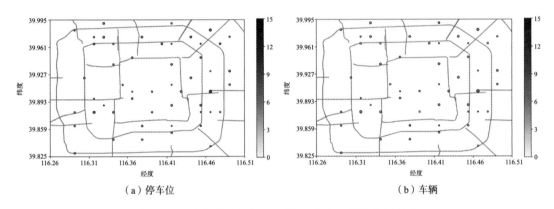

图 3-11 需求满足率取 0.9 时停车位和车辆的空间分布

目前共享汽车系统中车辆的利用率很低，只有 10% 左右的车辆利用率能达到 0.5 次 /d 以上，利用率达到 1 次 /d 的车辆更是寥寥无几，因此，为了分析车辆利用率对选址结果的影响，本节设置不同的车辆利用率，其对应的选址结果如表 3-3 ～ 表 3-7 所示。从选址结果可以看到，不同的需求满足率和车辆利用率的组合，得到的选址结果大不相同，为了更加直观地分析两者对选址结果的影响，分别对两者的影响程度进行分析。

车辆利用率取 0.5 时的选址结果　　　　　　　　　　　表 3-3

需求满足率	0.4	0.5	0.6	0.7	0.8	0.9
站点数（个）	8	9	14	22	31	51
停车位数（个）	160	198	237	277	319	362
车辆数（辆）	125	157	188	219	250	281
总成本（元）	8983	11247	13472	15715	17984	20283

车辆利用率取 0.6 时的选址结果　　　　　　　　　　表 3-4

需求满足率	0.4	0.5	0.6	0.7	0.8	0.9
站点数（个）	8	14	12	21	28	53
停车位数（个）	132	165	199	236	268	309
车辆数（辆）	105	131	157	183	209	235
总成本（元）	7518	9389	11264	13188	15053	17051

车辆利用率取 0.7 时的选址结果　　　　　　　　　　表 3-5

需求满足率	0.4	0.5	0.6	0.7	0.8	0.9
站点数（个）	7	9	16	19	34	53
停车位数（个）	113	142	170	203	232	265
车辆数（辆）	90	112	134	157	179	201
总成本（元）	6442	8035	9621	11322	12931	14601

车辆利用率取 0.8 时的选址结果　　　　　　　　　　表 3-6

需求满足率	0.4	0.5	0.6	0.7	0.8	0.9
站点数（个）	7	11	14	20	30	53
停车位数（个）	100	124	150	178	206	238
车辆数（辆）	79	98	118	137	157	176
总成本（元）	5665	7031	8475	9893	11374	12863

车辆利用率取 0.9 时的选址结果　　　　　　　　　　表 3-7

需求满足率	0.4	0.5	0.6	0.7	0.8	0.9
站点数（个）	8	11	13	24	28	51
停车位数（个）	88	111	134	159	180	211
车辆数（辆）	70	87	105	122	139	157
总成本（元）	5014	6254	7549	8822	10046	11461

（1）车辆利用率对选址结果的影响

图 3-12 表示在研究区域内，不同满足率下站点数随车辆利用率的变化趋势，由图 3-12 可知，在需求满足率为 0.4 和 0.9 时，随着车辆利用率的增加，站点数基本无变化，而在其他需求满足率时，站点数随车辆利用率的变化相对较大，且变化并无明显的规律可言，但变化的范围在易操控范围内。整体来说，车辆利用率对站点数的影响较小，特别是在需求满足率较小或较大时。

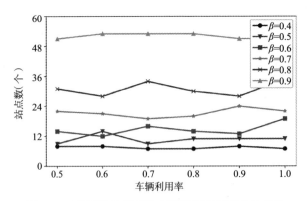

图 3-12　不同满足率下站点数随车辆利用率的变化

类似地,做出不同需求满足率下停车位数和车辆数随车辆利用率的变化,变化曲线分别如图 3-13、图 3-14 所示,可以看出,在任一需求满足率下,随着车辆利用率的增加,系统中的停车位数和车辆数均呈现下降趋势,且下降幅度越来越小。另外,停车位数的下降幅度比车辆数下降幅度明显,这是因为车辆利用率的增加提高的是车辆的循环利用效率,目的是减少车辆的浪费,提高车辆利用率的一个必要措施是要提供额外的停车位来满足车辆的循环利用,这一结果符合一般逻辑。

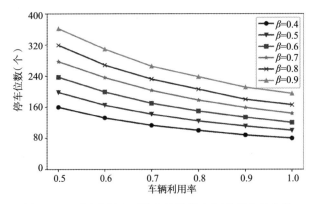

图 3-13　不同满足率下停车位数随车辆利用率的变化

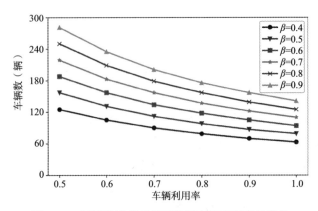

图 3-14　不同满足率下车辆数随车辆利用率的变化

模型中的目标函数是最小化运营商的总成本,包括站点建站成本、停车位成本、车辆成本以及出行耗电成本,由选址结果可知,在总成本中,车辆成本占比最高,其次是停车位成本,在不同情况下,各项成本占比又有些许差异。

图 3-15 ~ 图 3-18 表示不同需求满足率下 4 项成本占比随着车辆利用率的变化情况。由此可知,4 项成本中,车辆成本占比最大,其次是停车位成本和出行耗电成本,最后是

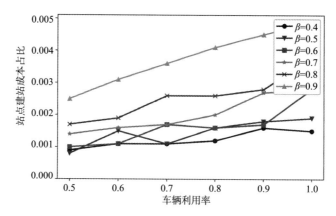

图 3-15　不同需求满足率下站点建站成本占比随车辆利用率的变化

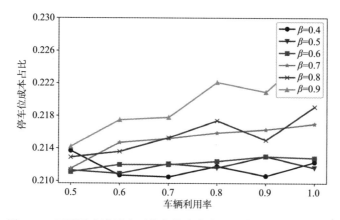

图 3-16　不同需求满足率下停车位成本占比随车辆利用率的变化

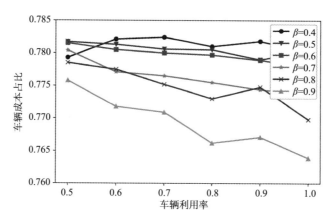

图 3-17　不同需求满足率下车辆成本占比随车辆利用率的变化

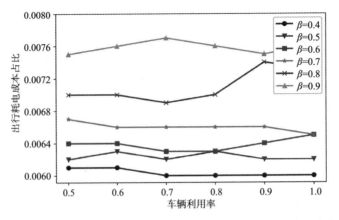

图 3-18 不同需求满足率下出行耗电成本占比随车辆利用率的变化

站点建站成本。随着车辆利用率的增加,站点建站成本和停车位成本占比也呈现增加趋势,且在需求满足率较小时,站点建站成本和停车位成本占比随车辆利用率的变化较小。但车辆成本随车辆利用率的增加呈现下降趋势,同样在需求满足率较小时,车辆成本占比随车辆利用率的变化较小,出行耗电成本整体变化不甚明显。总体来说,在需求满足率较小时,各项成本占比随车辆利用率的变化较小,需求满足率较大时,各项成本占比随车辆利用率的变化较大。

(2)需求满足率对选址结果的影响

前面分析了车辆利用率对选址结果的影响,下面分析需求满足率对选址结果的影响。图 3-19 ~ 图 3-21 分别表示站点数、停车位数和车辆数随需求满足率的变化,可以看出,与车辆利用率相比,需求满足率对站点数的影响较大,整体上,随着需求满足率的增加,站点数也随之增加,且变化幅度越来越大。而停车位数和车辆数与需求满足率呈现明显的线性关系,这是因为模型中考虑了车队规模与满足需求的线性关系,结果中呈现线性关系是必然的。

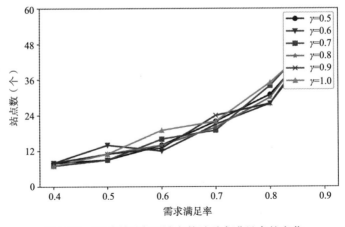

图 3-19 不同利用率下站点数随需求满足率的变化

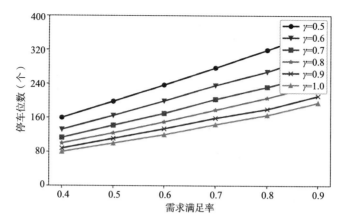

图 3-20　不同利用率下停车位数随需求满足率的变化

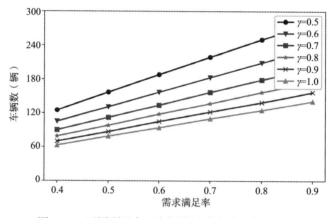

图 3-21　不同利用率下车辆数随需求满足率的变化

图 3-22 ~ 图 3-25 表示需求满足率对各项成本的影响。由此可知，随着需求满足率的增加，站点建站成本、停车位成本和出行耗电成本占比呈现上升趋势，但车辆成本呈现下降趋势。

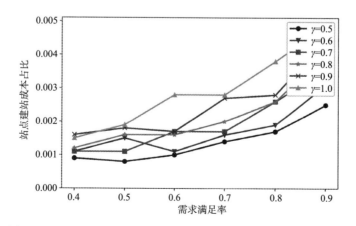

图 3-22　不同车辆利用率下站点建站成本占比随需求满足率的变化

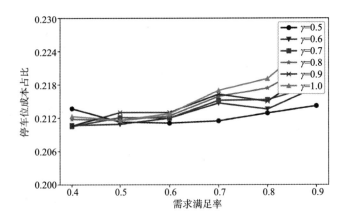

图 3-23 不同车辆利用率下停车位成本占比随需求满足率的变化

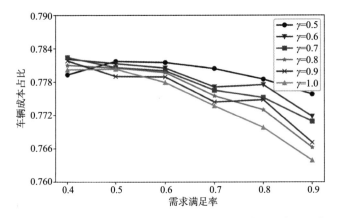

图 3-24 不同车辆利用率下车辆成本占比随需求满足率的变化

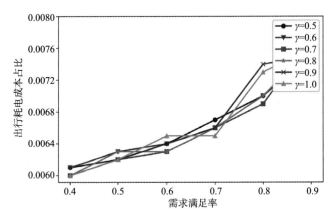

图 3-25 不同车辆利用率下出行耗电成本占比随需求满足率的变化

特别地,在需求满足率最大时(即取 0.9 时),对任意车辆利用率而言,其站点建站成本、停车位成本和出行耗电成本均是最大的,而车辆成本占比却是最小的。在需求满足率最小时(即取 0.4 时),其各项成本占比基本呈现相反的趋势。对其他需求满足率情况而言,大致也满足这项规律:即随着需求满足率的增加,站点建站成本、停车位成本及出行耗电成本占比逐渐增加，而车辆成本逐渐较少。有些情况下并不满足，是因为结果除了受需求满足率的影响，也受到车辆利用率的影响。

3.2 基于运营数据的站点调整模型

本节首先对当前站点布局方法进行总结，并引入本节要解决的问题及采用的方法，即考虑当前共享汽车系统站点布局及车位、车辆配置的前提下，建立混合整数规划模型，以解决单向共享汽车系统的站点调整问题，然后利用 CPLEX 求解模型，并对求解结果进行调整策略分析及灵敏度分析。站点调整策略主要包括取消站点、调整站点容量、新建站点三种。

3.2.1 常用共享汽车站点布局方法总结

目前国内外研究考虑到共享汽车站点选址的问题主要有两种方法：一是优化模型，主要为混合整数规划模型。不同的学者在选址模型中考虑不同的因素，使选址问题更加丰富和多样化；二是采用模拟仿真的方法，构建仿真模拟器以验证多种选址方案，从中选择最优的站点布局策略。

1. 多目标规划模型

模型建立中将目标分为多个部分，典型的优化目标包括：

目标一：从运营商的角度，以利润最大化或者投入总成本最小作为目标函数，其中成本主要考虑站点的建设成本、停车位的开放成本以及车辆的投入成本。

考虑的约束条件包括：

（1）总投入成本要小于建设投资成本的最大值；

（2）每个共享汽车站点的停车位数目要在一定限制范围内；

（3）停车位的建设数量要大于设定的最小值；

（4）站点容量约束：站点的停车位数目要大于该站点的可用车辆数；

（5）可用车辆约束：站点的可用车辆数要大于离开该站点的车辆数；

（6）实际流量约束：站点间的实际流量要小于站点间的需求。

目标二：从用户的角度，以用户总的出行成本最小或者用户到达共享汽车站点的距离最短为目标函数。用户的总出行成本一般考虑的是时间成本，即步行时间成本。

考虑的约束条件包括：

（1）所有的共享汽车需求点都有一定距离范围内的共享汽车站点可以提供服务，所有的共享汽车站点都有可以服务的共享汽车使用需求点；

（2）各共享汽车站点之间的距离不大于某一定值，这一约束能够避免中间部分的用户需求无法被满足；

（3）各共享汽车站点之间的距离应大于某一定值，以避免设置的站点数量过多而影响道路交通条件，造成资源的浪费；

（4）行走距离的约束，用户在任意一段的行走距离不应大于某一定值，即总行走距离不应大于2倍的某一定值；

（5）节点吸引范围约束，即用户选择共享汽车这一出行方式时，所能接受的共享汽车站点所在的范围，如果该范围内有共享汽车站点则选择共享汽车这一出行方式，否则选择其他的出行方式。

模型的决策变量主要包含4个：某备选站点是否被选中、被选中站点的停车位建设数量、被选中站点的初始投放车辆数以及站点的实际流量。

2. 仿真模拟方法

基于仿真模拟方法进行共享汽车站点的选址和站点规模的确定，这类问题一般是构建基于离散事件的仿真模型，然后将仿真模型与上文提及的优化模型相结合，开发一个集成的优化仿真框架。首先，制定一套贴近现实的仿真规则来描述共享系统的动态运营过程。然后，结合上述仿真规则，提出一种基于仿真的共享系统基础设施优化模型，包括站点选址和确定每个站点规模及车辆配置。

目前对于解决共享汽车系统的选址问题，建立优化模型仍然是最常用也是最有效的办法，故本节同样采用建立优化模型的方法，用于解决共享汽车系统的站点布局调整问题。

3.2.2 共享汽车站点布局调整模型

在对共享汽车选址问题进行充分总结的前提下，研究基于站点的单向共享汽车系统的选址问题，主要对单向共享汽车站点选址、规模调整的整体解决方案进行研究。本节主要内容为建立以利润最大化为目标的数学模型解决上述问题。下面将对问题及模型进行详细的描述。

1. 问题描述

本节从共享汽车运营商的角度，研究单向共享汽车系统的规划问题，对共享汽车的位置、规模、初始投放的可用车辆数目进行决策优化，优化目标是运营商的利润最大。

研究结果中得到了114个备选站点，所以本节的站点选址问题是根据模型的优化结果，在若干备选站点中选择一部分或全部站点作为真正将要投入使用的站点，并同时决策被选中站点的停车位数量和初始投放车辆数。所以，这个问题本质上是0-1问题，其对应的决策变量也是一个0-1变量。停车位数量和可用车辆数取正整数。图3-26展示了共享汽车站点选址和车位建设的规划示意图，将研究区域划分成若干个1.7 km×1.7 km的小网格，假设每个小网格的用户需求集中在网格的中心（用小方格表示），同时将该点作为备选站点的位置。

站点的选择取决于这个备选网点是否有用车需求，以及附近是否已存在相似功能的站点。如果某一个备选网点用车需求量小，同时，该站点附近有其他相似功能的站点分流，那么该站点很可能不会被选中。站点停车位数量则取决于共享汽车系统运营过程中的车辆流动情况，停车位的数量会影响该站点能够存放的可用车辆数目，以及可以接纳的实际客流数目。为了构建本节的站点布局模型，需要提前确定备选区域、潜在的出行需求矩阵、各备选站点间的距离矩阵、时间矩阵。

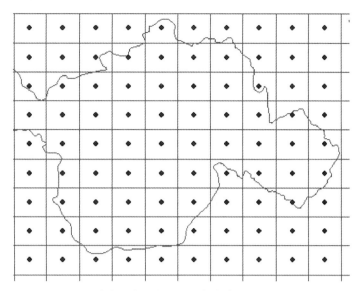

图 3-26 共享汽车站点选址和车位建设的规划示意图

2. 模型假设

本节研究对象为基于站点的单向共享系统。共享汽车系统与传统租车行业的显著区别是，前者按照分钟或者小时进行租车和收费，用户可以根据自身的出行目的随意选择借还车的站点、借还车的时间；此外，基于站点的共享汽车系统受到站点停车位数量和可用车辆数的限制，当用户发现附近没有可用的共享汽车的时候，极大可能选择其他替代的交通出行方式，比如地铁、公交等其他公共交通方式。为了更好地研究站点布局和规模调整问题，本节做出以下假设来简化模型：

（1）决策时间段内各备选站点间的借还车需求根据已知的方法得到，即各备选站点间的借还车需求是已知的。

（2）一个站点至少有一个停车位。

（3）每个网格至多有一个共享汽车站点。

（4）每个备选网格在不同时间的出行需求相似，为一般工作日的出行需求。

（5）假设每一次出行的收益属于起始站点。

（6）停车位的费用按照租用年限支付，假设新的布设方案自上次租用结束后开始施行，因此停车位的费用仅与当前站点布设方案有关，不考虑取消站点需要的费用。

3. 参数及变量

根据前文的问题描述和假设，模型参数及变量定义如下：

（1）模型集合与参数

模型参数包括与共享汽车系统建设和运营成本相关的参数，以及潜在的出行需求矩阵、各备选站点间的距离矩阵、时间矩阵等。模型集合包括备选站点的集合。i 区域仅有一个站点，即 i 站点。

A：备选站点的集合 $A=\{1, 2, \cdots, i, j, \cdots\}$，$i, j$ 表示各备选站点；

X_i^e：如果区域 i 已有站点，$X_i^e=1$，否则 $X_i^e=0$；

r：共享汽车按照时间收取的费用，元；

t_{ij}：从区域 i 到区域 j 的出行时间，其中 $i \neq j$；

C_x：一个站点一天的开放成本，包括车道喷漆和指示牌成本，元；

C_s：一个停车位一天的租赁成本，元；

S：一个站点的最大停车位数，个；

C_{cv}：一辆闲置车辆的放置成本，元；

V：当前共享汽车系统拥有的共享汽车总数，辆；

C_v：一辆共享汽车一天的固定成本（包括折旧和维护费用），元；

N_s：一个站点的最小停车位数，个；

D_{ij}：从 i 站点到 j 站点的总需求量；

M：一个极大值；

X_{max}：备选站点的总数，个；

α：弹性系数，留有部分停车位给到达该站点的车辆；

a、b：参数。

（2）决策变量

q_{ij}：从 i 站点到 j 站点的实际满足需求；

X_i：如果区域 i 有新规划的站点，$X_i=1$，否则 $X_i=0$；

S_i：i 站点的停车位数目，个；

V_i：i 站点的可用车辆数，辆；

V_i^0：i 站点初始时刻的可用车辆数，辆。

（3）辅助变量

M_{ij}：从 i 站点到 j 站点共享汽车系统的日均收益，元；

p：与价格有关的变量，与反映需求随价格波动的变化情况。

4. 模型

本小节将得到的需求数据为基础，在考虑共享汽车系统当前布局及运营情况的前提下，以最大化汽车共享系统的总利润为目标，建立共享汽车站点调整模型，用以决策共享汽车系统的站点选址、站点容量、车辆配置及实际满足需求。利润来自收益除去成本，收益只有1项，即向用户收取的共享汽车收入，成本有4项，分别是站点开放成本、停车位租赁成本、车辆固定成本、闲置车辆放置成本。

由于本模型考虑原有的共享汽车系统配置，如果在新的需求下，原有车辆的投入数目过多，则称车辆数目对于当前系统来说是过饱和的，则需要考虑多出车辆的闲置费用，故对于原来购买的车辆需要分情况讨论，建立以下两个模型：

模型一：当前车辆过饱和

$$\max \theta = M_{ij} - C_x \sum_{i=1}^{A}(X_i + X_i^e) - C_s \sum_{i=1}^{A} S_i - C_v \sum_{i=1}^{A} V_i^0 - C_{cv}\left(V - \sum_{i=1}^{A} V_i^0\right) \quad (3\text{-}20)$$

$$M_{ij} = \sum_{i=1}^{A}\sum_{j=1}^{A} r \cdot q_{ij} \cdot t_{ij} \qquad (3\text{-}21)$$

约束：

$$X_i + X_i^e \leq 1, \quad \forall i \in A \qquad (3\text{-}22)$$

$$\sum_{i=1}^{A} V_i^0 \leq V \qquad (3\text{-}23)$$

$$V_i^0 \leq \alpha \cdot S_i, \quad \forall i \in A \qquad (3\text{-}24)$$

$$M \cdot X_i \geq S_i, \quad \forall i \in A \qquad (3\text{-}25)$$

$$M \cdot X_i \geq V_i, \quad \forall i \in A \qquad (3\text{-}26)$$

$$M \cdot X_i \geq \sum_{j=1}^{A} q_{ij}, \quad \forall i \in A \qquad (3\text{-}27)$$

$$M \cdot X_i \geq \sum_{j=1}^{A} q_{ji}, \quad \forall i \in A \qquad (3\text{-}28)$$

$$N_s \cdot X_i \leq S_i, \quad \forall i \in A \qquad (3\text{-}29)$$

$$S_i \leq S, \quad \forall i \in A \qquad (3\text{-}30)$$

$$\sum_{i=1}^{A} X_i \leq X_{\max} \qquad (3\text{-}31)$$

$$q_{ij} \leq D_{ij}, \quad \forall i \in A, \forall j \in A \qquad (3\text{-}32)$$

$$X_i \text{、} X_i^e \in \boldsymbol{binary}, \quad \forall i \in A \qquad (3\text{-}33)$$

$$S_i \text{、} V_i^0 \text{、} q_{ij} \in \boldsymbol{N^+}, \quad \forall i \in A \qquad (3\text{-}34)$$

目标函数（3-20）表示最大化运行基于单站的汽车共享系统的每日总利润。其中，式（3-21）表示共享汽车系统的收益，来自向用户收取的共享汽车收入。总成本由4个部分组成，分别是站点开放成本、停车位租赁成本、车辆固定成本和闲置车辆放置成本。

约束（3-22）表示每个区域仅建立一个站点。约束（3-23）表示车辆是过饱和的。约束（3-24）表示停车位数与车辆数之间的关系，其中，α是一个弹性系数，这一系数可以确保站点处至少有$(1-\alpha) \cdot S_i$个停车位供到达该站点的车辆停车。约束（3-25）和约束（3-26）表示只有在备选站点处建立站点，才会在该处设置停车位和投放车辆，其中M是一个极大值。约束（3-27）和约束（3-28）限制了站点间的流量，它们必须有站点作为支撑，即只有在i区域处建站，才有从i站点出发的流量和到达i站点的流量。约束

（3-29）和约束（3-30）分别限制每个站点的最小停车位数目和最大停车位数目。约束（3-31）限制站点总数目。约束（3-32）表示站点间的实际流量要小于站点间的需求。约束（3-33）和约束（3-34）分别表示0-1变量和非负约束。

模型二：需额外购置车辆

与模型一的区别就在于目标函数及约束（3-23），由于车辆固定费用是将车辆的购置及维修保养等费用平均到每一天，所以虽然需要额外购置车辆，但没有多余的成本项。

$$\max \theta = M_{ij} - C_\mathrm{x} \sum_{i=1}^{A}(X_i + X_i^e) - C_\mathrm{s}\sum_{i=1}^{A}S_i - C_\mathrm{v}\sum_{i=1}^{A}V_i^0 \quad (3\text{-}35)$$

$$\sum_{i=1}^{A} V_i^0 > V \quad (3\text{-}36)$$

本节提出的模型所需的参数值参考 Huang 文章中的参数设置，具体见表3-8。

模型参数设置　　　　　　　　　　表3-8

参数	取值
共享汽车按照时间收取的费用（r）	1元/（辆·min）
一个站点一天的开放成本（C_x）	1元/d
一个停车位一天的租赁成本（C_s）	12元/（辆·d）
一辆共享汽车一天的固定成本（C_v）	56元/（辆·d）
现有站点容量（X_e）	84
一个站点的最大停车位数（S）	55
一个站点的最小停车位数（N_s）	3

根据实际情况，共享汽车运营商的收费标准为每辆车每分钟1元。C_x表示一个站点的开放成本，估计每年约360元，包括车道喷漆和指示牌成本。每辆共享汽车每天的固定成本C_v是根据价值100000元的车辆使用10年内的折旧成本和每年10000元的每年维护成本计算得出的，每天56元。N_s取3是求解模型得出来的结果，N_s分别取1和2时，存在大量站点的容量仅为1或2，导致共享汽车系统的总收益下降。分析原因在于，仅开放1或2个停车位的站点极易无位停车或无车可用，利用率很低。同时，在现实情况下，在多区域仅建立容量为1的站点可行性不高，故现有最小站点容量N_s取3。

为了进行共享汽车收费定价的灵敏度分析，建立反映需求随收费价格的波动情况的公式如下：

$$D_{ij}' = p \cdot D_{ij} \quad (3\text{-}37)$$

$$p = a \cdot (r-1) + b \quad (3\text{-}38)$$

需求随价格的弹性波动 p 公式中参数的取值参考梁希喆文章中的北京市出租车需求价格弹性分析的结果，最终需求价格弹性为 –0.49。同时考虑该共享汽车系统实际的定价策略，具体参数取值见表 3-9。

弹性波动 p 的参数取值　　　　　　　　　　表 3-9

参数	a	b
取值	–1.633	1

3.2.3　模型求解

上述模型的目标函数和约束条件都是线性的，整体上为混合整数线性规划模型。其中，决策变量 X_i 为 0-1 变量，S_i 和 V_i^0 为整数变量，q_{ij} 为连续变量。该模型在带有 Windows 7 64 位操作系统的 i5 处理器 @ 1.7 GHz, 4.00 Gb RAM 计算机上运行。MILP 模型由商业求解器 CPLEX 求解。

1. 优化结果分析

（1）最优布局和配置方案

求解模型一，优化结果显示，基于新需求下的共享汽车系统最优方案的利润为 53918 元，此时，成本为 39543 元，收益为 93461 元。共享汽车系统的当前收益为 18315.043 元，按照求解结果进行方案调整后，收益增加 410%。

求解模型二，并无最优结果。说明，对于新的需求来说，原有车辆是过饱和的，新的布局方案会导致部分车辆处于闲置状态，有一部分的闲置费用。本节并没有考虑将闲置车辆折旧出售，原因一为这部分折旧费用并不能给共享汽车系统及运营商带来可观的收益，原因二在于可以考虑将其留作机动车辆。所以该共享汽车系统的最优方案为模型一的求解结果，下面的分析同样基于模型一的求解结果。

当前优化求解结果显示，该公司在新的需求结果下，最优的布局方案为在研究区域内建立 107 个共享站点，690 个共享汽车停车位，初始投放 536 辆共享汽车。

（2）站点调整策略分析

站点调整策略主要有以下几种形式：

1）取消站点。对于停车位利用率小于某值的站点，以其为中心，对于其服务范围内的站点进行判断，如果该站点的停车位利用率同样小于某值，则取消该站点。

适用情况：两站点位置较近且利用率都较低的情况。

2）调整现有站点的容量策略。增加/减少停车位数，最终目的是改变初始投放车辆的数目即车队规模。

适用情况：该站点处站点存在资源浪费或车站的整体利用率较高，附近的用户经常因为无车而倾向于去其他车站的情况。

3）建设新站点。其目标是在特定地区建立一个或多个站点，并计算其各自的容量，这些站可以是小容量的，也可以是大容量的。

适用情况：当一个地区出现一个新的用户需求时，以及当现有的站点离它很远的时候。

114个备选点中，被选中实际建立站点有107个，其中有新建的58个站点，和前文提及的包含现有站点的49个站点。包含原有84个站点的49个备选点在新的布局方案中都被选中，说明对于原有的84个站点，其位置的设置是合理的。但站点的规模较原来会有新的调整，其中，包括原有站点的49个站点中有3个站点规模扩大，41个站点规模缩小，5个站点规模保持不变。具体见情况图3-27及表3-10，图中黑色小三角表示原有站点的分布，有色小方格则展现了不同调整策略的站点的具体分布情况；表中仅为部分站点，其中，红色显示为规模扩大的站点，绿色显示为规模不变的站点，其他显示为规模缩小的站点。新建的一批站点大部分是站点的容量在3~6的小规模的站点，也有部分站点的规模在7~12之间，属于中等规模的站点，只是这类站点比较少，仅占新建站点的9%。具体见表3-11。

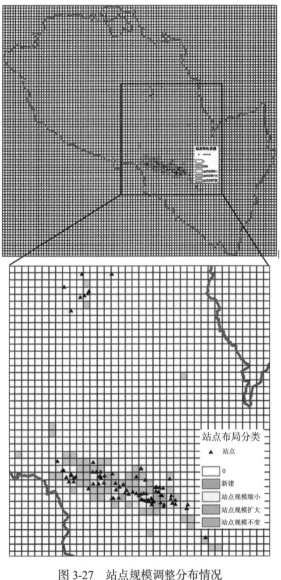

图3-27 站点规模调整分布情况

站点规模调整情况（部分）　　　　　　　　　　　表 3-10

备选网格	现有停车位数（个）	调整后停车位数（个）
3113	21	7
3116	10	3
3219	16	10
3220	30	5
3221	20	7
3315	55	16
3316	5	3
3317	5	5
3318	55	10
3319	51	28
3322	5	6
3323	5	6

新建站点情况（部分）　　　　　　　　　　　表 3-11

备选网格	停车位数（个）	初始投放车辆数（辆）
3423	6	5
3424	4	3
3425	4	3
3426	4	3
3734	5	4
3739	10	9
4357	3	3
5111	8	6
6147	5	3
6462	4	3

每个站点的停车位数有很大不同。我们发现，居住区的站点数（48个）明显大于办公区的站点数（38个）和商业区的站点数（21个）。此外，居住区的停车位数（330个）也大于办公区的停车位数（191个）和商业区的停车位数（169个）。但是，商业区的平均站点容量（8个）大于居住区的平均站点容量（6个）和办公区的平均站点容量（5个），这应该与商业站点数量少且分布集中有关。在整个研究区域中，一个站点中的共享停车位数从 3~33 不等，平均停车位数为 6.45 个。

2. 灵敏度分析

（1）需求满足率的变动分析

在本节中，通过对停车位租赁成本 C_s、站点开放成本 C_x、共享汽车按照时间收取的费用 r 和车辆固定成本 C_v 进行灵敏度分析，探究不同参数变动对于需求满足率 DR 的影响程度。其中，需求满足率即为整个共享汽车系统实际满足需求占总需求的比例，见式（3-39）：

$$DR = \frac{\sum_{i=1}^{A}\sum_{j=1}^{A} q_{ij}}{\sum_{i=1}^{A}\sum_{j=1}^{A} D_{ij}} \tag{3-39}$$

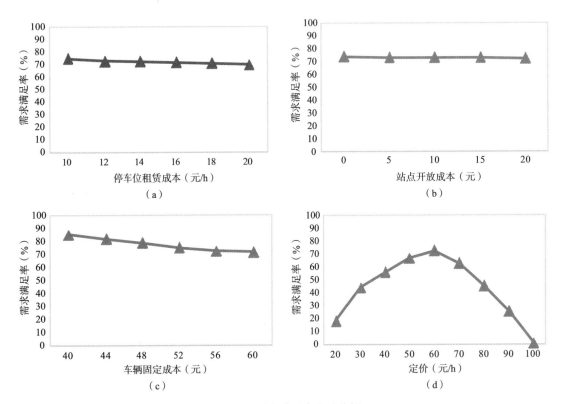

图 3-28 需求满足率变动分析

如图 3-28（a）所示，停车位租赁成本 C_s 与需求满足率呈负相关。当停车位租赁成本从 10 元 /h 增加到 20 元 /h 时，共享汽车满足的用户需求从 75% 下降到 70%，减少了 5% 左右。说明停车位租赁成本每增加 1 元，需求满足率平均下降 0.5%。为了促进共享汽车的使用，政府应该提供停车补贴以鼓励运营商提供更多的服务。

如图 3-28（b）所示，随着站点开放成本的增加，共享汽车系统的需求满足率逐渐下降，但下降速度非常缓慢，由此可知，站点开放成本的变动对于实际需求满足的影响是最小的。

如图 3-28（c）所示，当车辆固定成本从 40 元增加到 60 元时，需求满足率从 85% 减少到 72%，降幅为 13%。从现实情况分析，车辆成本增加对于所有出行方式特别是私家车来说，都会造成成本的上涨，可能会导致私家车用户转而选择共享汽车这一出行方式。但结果显示，对于共享汽车运营商来说，这部分费用的成本高于收益，导致其减少对于车辆的投入，所以，车辆固定成本的持续提高导致平均需求随之降低。从使用私家车的市民角度分析，他们将成本增高的风险均分到每个市民，有更好地抵抗成本增高风险的能力。

如图 3-28（d）所示，当共享汽车收费定价低至 20 元/h，运营商受到利润的限制，仅能提供很少的服务，此时需求满足率小于 20%。当共享汽车的收费定价从 20 元/h 升至 40 元/h，需求满足率有很大的增长，达到 56%，此时，由于共享汽车收益增长，其提供的服务也随之增多，能满足较多需求。当共享汽车的收费定价为 60 元/h，其满足的需求量达到 73%，这表明是可以满足大多数旅行需求的，对社会的效益最为显著。当价格继续升高时，采用共享汽车的效用下降，其需求满足率也会随之降低。

（2）总利润的变动分析

在本节中，通过对停车位租赁成本 C_s、站点的开放成本 C_x、汽车共享定价 r 和车辆固定成本 C_v 进行灵敏度分析，探究不同参数变动对于利润的影响程度。

从图 3-29（a）可以看出当停车位租赁成本从 10 元/h 增加到 20 元/h 时，总利润从 55314.39 元下降到 48477.69 元，下降了 12.36%。如果单位租金成本增加 1 元，总利润平均下降 683.67 元。

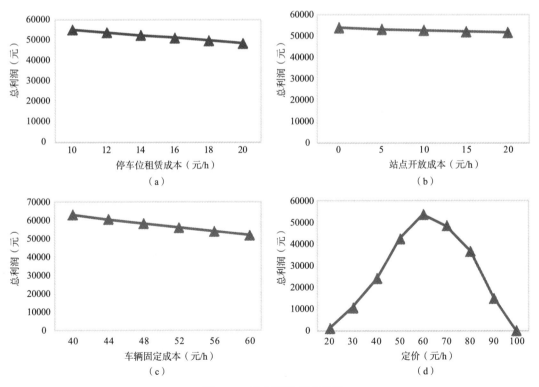

图 3-29　总利润的变动分析

从图3-29（b）可以看出，增加站点开放成本会略微降低运营商的利润，但其对于利润的影响程度要小于停车位租赁成本。

在图3-29（c）中，总利润随着车辆固定成本的变化与图3-28（c）的变化趋势一致。

根据图3-29（d）可知，随着定价的升高，共享汽车系统的总利润先升高再降低。当共享汽车收费定价为60元/h时，共享汽车系统的利润最大。一旦收费价格超过60元/h，采用共享汽车出行的需求就会开始减少，总利润开始下降。系统当前的收费标准即为60元/h，是比较合理的，运营商在一段时间内不应再增加收费标准，会带来需求的流失进而导致利润的下降。

（3）总需求变动的影响

如图3-30（a）所示，收益随需求变化情况基本呈线性趋势，即一定范围内需求增多，对于共享汽车系统会带来更多的收益。如图3-30（b）所示，需求满足率在1.5倍以内呈现缓慢增长的趋势，当达到80%时，增大需求也不会使得需求满足率继续增大，说明当前的定价和成本下，无论需求有多大，满足80%左右的需求是收益最大的。

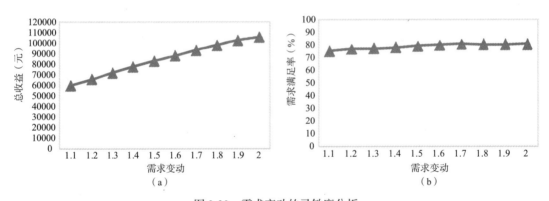

图3-30 需求变动的灵敏度分析

3.3 考虑充电的选址模型

由于环境保护的大势所趋，电动汽车备受青睐，共享汽车逐渐实现电动化，这也开始成为共享汽车的一个重要特性，涉及电动汽车的最远行程问题。共享汽车电动化需要考虑的一个重要问题是充电，而涉及充电的充电桩是共享汽车系统资源配置的一方面，也是选址问题的重要一环，因此，在选址模型中考虑充电问题能够对共享汽车系统进行更好地规划。先前的选址研究中也会在模型中考虑后续运营的相关问题，但大多数考虑的是车辆的调度问题，本节认为共享汽车的调度问题是一个相当复杂的问题，通常会在已建站点的基础上进行相应的研究，但本节的重点是对未开展共享汽车应用的城市进行共享汽车站点的规划选址，车辆的充电问题对车辆的利用效率有直接的影响，充电快会在一定程度上提高车辆的利用效率，以满足更多的出行需求。第3.1.3节的研究表明，车辆的利用效率对选址结果影响较大，所以充电问题理应作为选址问题的一部分。

本章提出的模型的重点仍然是选址，充电只是其中的一个影响因素，因此，模型中并未考虑详细的充电过程，而是考虑了充电时间对车辆使用的影响。根据所建模型的特点，对遗传算法进行扩展，并用扩展后的遗传算法对模型进行求解。

3.3.1 问题描述

电动汽车的充电问题是一个相对复杂的问题。本节主要针对单向共享汽车系统站点的初始选址开展研究，重点在于对共享汽车系统的初始布局选址，而非动态充电环节。为此，本节只考虑充电时间对车辆使用的影响，充电时间成为影响共享汽车选址的重要决策因素。本节考虑一家共享汽车公司拟使用相同类型的电动汽车，即车辆有相同的基本属性；在运营过程中，假设归还到站点的车辆均有充电桩可供充电，且车辆在租出时电量均处于满电状态。由于模型涉及充电时间，本节考虑采用动态模型。

3.3.2 考虑电动共享汽车充电时间的选址模型

1. 基本假设

本节的模型是基于站点对之间的需求和车辆构建的，不针对每辆车，也不考虑每辆车的具体使用情况，因此，在相应的选址模型构建前，需要做出如下基本假设：

（1）车辆在站点还车后立即充电；

（2）所有车辆型号一致；

（3）站点的每个停车位均有一个充电桩；

（4）电动汽车的充电量与充电时间呈正比；

（5）两个站点之间的所有车辆耗电量相同，即从站点 1 到站点 2 的所有车辆充电时间相同。

2. 模型参数

本节对模型中涉及的变量和参数进行解释：

$i, k \in \boldsymbol{I}$：备选站点，$\boldsymbol{I}$ 是备选站点集合；

$t \in \boldsymbol{T}_1$：时间段，$\boldsymbol{T}_1$ 是时间段集合；

C_s：每个候选站点建站的基本费用，元；

C_p：每天每个停车位的租赁成本，元；

C_v：每天每辆车的固定成本，元；

C_e：单位时间车辆耗电成本，元；

X_i：备选站点 i 是否建站，建站取 1，否则取 0；

y_{ik}：站点对 i, k 是否存在，即站点 i, k 是否同时建站；

P_i：备选站点 i 设置的停车位数，即容量，个；

V_i^0：i 站点初始时刻的可用车辆数，辆；

V_i^t：备选站点 i 在时间段 t 的可用车辆数，辆；

u_{ik}：从备选站点 i 到备选站点 k 的租车量；

T_{ik}：从备选站点 i 到 k 的租车时段；

q_{ik}：从 i 站点到 k 站点的实际满足需求；

d_{ik}^t：在时间段 t 离开备选站点 i，前往备选站点 k 的租车量；

r_{ki}^t：从备选站点 k 离开，在时间段 t 到达备选站点 i 的租车量；

τ_{ik}：从备选站点 i 到备选站点 k 的车辆在备选站点 k 的充电时间；

M：一个足够大的正整数；

$P_{\max}$：站点容量最大值；

β：需求满足率。

3. 模型构建

由于涉及不同时间段，该模型不再像静态模型那样考虑需求具体被哪个站点满足，而只考虑两个站点之间被满足的需求有多少，模型中仍然考虑车队规模和需求满足的线性关系。

$$\min Z = C_s \sum_{i \in I} X_i + C_p \sum_{i \in I} P_i + C_v \sum_{i \in I} V_i^0 + C_e \sum_{i \in I} \sum_{k \in I} u_{ik} T_{ik} \qquad (3\text{-}40)$$

$$X_i \leqslant P_i, \quad \forall i \in \boldsymbol{I} \qquad (3\text{-}41)$$

$$P_i \leqslant P_{\max} X_i, \quad \forall i \in \boldsymbol{I} \qquad (3\text{-}42)$$

$$0 \leqslant V_i^t \leqslant P_i, \quad \forall i \in \boldsymbol{I}, \ t \in \boldsymbol{T} \qquad (3\text{-}43)$$

$$y_{ik} = X_i \cdot X_k, \quad \forall i 、k \in \boldsymbol{I} \qquad (3\text{-}44)$$

$$0 \leqslant u_{ik} \leqslant q_{ik} y_{ik}, \quad \forall i 、k \in \boldsymbol{I} \qquad (3\text{-}45)$$

$$V_i^t + \sum_{k \in I} \left(r_{ki}^t - d_{ik}^t \right) y_{ik} \leqslant P_i, \quad \forall i \in \boldsymbol{I}, \ t \in \boldsymbol{T} \qquad (3\text{-}46)$$

$$V_i^t = V_i^{t-1} - \sum_{k \in I} \left(d_{ik}^{t-1} - r_{ik}^m \right) y_{ik}, \quad \forall i \in \boldsymbol{I}, \ t \geqslant 1, \ m = \mathrm{int}(t+1-\tau_{ik}) \qquad (3\text{-}47)$$

$$\sum_{i \in I} \sum_{k \in I} u_{ik} \geqslant \beta \sum_{i \in I} \sum_{k \in I} \sum_{t \in T} d_{ik}^t \qquad (3\text{-}48)$$

$$f(V, U) \geqslant 0 \qquad (3\text{-}49)$$

$$V = \sum_{i \in I} V_i^0 \qquad (3\text{-}50)$$

$$U = \sum_{i \in I} \sum_{k \in I} u_{ik} \qquad (3\text{-}51)$$

$$X_i \in \{0,1\}, \ P_i 、V_i^t \in \boldsymbol{N}^+ \qquad (3\text{-}52)$$

目标函数（3-40）表示最小化运营商的总成本，与第 3.1.2 节类似，包含站点成本、停车位成本、充电桩成本、车辆成本及能耗成本 4 项成本。

该模型共有 12 个约束，每个约束的含义如下：约束（3-41）表示如果备选点建站，则该站点至少有一个停车位；约束（3-42）表示只有站点建立，才有停车位；约束（3-43）是备选站点在每个时间段内可用车辆数的约束；约束（3-44）表示两站点同时建站的条件；约束（3-45）限制站点对之间每个时段的租车量；约束（3-46）限制每个时段、各个站点的可用车辆数；约束（3-47）表示相邻时段站点可用车辆的更新；约束（3-48）表示至少满足一定程度的需求；约束（3-49）表示车队规模约束；约束（3-50）表示车队规模；约束（3-51）表示满足的需求约束；约束（3-52）表示变量约束和非负约束。

3.3.3 求解算法

优化问题在现实生活中普遍存在，很多实际问题都可通过一定的数学模型转化为优化问题。约束优化问题是优化问题的一个重要分支，随着计算机技术和人工智能理论的发展，很多优化问题在向复杂性、非线性、高维性和多峰性等趋势发展。因此，智能优化算法的研究备受关注，遗传算法（Genetic Algorithm，简称 GA）是常用的智能优化算法之一，它在约束优化问题中具有较大的优势和应用潜力，与传统搜索算法相比，其群体搜索策略使得在处理约束优化问题时更有效、适用性更广。

遗传算法最初是由 J.Holland 教授在 20 世纪 60 年代提出的，是模拟遗传机理的生物进化过程的计算模型。遗传算法对待求解的问题没有过多的限制，大部分优化问题都能够用遗传算法求解，因此得到广泛的应用。Holland 教授提出的遗传算法是我们所熟知的简单遗传算法。简单遗传算法通过模拟生物遗传的过程逐步寻找最优解，虽然它并不一定能找到最优解，但却可以找到更加优良的解，对一个优化问题而言，特别是实际问题中的优化问题，使用遗传算法求解总能找到一个相对较优的解，这对很多实际问题来说是一种优选方法。遗传算法虽然使用范围广，但其本身也存在一定的缺陷，主要问题有局部收敛、收敛速度慢等，为了克服遗传算法的这些问题，很多学者对其做了大量的改进研究。目前，对遗传算法的研究主要集中在三个方面：遗传算法的理论研究、遗传算法的改进研究以及遗传算法的应用研究。本节基于求解模型的特征，考虑决策变量之间的因果关系，对简单遗传算法进行改进，以提高计算效率。

目前对遗传算法的改进方向主要有以下几个方面：

（1）编码的改进和优化：简单遗传算法采用的是二进制编码，但当模型中变量过多或者变量的变化范围较大时，会导致遗传算法的收敛速度很慢，求解效率低，因此，十进制编码、实数编码、格雷码、字符编码、矩阵编码等编码方式应运而生。

（2）初始种群的改进和优化：在最初的简单遗传算法中，初始种群是完全随机产生的，通常是在变量的变化范围内随机产生的，这是为了保证初始种群的多样性。但由于其随机性较大，初始种群中可能会存在大量的非可行解，如果非可行解所占比例较高，或者非可行解离可行区域的距离较远,则会导致算法的寻优效果低下。杨劼基于简单遗传算法，并结合配网无功规划的特点，提出了一种有序随机方法，该方法能够使得生成的初始种群中的可行解比例大大提高，最终提高算法的寻优效率和质量；徐梅提出了一种初始内点产生的新方法，其将求解初始内点问题转化为求解一系列无约束优化问题，在求得初始内点的基础上产生初始种群其他个体。余智勇等人提出了一种对初始种群给予全程检索规则编码的策略，该方法既能够提高初始种群质量，又能保证一定的种群多样性。

（3）遗传操作的改进和优化：遗传操作主要包括选择、交叉和变异。选择的作用是保存优良基因，从而提高遗传算法的全局收敛性，常用的选择操作有轮盘赌选择、排序选择等。交叉主要有单点交叉、两点（多点）交叉、均匀交叉、算术交叉等，对交叉算子的改进主要集中在搜索方向以及搜索范围上。变异操作是遗传算法产生新子代的辅助方法，是为了克服遗传算法容易陷入早熟的缺点，变异的方法主要有单点变异、均匀变异、非均匀变异、边界变异等。

（4）适应度函数的改进和优化：适应度函数在遗传算法中的作用是评价个体的优劣程度，通常情况下适应度越大，个体越优。对适应度函数的改进主要是在模型目标函数的基础上，根据研究问题的需要进行一定的尺度变换，常用的有线性尺度变化、幂尺度变换和指数变换三种。

目前对遗传算法的改进措施大多都侧重于某个方面，比如只改进交叉算子，并没有考虑其他遗传操作的影响，但实际的优化问题比较复杂，只对遗传算法的某一部分进行改进，难以达到目的。本节结合所建模型的特点，在前人改进的基础上，对简单遗传算法进行一定的扩充改进，目的是避免局部最优以及提高收敛速率，遗传算法的基本流程图如图 3-31 所示。

具体的算法步骤表述如下：

（1）编码：结合各种编码方式的特点及优缺点，本节的模型中变量既有 0-1 变量又有整数变量，本节考虑采用实数编码和二进制编码结合的混合编码方式，模型中的 0-1 变量采用二进制编码，其他变量采用实数编码，染色体的长度等于决策变量的数目。

（2）初始种群产生：随机产生的初始种群由于随机性较强，可能距离可行域较远，但采用遗传算法或内点法等方法产生初始种群，又不能保证其多样性及其效率，本节的模型中各个变量之间存在一定的因果关系，即模型中的基本约束，因此考虑采用"半随机"的方式产生初始种群，即首先随机在变量变化范围内产生对应变量的随机数，然后考虑变量之间的内在联系，最后确定染色体中各个变量的取值，获得初始种群。该种方式既能够保持种群的多样性，又能够提高初始种群中可行解比例或使得初始种群中的个体尽量靠近可行区域。

（3）适应度计算：在遗传算法中，适应度是评价种群中个体优劣的指标，其特征是适应度越大，个体越优。因此，在最小化目标的优化问题中，个体的目标函数越小，个体越优，其对应的适应度越大。由于初始种群的半随机性，种群中存在一定比例的不可行个体，为了使得可行个体永远优于不可行个体，对不可行个体进行惩罚。在计算种群的适应度之前，首先判断种群中是否存在可行解，然后计算种群中各个个体的惩罚目标函数，惩罚目标函数可设计为式（3-53）。

$$penalobj = \begin{cases} F(x), & feasible \\ F_{worst} + penalty, & unfeasible \end{cases} \quad (3\text{-}53)$$

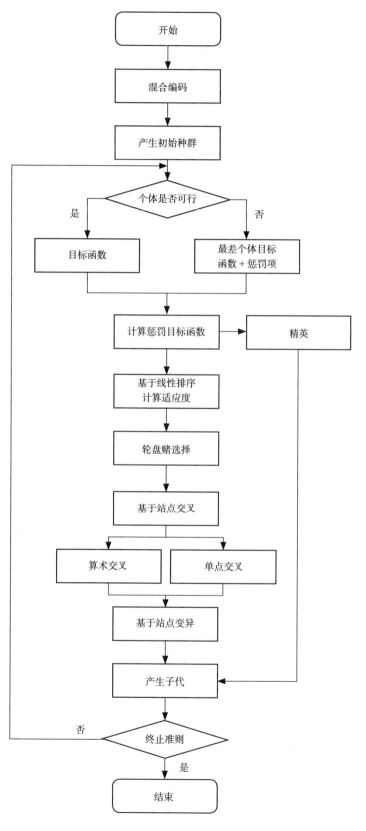

图 3-31 遗传算法流程图

其中，$F(x)$ 是最小化问题的实际目标函数，$penalty$ 为不可行个体的惩罚项，这里的惩罚项定义为不可行个体的不可行程度，本节将其表示为不被满足的约束中不等式的左侧数值的和（约束已转化为标准形式）。F_{worst} 是种群中最差的可行个体的实际目标函数，当种群个体均为不可行个体时，F_{worst} 取 0。当种群中所有个体均为可行个体时，惩罚目标函数等于实际目标函数，说明惩罚目标函数越小，个体越优；当种群中既有可行个体又有不可行个体时，F_{worst} 指可行个体中实际目标函数最大的个体，不可行个体的惩罚目标函数总是大于可行个体，同样可以说明惩罚目标函数越小，个体越优；当种群中所有个体均为不可行个体时，惩罚目标函数等于个体的惩罚项，惩罚项越小，个体越接近于可行域，说明惩罚目标函数越小，个体越优。该方法可保证可行解永远优于不可行解，避免陷入局部解，且惩罚目标函数越小，个体越优，符合适应度函数的特征，为了便于区分惩罚目标函数差异较小的个体，本节基于惩罚目标函数，采用基于线性排序的方法计算种群中个体的适应度。

（4）交叉：实数编码常用的交叉方式是算术交叉，二进制编码常用单点交叉，由于采用的是混合编码，因此交叉也采用混合方式，0-1 变量采用单点交叉，其他变量采用算术交叉。交叉是基于各个备选点进行的，交叉产生的子代一定满足基本约束。给定一个交叉概率，随机从种群中选择两个用于交叉的父代，判断两个父代是否交叉，若交叉，将最优和最差的父代分别记为 $\text{Father}_{best}(x)$、$\text{Father}_{worst}(x)$，采用式（3-54）进行交叉操作。

$$x' = \text{Father}_{worst}(x) + m[\text{Father}_{best}(x) - \text{Father}_{worst}(x)] \cdot direct \qquad (3\text{-}54)$$

其中，m 表示随机数，为了扩大搜索范围，增加种群多样性，在交叉过程中使用两个随机数产生两个子代，$m_1 \in [0, 1]$，$m_2 \in [1, 2]$，$direct$ 表示搜索方向，由式（3-55）进行计算，记两个父代最大、最小适应度分别为 Fit_h，Fit_l。

$$direct = (Fit_h - Fit_l)/Fit_h \qquad (3\text{-}55)$$

（5）变异：与交叉类似，变异同样采用基于站点式的均匀变异，即某一个站点的一个变量发生变异，则该站点的相关变量均发生变异，反之亦然。在判断某个站点需要变异后，首先根据式（3-56）、式（3-57）得到各个变量收缩后的边界，然后在上下界范围内均匀变异。

$$L' = \text{Father}(x_i) - st \cdot [\text{Father}(x_i) - x_{iL}] \qquad (3\text{-}56)$$

$$U' = \text{Father}(x_i) + st \cdot [x_{iU} - \text{Father}(x_i)] \qquad (3\text{-}57)$$

其中，st 是收缩系数，随进化代数变化，当进化代数较小时，st 无限趋近于 1，此时变量的变异空间较大，反之，变量的变异空间较小，st 可用式（3-58）计算。

$$st = 1 - r\left(1 - \frac{t}{T}\right)^3 \qquad (3\text{-}58)$$

3.3.4 算例与结果分析

本节的研究范围仍设置在北京市四环路以内，备选站点的选取与第 3.1 节的备选站点保持一致，该模型中涉及的参数如站点、停车位等的单价也与第 3.1 节的参数保持一致。

本节的模型没有考虑需求具体由哪个站点满足，而是侧重于站点对之间有多少需求能够被满足。站点对之间的需求采用的是潜在需求，考虑用户的最近选择原则，用户总是期望在最近的站点借还车，计算方式同第 3.1 节。

假设到达站点的充电电量和耗电电量是随相应的时间线性增长的，即单位时间的充电速率和耗电速率是一定的，可用式（3-59）、式（3-60）表示，其中 Q_c、Q_m 分别表示充电电量和耗电电量，k_1、k_2 分别表示充电速率和耗电速率，t_1、t_2 分别表示充电时长和耗电时长，而在模型假设中，本节假设车辆到站即充电，直至充满电才会再次被使用，所以充电电量等于耗电电量，充电时间可用式（3-61）表示。耗电时间即为站点之间的行驶时间。本节中，车辆在站点之间的行驶时间用最短行驶时间（最短距离/自由流速度）计算，车辆的充电时间可用式（3-62）表示，其中 T 表示站点之间的最短行驶时间。

$$Q_c = k_1 \cdot t_1 \tag{3-59}$$

$$Q_m = k_2 \cdot t_2 \tag{3-60}$$

$$t_1 = k_2 t_2 / k_1 \tag{3-61}$$

$$t_1 = T k_2 / k_1 \tag{3-62}$$

根据遗传算法相关文献，交叉概率的取值范围一般为 0.4~0.99，变异概率的取值范围为 0.0001~0.1，本节取交叉概率为 0.95，变异概率为 0.005，精英保留个数取 2，即每代中最优的两个个体会保留到下一代。当耗电速率与充电速率的比值为 5 时，不同需求满足率下的选址结果如表 3-12 所示。

选址结果　　　　　　　　　　　　　　　　　表 3-12

需求满足率	0.4	0.5	0.6	0.7	0.8	0.9
站点数（个）	80	93	99	113	121	134
停车位数（个）	1152	1425	1700	1985	2305	2879
车辆数（辆）	788	1026	1223	1463	1712	2214

可以看到随着需求满足的增加，站点数、停车位数和车辆数都在增加。图 3-32 给出了不同需求满足率下的选址结果的变化趋势图，可以看到停车位数和车辆数的变化趋势几乎完全一致，近似呈线性变化趋势。

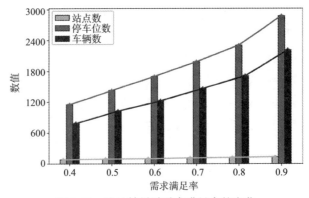

图 3-32 选址结果随需求满足率的变化

图 3-33 ~ 图 3-38 分别表示不同需求满足率时选址结果的空间分布图,左侧子图(a)表示各个站点的停车位分布,右侧子图(b)表示各个站点的车辆分布,每个圆圈表示一个站点,不同大小和颜色的圆圈表示站点规模的大小,圆圈越大站点规模越大。随着需求满足率的增加,总的站点数越来越多,规模较大的站点数也越来越多。与第 3.1.3 节选址结果的空间分布相比,本节的结果具有更加明显的聚集性,规模较大的站点集中在东西方向的中轴线附近,与地铁一号线位置接近,以及一些具有代表性的区域,如三元桥、中关村、四惠桥等区域规模较大站点较多。

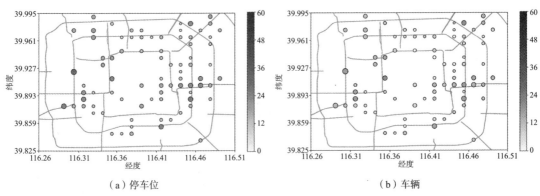

(a)停车位　　　　　　　　　　　　(b)车辆

图 3-33　需求满足率取 0.4 时停车位和车辆的空间分布

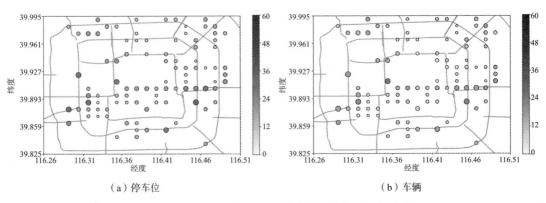

(a)停车位　　　　　　　　　　　　(b)车辆

图 3-34　需求满足率取 0.5 时停车位和车辆的空间分布

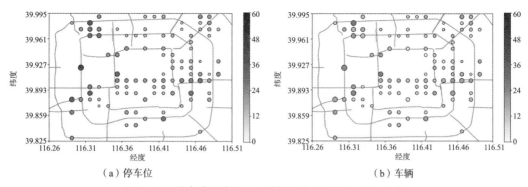

(a) 停车位　　　　　　　　　　　　　(b) 车辆

图 3-35　需求满足率取 0.6 时停车位和车辆的空间分布

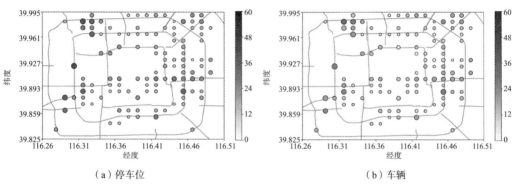

(a) 停车位　　　　　　　　　　　　　(b) 车辆

图 3-36　需求满足率取 0.7 时停车位和车辆的空间分布

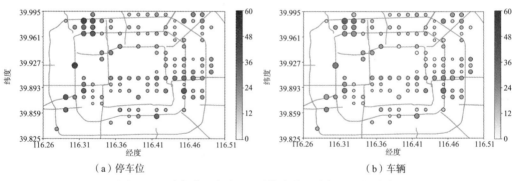

(a) 停车位　　　　　　　　　　　　　(b) 车辆

图 3-37　需求满足率取 0.8 时停车位和车辆的空间分布

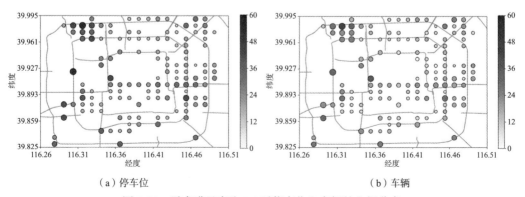

(a) 停车位　　　　　　　　　　　　　(b) 车辆

图 3-38　需求满足率取 0.9 时停车位和车辆的空间分布

其中考虑了站点停车位数和车辆数之间的弹性系数,目的是弥补借还车辆的不平衡,保证车辆有停车位可停。图 3-39 表示不同需求满足率时停车位数和车辆数之间的弹性系数的频率分布,大多数站点的弹性系数都超过了 0.6,计算其均值发现不同需求满足率时的弹性系数多在 0.7~0.8 之间,与第 3.1.3 节中的基本一致,既保证有多余的停车位供车辆停放,又能够减少浪费。

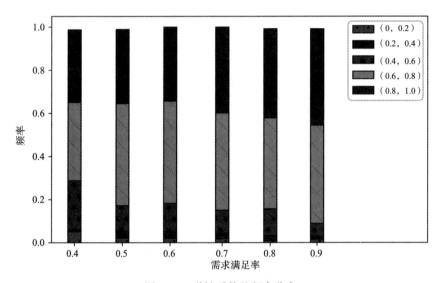

图 3-39 弹性系数的频率分布

除了需求满足率,模型中还考虑了充电时间,为了方便,假设充电速率是常数,充电时间由式(3-61)表示,由于具体的耗电速率和充电速率不易获得,本节只考虑两者的比值(以下均简称为比值)变化对结果的影响,由表 3-12 的结果可知,在需求满足率较高时,建站的站点数几乎接近备选站点总数,这不利于分析参数的影响,因此以下只在需求满足率较小时分析比值对结果的影响。表 3-13 表示的是需求满足率为 0.4 时,不同比值对应的选址结果。

耗电速率与充电速率比值不同时的选址结果　　　表 3-13

比值	2	4	6	8	10
站点数(个)	76	77	78	79	83
停车位数(个)	755	786	786	849	899
车辆数(辆)	685	713	711	777	827

图 3-40 表示需求满足率为 0.4 时,不同比值的选址结果,结果表明随着耗电速率与充电速率的比值增大,站点数、停车位数和车辆数大致呈现上升趋势,为了便于比较,分别对其进行 min-max 归一化,图 3-41 为归一化值的变化趋势图。停车位数和车辆数的变化趋势基本保持一致,站点数的变化接近线性增加。

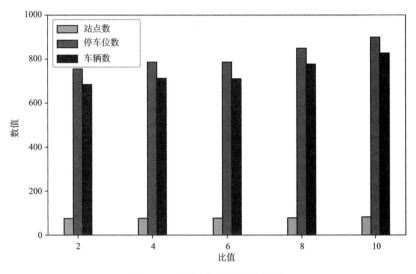

图 3-40　不同比值的选址结果

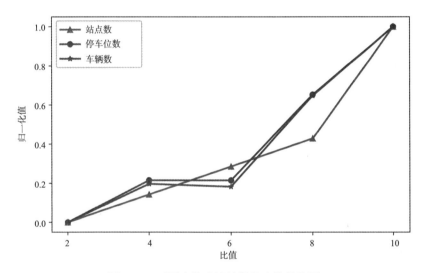

图 3-41　不同比值选址结果的变化趋势图

本节模型的目标仍是最小化运营商的总成本，包含站点建站成本、停车位成本、车辆成本和出行耗电成本。由第 3.1 节可知，不同的参数设置会影响各项成本的占比。为了便于对比，对各项成本进行归一化，图 3-42、图 3-43 分别表示不同需求满足率和不同比值时各项成本占比的变化趋势。车辆成本和停车位成本仍然是总成本的主要部分，随着需求满足率的增加，站点建站成本、停车位成本及出行耗电成本占比均呈下降趋势，车辆成本占比呈上升趋势。随着比值的增加，各项成本占比无明显的可循规律，但站点建站成本、车辆成本和出行耗电成本占比的变化趋势保持一致，且与停车位成本占比变化趋势呈互补关系。

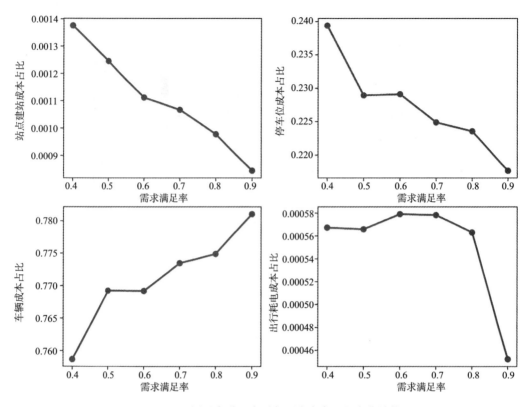

图 3-42　不同需求满足率时各项成本占比的变化趋势

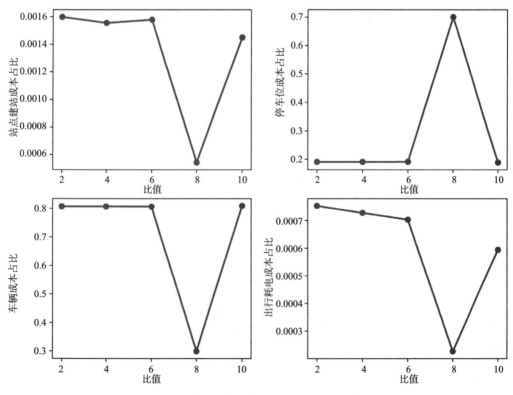

图 3-43　不同比值时各项成本占比的变化趋势

3.4 竞争选址模型

3.4.1 共享汽车系统竞争选址模型

1. 问题描述及假设

本模型研究的问题为：考虑在共享汽车市场中已经存在某一运营商的情况下，新进入运营商的站点选址问题，本节将建立双层规划模型求解这一竞争选址问题。上层模型从共享汽车市场角度出发，以总的共享汽车市场份额最大化为目标，确定新进入市场的共享汽车运营商的站点位置、容量及车辆配置；下层模型从用户的角度出发，以用户的总出行费用最小为目标，决策用户的选择行为，即两个运营商分别能满足的用户需求。

在模型建立前需进行以下假设：

（1）整个研究区域共享汽车的总出行需求是已知的；

（2）用车需求由两家共享汽车运营商满足：原有运营商（运营商1）和新加入的运营商（运营商2）；

（3）运营商1的站点位置和容量是已知的；

（4）两个运营商在不同站点间的出行时间是确定且一致的；

（5）两个运营商的收费模式相同，按使用时间向用户收费。

2. 参数及变量

（1）模型集合与参数

A：新加入运营商的备选站点的集合，$A=\{1, 2, \cdots, i, j, \cdots\}$，$i, j$ 表示各备选站点；

K：表示站点 i 和站点 j 之间移动的一组弧，$K=\{(i, j)\}$，$\forall i、j \in A$，$i \neq j$；

t_{ij}：从站点 i 到站点 j 出行时间，其中 $i \neq j$；

S：一个站点所能建设停车位的最大值；

N_S：每个站点的最小停车位数，个；

M：一个极大值；

α：弹性系数，保证给到达该 i 站点的车辆留有 $(1-\alpha) \cdot S_i$ 个停车位；

$X_{\max}$：备选站点的总数；

D_{ij}：整个研究区域从 i 站点到 j 站点的总需求量，其中 $i \neq j$；

D_{ij}^{cs2}：新加入共享汽车运营商从 i 站点到 j 站点的潜在用车需求，其中 $i \neq j$；

r：运营商1每单位时间收取的费用，元；

r'：运营商2每单位时间收取的费用，元；

X_i^1：运营商1的站点建设情况。

（2）上层决策变量

X_i：如果区域 i 有新加入运营商建立的站点，$X_i=1$，否则 $X_i=0$；

S_i：i 站点的停车位数目，个；

V_i^0：i 站点初始时刻的可用车辆数，辆。

（3）下层决策变量

N_{ij}^{CS1}：运营商1能满足的从i站点到j站点的需求量，其中$i \neq j$；

N_{ij}^{CS2}：运营商2能满足的从i站点到j站点的需求量，其中$i \neq j$。

3. 目标函数及约束

（1）上层模型

$$\max \theta = \sum_{i=1}^{A}\sum_{j=1}^{A} \frac{N_{ij}^{\text{CS1}} + N_{ij}^{\text{CS2}}}{D_{ij}} \tag{3-63}$$

$$V_i^0 \leq \alpha \cdot S_i, \quad \forall i \in A \tag{3-64}$$

$$M \cdot X_i \geq S_i, \quad \forall i \in A \tag{3-65}$$

$$M \cdot X_i \geq V_i^0, \quad \forall i \in A \tag{3-66}$$

$$N_S \cdot X_i \leq S_i, \quad \forall i \in A \tag{3-67}$$

$$S_i \leq S, \quad \forall i \in A \tag{3-68}$$

$$\sum_{i=1}^{A} X_i \leq X_{\max} \tag{3-69}$$

$$X_i \in \boldsymbol{binary}, \quad \forall i \in A \tag{3-70}$$

$$S_i, V_i^0 \in N^+, \quad \forall i \in A \tag{3-71}$$

上层模型的目标函数（3-63）表示所有共享汽车运营商总的需求满足率最大化。约束（3-64）表示停车位数与车辆数之间的关系，其中，α是一个弹性系数，这一系数可以确保站点处至少有（$1-\alpha$）个停车位供到达该站点的车辆停车。约束（3-65）和约束（3-66）表示只有在备选站点处建立站点，才会在该处设置停车位和投放车辆，其中M是一个极大值。约束（3-67）和约束（3-68）分别限制每个站点的最小停车位数目和最大停车位数目。约束（3-69）限制站点总数目。约束（3-70）和约束（3-71）分别表示0-1变量和非负约束。

（2）下层模型

下层的目标函数使用户的总出行费用最小。对于共享汽车的用户来说，共享汽车的租赁费是唯一的成本。选择不同的共享汽车运营商，用户将支付不同的费用。

$$\min \pi = \sum_{i=1}^{A}\sum_{j=1}^{A}[N_{ij}^{\text{CS1}} \cdot r \cdot t_{ij} + N_{ij}^{\text{CS2}} \cdot r' \cdot t_{ij} + C \cdot (D_{ij} - N_{ij}^{\text{CS1}} - N_{ij}^{\text{CS2}})] \tag{3-72}$$

$$D_{ij}^{\text{CS2}} = \frac{e^{-r' \cdot t_{ij}}}{e^{-r' \cdot t_{ij}} + e^{-r \cdot t_{ij}}} D_{ij}, \quad \forall (i, j) \in K \tag{3-73}$$

$$N_{ij}^{\text{CS2}} \leq D_{ij}^{\text{CS2}}, \quad \forall (i, j) \in K(\alpha_{ij}) \tag{3-74}$$

$$N_{ij}^{\text{CS1}} \leq D_{ij} - N_{ij}^{\text{CS2}}, \quad \forall (i, j) \in K(\beta_{ij}) \tag{3-75}$$

$$M \cdot X_i^1 \geq \sum_{j=1}^{A} N_{ij}^{CS1}, \quad \forall i \in A(\kappa_i) \tag{3-76}$$

$$M \cdot X_i^1 \geq \sum_{j=1}^{A} N_{ji}^{CS1}, \quad \forall i \in A(v_i) \tag{3-77}$$

$$M \cdot X_i \geq \sum_{j=1}^{A} N_{ij}^{CS2}, \quad \forall i \in A(\gamma_i) \tag{3-78}$$

$$M \cdot X_i \geq \sum_{j=1}^{A} N_{ji}^{CS2}, \quad \forall i \in A(\rho_i) \tag{3-79}$$

$$N_{ij}^{CS1} \geq 0, \quad \forall (i, j) \in K(\lambda_{ij}) \tag{3-80}$$

$$N_{ij}^{CS2} \geq 0, \quad \forall (i, j) \in K(\mu_{ij}) \tag{3-81}$$

下层模型的目标函数（3-72）表示用户的总出行费用最小。对于共享汽车的用户来说，共享汽车的租赁费是唯一的成本。选择不同的共享汽车运营商，用户将支付不同的费用。约束（3-73）表示运营商 2 的潜在用车需求，即根据 Logit 模型计算新加入共享汽车运营商的最大用车需求。约束（3-74）为确保运营商 2 满足的用车需求不超过最大值。约束（3-75）表示运营商 1 满足的用车需求不超过剩余的需求（总需求—由运营商 2 满足的需求）。约束（3-76）~ 约束（3-79）限制了站点间的流量，它们必须有站点作为支撑，即只有在 i 区域处建站，才有从 i 站点出发的流量和到达 i 站点的流量。约束（3-80）和约束（3-81）表示决策变量的范围。

3.4.2 模型求解

1. 下层模型的 KKT 条件

对于给定的上层设计，下层问题是一个具有线性目标和线性约束的规划问题。由于它是一个满足线性约束条件（CQ）的凸规划，所以下层的最优化问题可以用 KKT（Karush-Kuhn-Tucker）条件来代替，从而产生一个具有平衡约束的数学模型。

每个约束的对偶变量（也称为 KKT 乘子或拉格朗日乘子）在该约束后面用括号表示。约束（3-73）没有对偶变量。因为对下层的两个决策变量求导等于 0。

平稳性条件如下：

$$r \cdot t_{ij} + \beta_{ij} + \kappa_i + v_i - \lambda_{ij} = 0, \quad \forall (i, j) \in K \tag{3-82}$$

和

$$r' \cdot t_{ij} + \alpha_{ij} + \beta_{ij} + \gamma_i + \rho_i - \mu_{ij} = 0, \quad \forall (i, j) \in K, \forall i \in A \tag{3-83}$$

初始可行性约束为约束（3-73）~ 约束（3-81）。

对偶可行性如下：

$$\alpha_{ij}、\beta_{ij}、\lambda_{ij}、\mu_{ij} \geq 0, \quad \forall (i, j) \in K \tag{3-84}$$

$$\kappa_i、\nu_i、\gamma_i、\rho_i \geq 0, \quad \forall i \in A \tag{3-85}$$

互补条件如下：

$$\alpha_{ij}(N_{ij}^{CS2} - D_{ij}^{CS2}) = 0, \quad \forall (i, j) \in K \tag{3-86}$$

$$\beta_{ij}(N_{ij}^{CS1} + N_{ij}^{CS2} - D_{ij}) = 0, \quad \forall (i, j) \in K \tag{3-87}$$

$$\kappa_i \left(\sum_{j=1}^{A} N_{ij}^{CS1} - M \cdot X_i^1 \right) = 0, \quad \forall i \in A \tag{3-88}$$

$$\nu_i \left(\sum_{j=1}^{A} N_{ij}^{CS1} - M \cdot X_i^1 \right) = 0, \quad \forall i \in A \tag{3-89}$$

$$\gamma_i \left(\sum_{j=1}^{A} N_{ij}^{CS2} - M \cdot X_i \right) = 0, \quad \forall i \in A \tag{3-90}$$

$$\rho_i \left(\sum_{j=1}^{A} N_{ji}^{CS2} - M \cdot X_i \right) = 0, \quad \forall i \in A \tag{3-91}$$

$$\lambda_{ij} N_{ij}^{CS1} = 0, \quad \forall (i, j) \in K \tag{3-92}$$

$$\mu_{ij} N_{ij}^{CS2} = 0, \quad \forall (i, j) \in K \tag{3-93}$$

最终将双层模型转化为包含上层目标函数、上层约束、KKT 原可行性约束、KKT 平稳性条件、对偶可行性约束和互补约束的单层模型。其中，互补约束是非线性的，但可以转化为线性约束。

2. 处理互补约束的非线性问题

互补约束可以用二元变量线性化。一般来说，形如 $z(q+Qz)=0$ 的互补约束可以使用二元变量转化为两个线性约束，即 $z \leq Mu$ 和 $q+Qz \leq M(1-u)$（Nair 和 Millerhooks）。其中 M 是可证明存在的大常数（Audet 等人）。利用这种变换，互补约束集约束（3-86）~约束（3-93）被简化为线性约束。本节引入了二元变量 $\delta_{ij}、\varepsilon_{ij}、\tau_i、\varphi_i、\eta_i、\sigma_i、\theta_{ij}、\zeta_{ij}$ 来实现这些转换。

约束（3-86）可以转化为约束（3-94）~约束（3-96）：

$$\alpha_{ij} \leq M\delta_{ij}, \quad \forall (i, j) \in K \tag{3-94}$$

$$N_{ij}^{CS2} - D_{ij}^{CS2} \leq M(1-\delta_{ij}), \quad \forall (i, j) \in K \tag{3-95}$$

$$\delta_{ij} \in \{0, 1\}, \quad \forall (i, j) \in K \tag{3-96}$$

约束（3-87）可以转化为约束（3-97）~约束（3-99）：

$$\beta_{ij} \leq M\varepsilon_{ij}, \quad \forall (i, j) \in K \tag{3-97}$$

$$N_{ij}^{CS1} + N_{ij}^{CS2} - D_{ij} \leq M(1-\varepsilon_{ij}), \quad \forall (i, j) \in K \quad (3\text{-}98)$$

$$\varepsilon_{ij} \in \{0, 1\}, \quad \forall (i, j) \in K \quad (3\text{-}99)$$

约束（3-88）可以转化为约束（3-100）~ 约束（3-102）：

$$\kappa_i \leq M\tau_i, \quad \forall i \in A \quad (3\text{-}100)$$

$$\sum_{j=1}^{A} N_{ij}^{CS1} - M \cdot X_i^1 \leq M(1-\tau_i), \quad \forall i \in A \quad (3\text{-}101)$$

$$\tau_i \in \{0, 1\}, \quad \forall i \in A \quad (3\text{-}102)$$

约束（3-89）可以转化为约束（3-103）~ 约束（3-105）：

$$v_i \leq M\varphi_i, \quad \forall i \in A \quad (3\text{-}103)$$

$$\sum_{j=1}^{A} N_{ji}^{CS1} - M \cdot X_i^1 \leq M(1-\varphi_i), \quad \forall i \in A \quad (3\text{-}104)$$

$$\varphi_i \in \{0, 1\}, \quad \forall i \in A \quad (3\text{-}105)$$

约束（3-90）可以转化为约束（3-106）~ 约束（3-108）：

$$\gamma_i \leq M\eta_i, \quad \forall i \in A \quad (3\text{-}106)$$

$$\sum_{j=1}^{A} N_{ij}^{CS2} - M \cdot X_i \leq M(1-\eta_i), \quad \forall i \in A \quad (3\text{-}107)$$

$$\eta_i \in \{0, 1\}, \quad \forall i \in A \quad (3\text{-}108)$$

约束（3-91）可以转化为约束（3-109）~ 约束（3-111）：

$$\rho_i \leq M\sigma_i, \quad \forall i \in A \quad (3\text{-}109)$$

$$\sum_{j=1}^{A} N_{ji}^{CS2} - M \cdot X_i \leq M(1-\sigma_i), \quad \forall i \in A \quad (3\text{-}110)$$

$$\sigma_i \in \{0, 1\}, \quad \forall i \in A \quad (3\text{-}111)$$

约束（3-92）可以转化为约束（3-112）~ 约束（3-114）：

$$\lambda_{ij} \leq M\theta_{ij}, \quad \forall (i, j) \in K \quad (3\text{-}112)$$

$$N_{ij}^{CS1} \leq M(1-\theta_{ij}), \quad \forall (i, j) \in K \quad (3\text{-}113)$$

$$\theta_{ij} \in \{0, 1\}, \quad \forall (i, j) \in K \quad (3\text{-}114)$$

约束（3-93）可以转化为约束（3-115）~ 约束（3-117）：

$$\mu_{ij} \leq M\zeta_{ij}, \quad \forall (i, j) \in K \quad (3\text{-}115)$$

$$N_{ij}^{CS2} \leq M(1-\zeta_{ij}), \quad \forall (i, j) \in K \quad (3\text{-}116)$$

$$\zeta_{ij} \in \{0, 1\}, \forall (i, j) \in \mathbf{K} \tag{3-117}$$

现在，下层模型通过 KKT 条件转化为上层模型的附加约束，此外，通过线性化非线性约束将原来的双层规划模型转化为单层混合整数线性规划问题。新模型由目标函数（3-63）、上层约束（3-64）~约束（3-71）、KKT 原始可行性约束（3-73）~约束（3-81）、KKT 平稳性条件（3-82）和约束（3-83）、对偶可行性约束（3-84）和约束（3-85）和转换的互补约束集约束（3-94）~约束（3-117）定义。该模型可以用多种商业求解器求解，本节将调用 CPLEX 对模型进行求解。

3. 优化结果分析

求解转化后的单层线性规划模型，得到运营商 2 在研究区域内建立 97 个共享汽车站点，共设置 702 个停车位，投放 562 辆共享汽车，站点的具体分布情况见图 3-44，图中

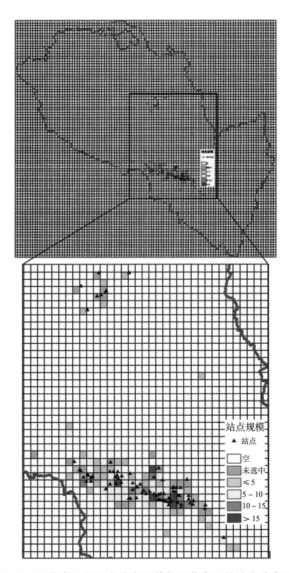

图 3-44 运营商 2 的站点分布及其与运营商 1 的站点分布对比

黑色小三角表示供应商 1 的站点建设情况，图中不同颜色的小方格则反映运营商 2 的站点规模。由图 3-44 可知，运营商 2 建立的站点大多为中小型站点，大规模站点仅有 5 个，同时也是运营商 1 的站点密集区，说明此处的需求较大。此时，运营商 2 的收益为 41931元。此时，整个共享汽车能满足所有需求的 89%，其中，运营商 1 满足其中的 53%，运营商 2 满足其中的 36%。

（1）不同惩罚项下的优化结果分析

本节考虑的是两家共享汽车运营商竞争的情况下竞争选址问题，而没有考虑到其他出行方式，故对于没有选择共享汽车出行引入惩罚项 C，对于 C 做灵敏度分析以确定 C 的值。由图 3-45 可知，当 $C=300$ 时，无论是总的需求满足率还是两家运营商各自的需求满足率都基本达到最大值，此后 C 持续增加，而需求满足率基本保持不变。

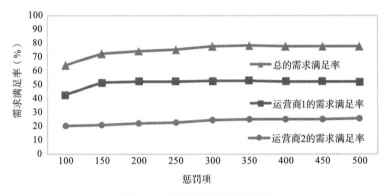

图 3-45　惩罚项的灵敏度分析

运营商 1 满足的需求大于运营商 2 满足的需求。这是因为，运营商 1 的站点布局及配置方案是确定的，运营商 1 的停车位和车辆的利用率都很低，而运营商 2 的站点布局及配置是本模型的决策变量，受到成本的限制，运营商 2 的车位数及投入车辆数即为当前的最优配置。故整体来说，运营商 1 总的投入更大，停车位和车辆数目更多，则满足的需求更多。

（2）不同总成本下的优化结果分析

对于运营商 2 的成本进行灵敏度分析，由图 3-46 可知，当设置运营商 2 的总成本为 0 时，系统中仅有一家运营商，其满足总需求的 53%。当总成本达到 40000 元时，总的需求满足率达到最大，且随着成本逐渐增大，总的需求满足率及两家运营商各自的需求满足率均保持不变。总成本达到 40000 元时，运营商 2 的整体规模已能够满足当前需求，达到最优配置。继续增加停车位和车辆的投入，只会造成资源的浪费。

图 3-47 展示了不同成本下站点布局的变化，可以看出，站点数、停车位数与车辆数都是随着成本的投入而增大，且站点数的增长速度最慢但最快达到最大值，这与总的备选站点规模限制及单日站点开放成本较低有关。而停车位数的增长速度要快于车辆数的增长，在于本节中设置了弹性系数 α，使得停车位的数量总是大于站点的数量。站点布局同样在成本增加到 40000 元时，不再改变，已达到最大规模。

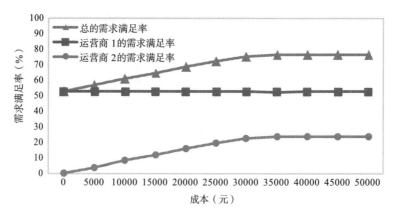

图 3-46　不同成本下的需求满足率变化

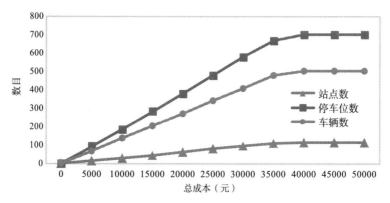

图 3-47　不同成本下的站点布局变化

（3）不同收费标准下的优化结果分析

本节研究的竞争模型中，收费标准的不同是用户选择一大决定因素，所以，研究不同价格比例下两家运营商各自的需求满足情况及总的需求满足情况，见图 3-48。图 3-48 中，横坐标价格比例是指运营商 2 的价格与运营商 1 的收费价格之比，故当价格比例取值为 100% 时，两家运营商采用相同的收费标准，其右侧代表运营商 2 的收费高于运营商 1，左侧代表运营商 2 的收费低于运营商 1。在进行分析过程中，价格比例低于 95% 时，需求满足率的变化基本趋于平缓，而价格比例高于 105% 时，需求则仅由运营商 1 满足，故截取 95% ~ 105% 之间有代表性的一段进行分析。

由图 3-48 可知，当运营商 2 的收费价格低于运营商 1 时，三条曲线都随着运营商 2 收费的下降而逐渐升高并趋于平缓。运营商 2 的收费降低，故有更多的用户选择运营商 2 导致其需求满足量增加。而运营商 2 的收费降低同时会带来其收入的下降，为了满足收益，运营商 2 会减少站点的投入成本，容量的限制导致一部分无法满足的需求转而选择运营商 1，故运营商 1 的需求满足率同样上升。总的需求满足率上升这说明收费降低吸引了更多用户选择共享汽车这一出行方式。

而当运营商 2 的收费高于运营商 1 时，由于运营商 1 存在大量停车位及车辆冗余的问题，所以用户会在运营商 1 站点及车辆可用的情况下，果断选择运营商 1，这导致运营商 2

的需求满足率和利润同时大幅下降,见图 3-48、图 3-49。而当运营商 2 的收费价格增加到一定程度时,将没有用户选择运营商 2。该结果同样可以说明用户对于新加入市场的一方的收费标准更加敏感,本节的分析是基于原有运营商的收费保持不变,调整新加入运营商的收费标准以探究不同价格比例下的需求及利润变化。结果显示,一旦新加入运营商的收费高于原有运营商的收费标准,将不能吸引更多用户选择共享汽车这种出行方式。

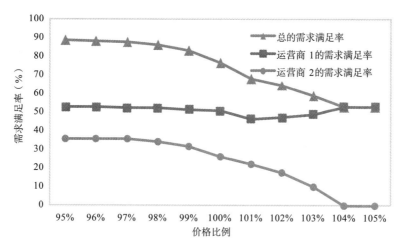

图 3-48 不同价格比例下的需求满足率情况分析

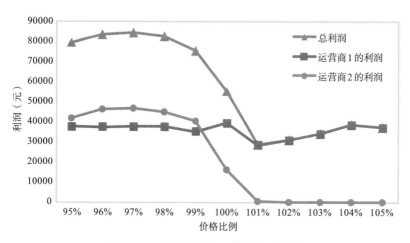

图 3-49 不同价格比例下的利润变化情况

该分析结果对于新加入运营商的定价策略给以一定的启示,由图 3-48 可知,对于竞争对手存在资源浪费情况下,采取低价策略往往能收获较好的效果,迅速抢占市场,虽然牺牲了一部分利益,但吸引更多的用户带来的收益能够弥补这部分损失。由图 3-49 可知,当新加入运营商采用原有运营商收费的 97% 作为自己的收费标准时,其能获得最大的利润且超过原有运营商的收益。新加入的运营商较原有运营商来说,用户的接受度和熟悉程度本来就处于劣势,只有能快速抢占市场,吸引用户选择,之后再以良好的服务留住用户,才是新进入市场一方能占有一席之地的发展策略。

从两家运营商的收费标准相同开始,随着运营商 2 的收费逐渐降低,在最开始时,由于运营商 2 费用低而吸引了大量用户,所以运营商 2 选择增加其停车位数、车辆投放数以满足新的需求。但随着价格逐渐降低,收益有所降低,这种情况下,运营商 2 决定缩减其站点布局规模以满足大部分需求的前提下保证收益(图 3-50)。从两家运营商的收费标准相同开始,随着运营商 2 的费用增高,在运营商 1 停车位及车辆可用的前提下,运营商 2 的用户大量流失,收益降低,同样导致运营商 2 缩减规模。这里同样能反映用户对于新加入市场的一方的收费标准的敏感性,运营商 2 的规模持续缩减,最终难以为继,只能退出市场。所以,同样启发新加入市场的一方唯有采取低价策略才能最终立足。当然,该分析结果是基于运营商 1 车辆、车位利用率低的前提下。原有运营商的规模不同,同样可以用该模型进行求解分析。

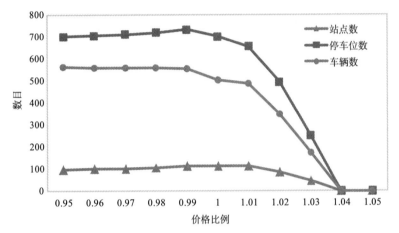

图 3-50 不同价格比例下运营商 2 的站点布局变化

(4)不同成本变化下的需求满足率分析

上文的分析都是基于两家运营商的站点建设成本、停车位和车辆投入成本相同的情况,而实际情况中这部分价格可能不同,下面对于各类成本进行灵敏度分析,探究不同成本下满足需求的变化情况。

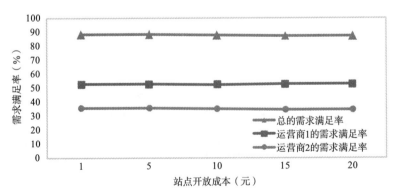

图 3-51 站点开放成本的灵敏度分析

由图 3-51 可知，随着站点开放成本的增加，运营商 2 的需求满足率逐渐下降，但下降速度非常缓慢，由此可知，站点开放成本的变动对于实际需求满足的影响是非常小的，这与 3.2.3 节中的分析结果一致。而运营商 1 的需求满足率则略有上升，整体需求满足率基本不变。

由图 3-52、图 3-53 可知，停车位租赁成本及车辆固定成本变化导致的需求满足率变化与站点开放成本的结果基本一致，只是前者的变化幅度稍大一些。

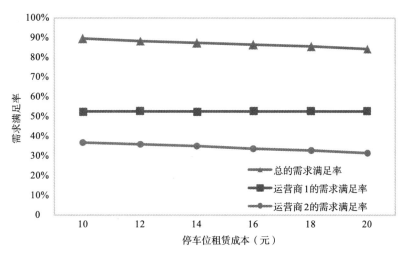

图 3-52　停车位租赁成本的灵敏度分析

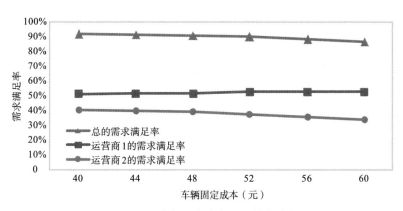

图 3-53　车辆固定成本的灵敏度分析

第 4 章　考虑租赁点特性的车辆调度模型

4.1　租赁点运营特性分析

目前共享汽车系统中广泛存在车辆分布不平衡，它会导致用户不能便捷地取还车，从而影响用户体验，不利于企业长久发展。车辆分布不平衡的出现，是因为企业在车辆调度方面缺乏经验，导致调度存在较大盲目性，从而不能及时满足用户的用车需求。综上，需要研究历史订单数据、租赁点分布数据，分析租赁点运营特性，挖掘用户借还规律，科学指导车辆调度，满足更多用户的需求，提高企业收益。

现有分析租赁点运营特性的文献中，主要从用户基本特征和用户借还行为两个方面进行分析。用户基本特征方面，相关文献主要研究用户群体的年龄、性别、学历、收入、工作性质等因素与借还次数、借还时刻、车型偏好的关系。用户借还行为分析主要从时间维度、空间维度进行规律挖掘。在时间维度上，主要比较工作日与非工作日、高峰时段与平峰时段在借还次数、时刻、使用时长、出行距离等方面的差异。在空间维度上，研究城市中心区与外围郊区、不同用地类型在借还总量、出行时刻等方面的表现。大多研究是以租赁系统为研究对象进行宏观特性分析，缺少针对租赁点以及局部区域的微观分析。

4.2　考虑租赁点分区的车辆调度模型

4.2.1　问题描述

在基于租赁点的单向共享汽车租赁系统中，共享汽车企业需要通过合理确定调度的起止时间、起止租赁点以及调度车辆数，以实现利润最大化。共享汽车企业的利润主要由以下几部分组成：用户租车带来的收入、车辆的折旧和维护成本、车辆的调度费用以及车辆行驶能耗成本等。

在建立共享汽车调度模型之前。为了简化问题，便于数学表达，作如下假设：

（1）不同时段不同 OD 对（O 代表出发站点，D 代表目的站点，以下简称 OD 对）之间的用户需求已知；

（2）共享汽车企业的调度人员足够；

（3）车辆无行驶里程限制，且无故障发生；

（4）任意两个租赁点间不存在交通异常状态，用户和调度员在各租赁点间的出行时间相同。

在模型设计方面，本节考虑了两种不同策略的车辆调度方案。

第一种方案是基础车辆调度模型，记为模型 M_{3-1}，考虑了流量守恒约束、租赁点容量约束、调入车辆数约束、调出车辆数约束；第二种方案是考虑分区的调度模型，即在 M_{3-1} 基础上，构建了包含区域调度限制的车辆调度模型，记为模型 M_{3-2}，该模型将车辆调度费用按区域内和区域间进行区别，使车辆在区域间的调度费用高于区域内的调度费用，达到优先在区域内部调度的目的。

4.2.2 模型构建

本节使用的数学符号按照字母表中的顺序列出：

（1）集合

$I=\{1, \cdots, i, \cdots, I\}$：共享汽车租赁系统内的租赁点集合；

$M=\{1, \cdots, m, \cdots, M\}$：共享汽车租赁系统内的区域集合；

$T=\{1, \cdots, t, \cdots, T\}$：运营时段内的时间步集合，每个时间步指的是该时间步的开始时刻；

$X=\{1_1^1, \cdots, m_i^{t-1}, m_i^t, \cdots, M_I^T\}, i \in m, i \in I$：表示由区域、租赁点实际车位、时间步构成的时空节点集合，其中 m_i^t 表示 t 时间步 m 区域内 i 租赁点的实际车位；

$A=\{\cdots, (m_i^t, n_j^{t'}), \cdots\}, m_i^t \in (X \cup X'), i \neq j, t'=t+\sigma_{m_i n_j}^t$：表示车辆在 t 时间步，从 m 区域内的 i 租赁点出发，经过 $\sigma_{m_i n_j}^t$ 时间后，在 $(t+\sigma_{m_i n_j}^t)$ 时间步移动至 n 区域内的 j 租赁点所形成的有向弧集合。

（2）参数

C_e：车辆行驶过程中，平均每辆车每个时间步的能耗成本，元/时间步；

C_f：每辆车每个时间步的折旧和维护费用，元/时间步；

C_r：每个时间步的人员调度成本，元/时间步；

P：共享汽车租赁公司一个时间步的租车价格，元/时间步；

$\sigma_{m_i n_j}^t$：在 t 时间步，车辆从 m 区域的 i 租赁点行驶至 n 区域的 j 租赁点所需的时间；

$D_{m_i n_j^{t'}}$：表示用户的出行需求，即用户在 t 时间步从 m 区域的 i 租赁点借车，经过 $\sigma_{m_i n_j}^t$ 时间后，在 $(t+\sigma_{m_i n_j}^t)$ 时间步将车辆还至 n 区域的 j 租赁点的需求数，$\forall (m_i^t, n_j^{t'}) \in A$；

N_{m_i}：m 区域的 i 租赁点内的车位容量限制。

（3）决策变量

$Q_{m_i n_j^{t'}}$：表示实际满足的用户需求，$\forall (m_i^t, n_j^{t'}) \in A$；

$R_{m_i n_j^{t'}}$：表示调度员在 t 时间步从 m 区域的 i 租赁点调出车辆，经过 $\sigma_{m_i n_j}^t$ 时间后，在 $(t+\sigma_{m_i n_j}^t)$ 时间步调入 n 区域的 j 租赁点的车辆数，$\forall (m_i^t, n_j^{t'}) \in A$；

$V_{m_i^t}$：m 区域的 i 租赁点在 t 时间步的可用车辆数，$\forall m_i^t \in (X \cup X')$。

使用上述符号，模型 M_{3-1} 可以表示为如下：

目标函数为：

$$\max \prod = P \sum_{m_i^t n_j^{t'} \in A} \sigma_{m_i n_j}^t Q_{m_i^t n_j^{t'}} - (C_r + C_e) \sum_{m_i^t n_j^{t'} \in A} \sigma_{m_i n_j}^t R_{m_i^t n_j^{t'}} - C_f T \sum_{m_i^1 \in X} V_{m_i^1} \quad (4-1)$$

约束条件为：

$$\sum_{n_j^{t'} \in X} Q_{m_i^t n_j^{t'}} \leq \min\left\{V_{m_i^t}, \sum_{n_j^{t'} \in X} D_{m_i^t n_j^{t'}}\right\}, \forall m_i^t \in X \quad (4\text{-}2)$$

$$V_{m_i^{t+1}} = V_{m_i^t} + \sum_{n_j^{\sigma'} \in X} Q_{n_j^{\sigma'} m_i^t} + \sum_{n_j^{\sigma'} \in X} R_{n_j^{\sigma'} m_i^t} - \sum_{n_j^{t'} \in X} Q_{m_i^t n_j^{t'}} - \sum_{n_j^{t'} \in X} R_{m_i^t n_j^{t'}}, \quad (4\text{-}3)$$

$$\forall m_i^t \in X, \sigma' = \max\{0, t+1-\sigma_{m_i n_j}^t\}$$

$$V_{m_i^t} \leq N_{m_i}, \forall m_i^t \in X \quad (4\text{-}4)$$

$$\sum_{n_j^{t'} \in X} R_{m_i^t n_j^{t'}} \leq V_{m_i^t} - \sum_{n_j^{t'} \in X} Q_{m_i^t n_j^{t'}}, \forall m_i^t \in X \quad (4\text{-}5)$$

$$\sum_{n_j^{\sigma'} \in X} R_{n_j^{\sigma'} m_i^t} \leq N_{m_i} - V_{m_i^t}, \forall m_i^t \in X, \sigma' = \max\{0, t+1-\sigma_{m_i n_j}^t\} \quad (4\text{-}6)$$

$$R_{m_i^t n_j^{t'}} \in \mathbf{N}, \forall (m_i^t, n_j^{t'}) \in A \quad (4\text{-}7)$$

$$Q_{m_i^t n_j^{t'}} \in \mathbf{N}, \forall (m_i^t, n_j^{t'}) \in A \quad (4\text{-}8)$$

$$V_{m_i^t} \in \mathbf{N}, \forall m_i^t \in X \quad (4\text{-}9)$$

目标函数（4-1）表示最大化共享汽车企业收益，该收益主要由用户租车收入、调度人员费用、车辆在调度过程中产生的能耗费用和车辆维护与折旧费用组成；

约束条件（4-2）表示实际满足的用户需求受限于租赁点的可用车辆数与用户的出行需求；

约束条件（4-3）表示租赁点流量守恒，即（$t+1$）时间步租赁点的可用车辆数等于 t 时间步在该租赁点的可用车辆，加上调度员调入的车辆和用户归还的车辆，减去调度员调出的车辆和用户借出的车辆；

约束条件（4-4）保证了不同时刻租赁点可用车辆数小于等于该点的车位容量；

约束条件（4-5）是指调出车辆数小于等于该点可用车辆数减去用户在该点的借车需求；

约束条件（4-6）表示向租赁点调入的车辆数小于等于该点车位数减去该点的可用车辆数；

约束条件（4-7）、（4-8）、（4-9）为决策变量的非负整数约束。

在模型 M_{3-1} 的基础上，通过对员工调度费用进行区域内和区域间的区分，即可得到模型 M_{3-2}：

对调度费用作如下调整：

$$C'_{r_{m_i n_j}} = \begin{cases} C_r & , m = n \\ C_r + e^{\sigma^t_{m_i n_j}/\alpha} & , m \neq n \end{cases} \quad (4\text{-}10)$$

其中，α 为调整调度费用数量级的参数。当在区域内执行车辆调度操作时，每个时间步的调度费用为常数值 C_r；当在区域间执行车辆调度操作时，每个时间步的调度费用在区域内调度费用基础上增加指数项。当 $m \neq n$ 时，调度费用与 α 取值的关系图如图 4-1 所示。

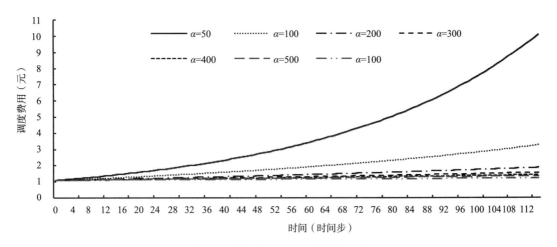

图 4-1 调度费用与 α 取值的关系图

从图 4-1 中可以看出，无论 α 取何值，当进行区域间调度操作时，每个时间步的调度费用最少为 1.1 元，且随着调度距离增加调度费用不断增长。因此，可以起到限制区域间调度的作用。

所以，包含区域调度限制的车辆调度模型 $M_{3\text{-}2}$ 的目标函数为：

$$\max \Pi' = P \sum_{m_i^t, n_j^{t'} \in A} \sigma^t_{m_i, n_j} Q_{m_i^t, n_j^{t'}} - \left(C_e + C'_{r_{m_i^t, n_j^{t'}}} \right) \sum_{m_i^t, n_j^{t'} \in A} \sigma^t_{m_i, n_j} R_{m_i^t, n_j^{t'}} - C_f T \sum_{m_i^t \in X} V_{m_i^t} \quad (4\text{-}11)$$

将 $C'_{r_{m_i n_j}}$ 代入，整理后得：

$$\max \Pi' = P \sum_{m_i^t n_j^{t'} \in A} \sigma^t_{m_i n_j} Q_{m_i^t n_j^{t'}} - (C_e + C_r) \sum_{m_i^t m_j^{t'} \in A} \sigma^t_{m_i m_j} R_{m_i^t m_j^{t'}} - C_f \sum_{m_i^t \in X} V_{m_i^t} - \\ \left(C_e + C_r + e^{\sigma^t_{m_i n_j}/\alpha} \right) \sum_{m_i^t n_j^{t'} \in A} \sigma^t_{m_i n_j} R_{m_i^t n_j^{t'}} \quad (4\text{-}12)$$

4.2.3 实例分析

本节利用聚类得到的租赁点分区结果,进行实例分析。模型中区域数量 $M=20$,租赁点数量 $I=53$,任选 3h 作为研究时段,时间步长为 1min,$T=180$,分区调度模型中调度费用函数的参数 α 取值为 500。模型中使用的数据包括租赁点属性、租赁点间行驶时间、用户出行需求。其中,租赁点属性数据包括租赁点编号、所属区域编号、租赁点车位数等;租赁点间行驶时间数据等于租赁点间的距离除以机动车的行驶速度,为简化运算,机动车的行驶速度采用兰州市平峰时段的速度。用户出行需求数据是随机生成的,包括出发区域、出发租赁点、到达区域、到达租赁点、出发时间、到达时间以及出行量等内容。模型中的参数取值是根据 Huang 等人的文章与实际运营成本综合确定的,如表 4-1 所示。

表 4-1 实例分析中的参数取值

参数	P	C_e	C_f	C_r
取值	0.6	0.113	0.038	0.1

车辆调度模型在 Windows8、64 位操作系统、8.00 Gb RAM 的计算机上,使用 Xpress 软件运行求解。为了比较模型 M_{3-1} 和 M_{3-2} 的优劣,将从总调度量、初始投放车辆数、需求满足率、企业利润、租车收入、调度成本、车辆折旧与维护费用、平均每辆车所能创造的利润、车辆被使用的概率等方面进行比较。

相关指标定义如下:

(1)总调度量

总调度量是指在研究时段内,共享汽车企业执行的调度操作数之和。

$$Total\_R = \sum_{m_i^t n_j^{t'} \in A} R_{m_i^t n_j^{t'}} \tag{4-13}$$

(2)初始投放车辆数

初始投放车辆数是指在研究时段的开始时刻,共享汽车企业为了满足正常运营需要配置的车辆总数。

$$Total\_V = \sum_{m_i^1 \in X} V_{m_i^1} \tag{4-14}$$

(3)需求满足率

需求满足率是指实际满足的用户需求占用户出行总量的比例。

$$Satisfied\_rate = \sum_{m_i^t n_j^{t'} \in A} Q_{m_i^t n_j^{t'}} \bigg/ \sum_{m_i^t n_j^{t'} \in A} D_{m_i^t n_j^{t'}} \tag{4-15}$$

(4)企业利润:即模型的目标函数值,记为 $Total\_profit$。

（5）租车收入

租车收入是指在研究时段内，所有用户完成出行后支付的租赁费用。

$$Rental\_profit = P \sum_{m_i^t n_j^{t'} \in A} \sigma_{m_i n_j}^{t t'} Q_{m_i^t n_j^{t'}} \quad (4\text{-}16)$$

（6）调度成本

调度成本是指在研究时段内，共享汽车企业所支付的调度人员费用和车辆能耗费用。

$$Relocation\_cost = (C_e + C_r) \sum_{m_i^t n_j^{t'} \in A} \sigma_{m_i n_j}^{t t'} R_{m_i^t n_j^{t'}} \quad (4\text{-}17)$$

（7）车辆折旧与维护费用

$$Fixed\_cost = C_f \sum_{m_i^1 \in A} V_{m_i^1} = C_f Total\_V \quad (4\text{-}18)$$

（8）平均每辆车所能创造的利润

$$Ave\_profit_{car} = Total\_profit / Total\_V \quad (4\text{-}19)$$

（9）车辆被使用的概率

车辆被使用的概率是指所有车辆处于行驶状态的时间占研究时段的比例。

$$Probability = \sum_{t \in T, m \in M, i \in I} \sigma_{m_i n_j}^{t} \Bigg/ \sum_{t \in T, m \in M, i \in I} TV_{m_i^t} \quad (4\text{-}20)$$

表 4-2 为模型 $M_{3\text{-}1}$ 的相关计算结果，表 4-3 为模型 $M_{3\text{-}2}$ 的相关计算结果，表 4-4 展示了两个模型的差异，数据为全局调度结果与分区调度结果的差值。

从全局调度模型的计算结果可以看出，随着用户出行总量（$Total\_D$）的增加，租赁系统的初始投放车辆数（$Total\_Q$）也逐渐增加，但是用户出行需求的满足率却不断下降。调度操作数呈现先增加后减少的趋势，最后系统不再进行调度操作，说明用户需求严重超出当前系统的能力，同时也表明仅仅通过增加车辆投放数量已经难以满足不断增长的用户需求。从企业收入的组成成分来看，调度费用占比很小，企业的总利润主要是由租车收入和车辆的维修与折旧成本所决定的。调度费用与调度量呈现相同的变化趋势，总利润与租车收入随着用户出行量的增加而增加，但是增长幅度逐渐降低，如图 4-2 所示。平均每辆车所创造的收入和车辆被使用的概率逐渐提高，表明车辆的利用率随着用户需求的增加而提高。

表 4-2 全局调度模型的计算结果

Total_D	Total_Q	Total_R	Total_V	Satisfied_rate	Total_profit	Rental_profit	Relocation_cost	Fixed_cost	Ave_profit_car	Probability
1000	586	17	429	58.60%	12335.9	15305.4	35.1	2934.4	28.8	33.03%
2000	780	24	567	39.00%	16524.2	20472.6	70.1	3878.3	29.1	33.43%
3000	880	15	622	29.33%	18262.8	22575.0	57.7	4254.5	29.4	33.61%
4000	942	6	655	23.55%	19133.5	23644.8	31.1	4480.2	29.2	33.42%
5000	989	3	668	19.78%	19656.9	24248.4	22.4	4569.1	29.4	33.61%
6000	1009	0	675	16.82%	19938.6	24555.6	0	4617.0	29.5	33.68%
7000	1035	0	674	14.79%	20204.6	24814.8	0	4610.2	30.0	34.09%
8000	1027	0	675	12.84%	20352.6	24969.6	0	4617.0	30.2	34.25%

注：Total_D 代表用户出行量；Total_Q 代表用户需求量。

表 4-3 分区调度模型的计算结果

Total_D	Total_Q	Total_R	Total_V	Satisfied_rate	Total_profit	Rental_profit	Relocation_cost	Fixed_cost	Ave_profit_car	Probability
1000	578	4	426	57.80%	12274.4	15190.8	2.6	2913.8	28.8	33.02%
2000	768	10	557	38.40%	16469.1	20285.4	6.4	3809.9	29.6	33.72%
3000	870	3	613	29.00%	18193.5	22389.6	3.2	4192.9	29.7	33.82%
4000	938	2	655	23.45%	19117.7	23599.2	1.3	4480.2	29.2	33.36%
5000	987	0	671	19.74%	19649.8	24239.4	0	4589.6	29.3	33.45%
6000	1014	0	675	16.90%	19938.6	24555.6	0	4617.0	29.5	33.68%

续表

Total_D	Total_Q	Total_R	Total_V	Satisfied_rate	Total_profit	Rental_profit	Relocation_cost	Fixed_cost	Ave_profit_car	Probability
7000	1023	0	674	14.61%	20204.6	24814.8	0	4610.2	30.0	34.09%
8000	1027	0	675	12.84%	20352.6	24969.6	0	4617.0	30.2	34.25%

表 4-4 全局调度模型与分区调度模型的差异

Total_D	Total_Q	Total_R	Total_V	Satisfied_rate	Total_profit	Rental_profit	Relocation_cost	Fixed_cost	Ave_profit_car	Probability
1000	8	13	3	0.80%	61.5	114.6	32.5	20.6	0	0.01%
2000	12	14	10	0.60%	55.1	187.2	63.7	68.4	−0.5	−0.29%
3000	10	12	9	0.33%	69.3	185.4	54.5	61.6	−0.3	−0.21%
4000	4	4	0	0.10%	15.8	45.6	29.8	0.0	0.0	0.06%
5000	2	3	−3	0.04%	7.1	9.0	22.4	−20.5	0.1	0.16%
6000	−5	0	0	−0.08%	0	0	0	0	0	0.00%
7000	12	0	0	0.18%	0	0	0	0	0	0.00%
8000	0	0	0	0.00%	0	0	0	0	0	0.00%

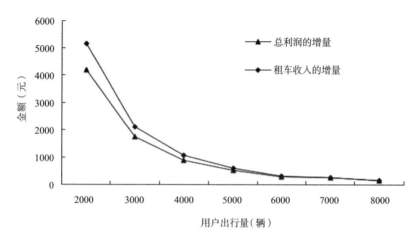

图 4-2　全局调度模型中总利润的增量与租车收入的增量变化趋势

分区调度模型与全局调度模型的计算结果有相同的特点,随着用户出行总量的增加,租赁系统的初始投放车辆数逐渐增加,用户出行需求的满足率不断下降。调度操作数也呈现先增加后减少的趋势。调度费用与调度量呈现相同的变化趋势,总利润与租车收入随着用户出行量的增加而增加,但是增长幅度逐渐降低,如图 4-3 所示。平均每辆车所创造的收入和车辆被使用的概率逐渐提高,表明车辆的利用率随着用户需求的增加而提高。

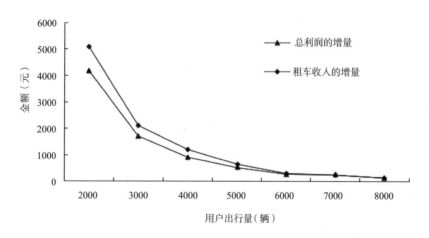

图 4-3　分区调度模型中总利润的增量与租车收入的增量变化趋势

从全局调度模型与分区调度模型的差异表 4-3 中可以看出,当用户出行量在 1000～5000 辆范围内时,分区调度会拒绝少量用户需求,减少了一定的租车收益,但是分区调度可以减少初始投放车辆数和调度操作数,减少企业的固定投入,增加企业运营的灵活性。分区调度模型中,平均每辆车所创造的利润略微高于全局调度,而车辆被使用的概率会有所降低,说明分区调度能够实现"低投入、高回报"。当用户出行量为 6000～8000 辆时,两种模型的各指标相同,说明此时的用户需求量严重超出租赁系统的服务能力,两种调度策略已经不能发挥应有的作用。

综上,全局调度模型与分区调度模型各有优劣。使用全局调度模型可以增加企业的运营收入,更好地满足用户出行需求,提高用户服务体验,吸引更多客户;使用分区调度可以减少调度操作数以及车辆投放数量,减少共享汽车在调度中耗费的时间,提高租赁系统的灵活性。当用户出行需求量过高时,全局调度与分区调度两种方案的效果相同,此时企业应从提高租赁点车位数和车辆投放数量等方面改善服务。

4.3 考虑租赁点车位数的车辆调度模型

4.3.1 问题描述

研究结果表明,租赁点车位数对企业后期的运营调度有重要影响。因此,本节要解决的关键问题是在基于租赁点的单向共享汽车租赁系统中,综合考虑租赁点车位数量配置和车辆调度,并引入两种灵活的还车策略,通过合理确定调度的起始时间、起始租赁点、终到时间、终到租赁点、调度车辆数,以及需要增设的虚拟车位数使共享汽车企业利益最大化。共享汽车企业的利益主要是由以下几部分构成的:用户租车带来的收入、车辆的折旧和维护成本、车辆的调度成本、车辆行驶能耗成本、租赁点车位的运营成本等。

为了直观展示两种停车策略,图 4-4 展示了用户在共享汽车租赁系统中可能会遇到的三种还车模式,在本节中分别记为 Pattern Ⅰ、Pattern Ⅱ、Pattern Ⅲ。

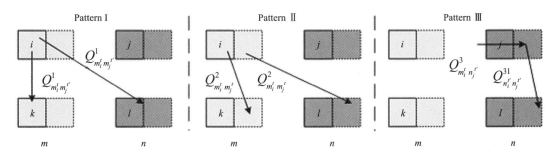

图 4-4 用户的还车模式示意图

图中以两个区域,每个区域两个租赁点为例,展示用户出行可能遇到的三种还车模式。其中,实线矩形表示租赁点的实有车位,虚线矩形表示租赁点的虚拟车位;同一种颜色表示的租赁点属于同一个区域,以浅灰色矩形表示的租赁点 i、k 同属于 m 区域,以深灰色矩形表示的租赁点 j、l 同属于 n 区域。其中:

Pattern Ⅰ 表示用户从 m 区域 i 租赁点借车出发,到达同区域的 k 租赁点或者 n 区域的 l 租赁点后,能够将车辆归还至实际车位,该模式下用户为第一类用户,记作 $Q^1_{m'_i n'_j}$;

Pattern Ⅱ 表示用户从 m 区域 i 租赁点借车出发,到达同区域的 k 租赁点或 n 区域的

l 租赁点后,发现无空余车位,将车辆还至虚拟车位,该模式下的用户为第二类用户,记作 $Q^2_{m'_i n'_j}$;

Pattern Ⅲ 表示用户从 m 区域 i 租赁点借车出发,在 n 区域的 j 租赁点无空余车位还车的情况下,将车辆还至与 j 同区域的 l 租赁点,该模式下的用户为第三类用户,记作 $Q^3_{m'_i n'_j}$。

由于本章考虑的因素较多,为使模型严谨,做出如下设定和说明:

(1)禁止调度员将车辆调至虚拟车位;

(2)采用 Pattern Ⅱ 还车方式的第二类用户,只能将车辆还至虚拟车位;

(3)采用 Pattern Ⅲ 还车方式的第三类用户,最终只能将车辆还至同区域其他租赁点的实际车位;

(4)运营时段的开始和结束时刻,虚拟车位上无车辆停放。

其余假设条件与结果相同,故不赘述。

图 4-5 展示了用户需求与调度操作的所有可能情况。图中以 m 区域的 i 租赁点和 n 区域的 j 租赁点和 l 租赁点为例,并且实线矩形表示租赁点的实际车位,用 i、j、l 表示,虚线矩形表示租赁点的虚拟车位,用 i'、j'、l' 表示。

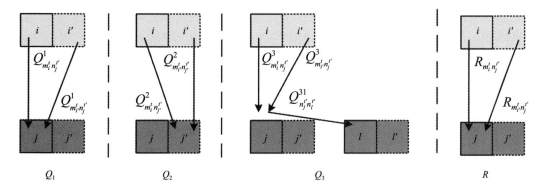

图 4-5 用户需求与调度操作示意图

4.3.2 模型构建

1. 符号设定

由于本章的联合优化模型是在分区调度模型基础上建立的,部分符号、含义与前文保持一致,本节仅列出新增集合、参数、决策变量。

(1)模型中的相关集合、参数

$I'=\{1',\cdots,i',\cdots,I'\}$:表示拥有虚拟车位的租赁点的集合;

$X=\{1^1_1,\cdots,m^{t-1}_i,m^t_i,\cdots,M^T_I\}$,$i\in M$,$i\in I$:表示由区域、租赁点实际车位、时间步构成的时空节点集合,其中 m^t_i 表示 t 时间步 m 区域内 i 租赁点的实际车位;

$X'=\{1^1_1,\cdots,m^{t-1}_i,m^t_i,\cdots,M^T_I\}$,$i\in M$,$i\in I'$:表示由区域、租赁点虚拟车位、时间步构成的时空节点集合;

$A=\{\cdots,(m^t_i,n^{t'}_j),\cdots\}$,$m^t_i\in(X\cup X')$,$i\neq j$,$t'=t+\sigma^t_{m_i n_j}$:表示车辆在 t 时间步,

从 m 区域内的 i 租赁点出发，经过 $\sigma^t_{m_i,n_j}$ 时间后，在 $(t+\sigma^t_{m_i,n_j})$ 时间步移动至 n 区域内的 j 租赁点所形成的有向弧集合；

C_p：用户将车辆停放在虚拟车位的惩罚费用，元/次；

C_s：每个时间步的租赁点实际车位的运营成本，元/时间步；

$C_{s'}$：每个时间步的租赁点虚拟车位的运营成本，元/时间步；

$\tau^t_{m_i,n_j}$：用户从 m 区域的 i 租赁点步行到达 n 区域的 j 租赁点所需的时间。

（2）决策变量

ε_{m_i}：m 区域的 i 租赁点车位的冗余比例；

$V_{m_i^t}$：m 区域的 i 租赁点在 t 时间步的可用车辆数，$\forall m_i^t \in (X \cup X')$；

$Q^1_{m_i^t n_j^{t'}}$：表示采用 Pattern Ⅰ 的用户数量。用户在 t 时间步从 m 区域的 i 租赁点借车出行，经过 $\sigma^t_{m_i,n_j}$ 时间后，在 $(t+\sigma^t_{m_i,n_j})$ 时间步到达 n 区域的 j 租赁点，并且该租赁点车位充足，能够正常还车的用户需求量，$\forall (m_i^t, n_j^{t'}) \in A$，$m_i^t \in (X \cup X')$，$n_j^{t'} \in X$；

$Q^2_{m_i^t n_j^{t'}}$：表示采用 Pattern Ⅱ 的用户数量。用户在 t 时间步从 m 区域的 i 租赁点借车出行，经过 $\sigma^t_{m_i,n_j}$ 时间后，在 $(t+\sigma^t_{m_i,n_j})$ 时间步到达 n 区域的 j 租赁点，并且该租赁点实际车位全部被停满，用户选择将车辆停放在该租赁点的虚拟车位上，$\forall (m_i^t, n_j^{t'}) \in A$，$m_i^t \in (X \cup X')$，$n_j^{t'} \in X'$；

$Q^3_{m_i^t n_j^{t'}}$：表示采用 Pattern Ⅲ 的用户数量。用户在 t 时间步从 m 区域的 i 租赁点借车出行，经过 $\sigma^t_{m_i,n_j}$ 时间后，在 $(t+\sigma^t_{m_i,n_j})$ 时间步到达 n 区域的 j 租赁点，并且该租赁点实际车位全部被停满，用户选择将车辆停放在与 j 同区域的其他租赁点的实际车位上，$\forall (m_i^t, n_j^{t'}) \in A$，$m_i^t \in (X \cup X')$，$n_j^{t'} \in X$；

$Q^{31}_{m_i^t m_l^{t'}}$：表示 t 时间步，用户在 m 区域的 j 租赁点无法还车，将车辆还至同区域的 l 租赁点，$\forall (m_i^t, n_j^{t'}) \in A$，$m_i^t \in X$，$n_j^{t'} \in X$；

$R_{m_i^t n_j^{t'}}$：表示调度员在 t 时间步从 m 区域的 i 租赁点将车辆调出，经过 $\sigma^t_{m_i,n_j}$ 时间后，在 $(t+\sigma^t_{m_i,n_j})$ 时间步调入 n 区域的 j 租赁点的车辆数，$\forall (m_i^t, n_j^{t'}) \in A$，$m_i^t \in (X \cup X')$，$n_j^{t'} \in X$。

2. 数学模型

使用上述符号，模型可以表示如下：

目标函数为：

$$\max \Pi_1 = P \sum_{m_i^t n_j^{t'} \in A} \sigma^t_{m_i,n_j} \left(Q^1_{m_i^t n_j^{t'}} + Q^2_{m_i^t n_j^{t'}} + Q^3_{m_i^t n_j^{t'}} \right) - C_s T \sum_{m \in M} \sum_{i \in I} N_{m_i} - C_f T \sum_{m_i^t \in X} V_{m_i^t} - C_{s'} T \sum_{m \in M} \sum_{i \in I} N_{m_i} \varepsilon_{m_i} - (C_r + C_e) \sum_{m_i^t n_j^{t'} \in A} \sigma^t_{m_i,n_j} R_{m_i^t n_j^{t'}} + C_p \sum_{m_i^t n_j^{t'} \in A} Q^2_{m_i^t n_j^{t'}} - C_e \sum_{m_i^t m_l^{t'} \in A} Q^{31}_{m_i^t m_l^{t'}} \left(\sigma^{t'}_{m_j,m_l} + \tau^{t'}_{m_l,m_j} \right)$$
（4-21）

约束条件为：

$$\sum_{n_j^{t'} \in X} Q^1_{m_i^t n_j^{t'}} + \sum_{n_j^{t'} \in X'} Q^2_{m_i^t n_j^{t'}} + \sum_{n_j^{t'} \in X} Q^3_{m_i^t n_j^{t'}} \leq \min \left\{ \sum_{n_j^{t'} \in X} D_{m_i^t n_j^{t'}}, V_{m_i^t} \right\}, \forall m_i^t \in (X \cup X')$$
（4-22）

$$V_{m_i^{t+1}} = V_{m_i^t} + \sum_{n_j^{t'} \in (X \cup X')} Q^1_{n_j^{t'} m_i^t} + \sum_{m_i^{t'} \in X} Q^{31}_{m_i^{t'} m_i^t} + \sum_{n_j^{t'} \in (X \cup X')} R_{n_j^{t'} m_i^t} - \sum_{n_j^{t'} \in X} Q^1_{m_i^t n_j^{t'}} - \sum_{n_j^{t'} \in X'} Q^2_{m_i^t n_j^{t'}} - \sum_{n_j^{t'} \in X} Q^3_{m_i^t n_j^{t'}} - \sum_{n_j^{t'} \in X} R_{m_i^t n_j^{t'}},$$
$$\forall m_i^t \in X, \quad \sigma' = \max\{0, \ t+1-\sigma^t_{m_i n_j}\} \tag{4-23}$$

$$V_{m_i^{t+1}} = V_{m_i^t} + \sum_{n_j^{t'} \in (X \cup X')} Q^2_{n_j^{t'} m_i^t} - \sum_{n_j^{t'} \in X} Q^1_{m_i^t n_j^{t'}} - \sum_{n_j^{t'} \in X'} Q^2_{m_i^t n_j^{t'}} - \sum_{n_j^{t'} \in X} Q^3_{m_i^t n_j^{t'}} - \sum_{n_j^{t'} \in X} R_{m_i^t n_j^{t'}},$$
$$\forall m_i^t \in X', \quad \sigma' = \max\{0, \ t+1-\sigma^t_{m_i n_j}\} \tag{4-24}$$

$$V_{m_i^t} \leqslant N_{m_i}, \quad \forall m_i^t \in X \tag{4-25}$$

$$V_{m_i^t} \leqslant N_{m_i} \varepsilon_{m_i}, \quad \forall m_i^t \in X' \tag{4-26}$$

$$\varepsilon_{m_i} \leqslant 50\%, \quad \forall m_i^t \in X, \ i \in I' \tag{4-27}$$

$$V_{m_i^1} = 0, \quad \forall m_i^1 \in X' \tag{4-28}$$

$$V_{m_i^T} = 0, \quad \forall m_i^T \in X' \tag{4-29}$$

$$\sum_{n_j^{t'} \in X} R_{m_i^t n_j^{t'}} \leqslant V_{m_i^t} - \sum_{n_j^{t'} \in X} Q^1_{m_i^t n_j^{t'}} - \sum_{n_j^{t'} \in X'} Q^2_{m_i^t n_j^{t'}} - \sum_{n_j^{t'} \in X} Q^3_{m_i^t n_j^{t'}}, \forall m_i^t \in (X \cup X') \tag{4-30}$$

$$\sum_{n_j^{t'} \in (X \cup X')} R_{n_j^{t'} m_i^t} \leqslant N_{m_i} - V_{m_i^t}, \forall m_i^t \in X, \quad \sigma' = \max\{0, \ t+1-\sigma^t_{m_i n_j}\} \tag{4-31}$$

$$\left(N_{n_j} - V_{n_j^t}\right)\left(\sum_{m_i^{t'} \in (X \cup X')} Q^2_{m_i^{t'} n_j^t} + \sum_{m_i^{t'} \in (X \cup X')} Q^3_{m_i^{t'} n_j^t}\right) = 0, \quad \forall n_j^t \in X, \quad \sigma' = \max\{0, \ t+1-\sigma^t_{m_i n_j}\} \tag{4-32}$$

$$\sum_{m_i^t \in (X \cup X')} Q^3_{m_i^t n_j^{t'}} = \sum_{n_l^{t'} \in X} Q^{31}_{n_j^{t'} n_l^{t''}}, \forall \ (m_i^t, \ n_j^{t'}) \in A, \ (n_j^{t'}, \ n_l^{t''}) \in A, \ t' = t + \sigma^t_{m_i n_j}, \ t'' = t' + \sigma^{t'}_{n_j n_l} \tag{4-33}$$

$$\sum_{n_j^{t'} \in X} Q^1_{m_i^t n_j^{t'}} + \sum_{n_j^{t'} \in X'} Q^2_{m_i^t n_j^{t'}} + \sum_{n_j^{t'} \in X} Q^3_{m_i^t n_j^{t'}} + \sum_{n_j^{t'} \in X} R_{m_i^t n_j^{t'}} \leqslant V_{m_i^t}, \quad \forall m_i^t \in X' \tag{4-34}$$

$$\sum_{n_j^{t'} \in (X \cup X')} Q^2_{n_j^{t'} m_i^t} \leqslant N_{m_i} \varepsilon_{m_i} - V_{m_i^t}, \quad \forall m_i^t \in X' \tag{4-35}$$

$$R_{m_i^t n_j^{t'}}、\ Q^1_{m_i^t n_j^{t'}}、\ Q^2_{m_i^t n_j^{t'}}、\ Q^3_{m_i^t n_j^{t'}}、\ Q^{31}_{m_i^t m_j^{t'}} \in N^+, \forall \ (m_i^t, \ n_j^{t'}) \in A \tag{4-36}$$

$$V_{m_i'} \in \mathbf{N}^+, \forall m_i^t \in (\mathbf{X} \cup \mathbf{X}') \tag{4-37}$$

$$\varepsilon_{m_i} \in \mathbf{R}, \forall m \in \mathbf{M},\ i \in \mathbf{I} \tag{4-38}$$

企业方的目标函数（4-21）表示最大化企业收益，主要由所有用户支付的租车费用、车辆维护与折旧费用、实际车位的运营费用、虚拟车位的运营费用、调度人员费用、车辆在调度过程中产生的能耗费用、使用还车模式 Pattern Ⅱ 的用户缴纳的惩罚费用、使用还车模式 Pattern Ⅲ 用户的能耗成本；

约束条件（4-22）表示 t 时刻从 m 区域的 i 租赁点借车出发的用户数（即三种还车模式 Pattern Ⅰ、Ⅱ、Ⅲ 的用户数之和），应当小于等于该租赁点实际车位与虚拟车位上的可用车辆数之和与用户的出行需求；

约束条件（4-23）表示租赁点实际车位的流量守恒，即（t+1）时间步租赁点实际车位的可用车辆数等于 t 时间步实际车位上的可用车辆数，加上调度员在 t 时间步调入该点的车辆、第一类用户 Q_1 与第三类用户 Q_3 归还的车辆，减去在 t 时间步由调度员调出的车辆和三类用户借出的车辆数；

约束条件（4-24）表示租赁点虚拟车位的流量守恒，即（t+1）时间步租赁点虚拟车位的可用车辆数等于 t 时间步虚拟车位上的可用车辆数，加上第二类用户 Q_2 在 t 时间步归还的车辆数，减去 t 在时间步调度员调出的车辆和三类用户借出的车辆数；

约束条件（4-25）表示租赁点实际车位上的可用车辆数小于等于租赁点的实际车位数；

约束条件（4-26）表示租赁点虚拟车位上的可用车辆数小于等于租赁点虚拟车位上限值，该上限值等于实际车位数乘以租赁点的车位冗余比例；

约束条件（4-27）表示 m 区域的 i 租赁点车位的冗余比例小于等于 50%，即虚拟车位数量小于等于实际车位数的一半；

约束条件（4-28）表示虚拟车位在运营时段初始时刻无车辆停放；

约束条件（4-29）表示虚拟车位在运营时段结束时刻无车辆停放；

约束条件（4-30）表示从租赁点调出的车辆数小于等于该点可用车辆数减去用户在该点的借车需求；

约束条件（4-31）表示调度员调入的所有车辆数小于等于实际车位中的空余车位数；

约束条件（4-32）表示三种还车模式出现的逻辑关系，当租赁点的实际车位被停满时，用户才需要根据自身情况综合考虑选择何种停车策略；

约束条件（4-33）表示在 t 时间步到达 j 租赁点的第三类用户，等于 t 时间步从该租赁点出发前往同区域的 l 租赁点的用户数量；

约束条件（4-34）表示用户从租赁点的虚拟车位借出的车辆和调度员调出的车辆小于等于该租赁点虚拟车位的可用车辆数；

约束条件（4-35）表示第二类用户还至虚拟车位的车辆数小于等于虚拟车位的空余车位数；

约束条件（4-36）、（4-37）、（4-38）为决策变量的非负整数约束。

3. 非线性约束转化

由于约束条件（4-32）为非线性约束，求解时需要转化为线性约束。大 M 法可以利用 0-1 变量 u 将非线性约束 $z(q+Qz)=0$ 转化为 $z \leqslant Mu$ 和 $q+Qz \leqslant M(1-u)$ 两个线性约束。因此，本节引入 0-1 变量 $u_{m_i^t}$，约束条件（4-32）可以转化为约束条件（4-39）~ 约束条件（4-41）：

$$\left(N_{n_j} - V_{n_j^t}\right) \leqslant Mu_{n_j^t}, \quad \forall n_j^t \in X \tag{4-39}$$

$$\left(\sum_{m_i^\sigma \in (X \cup X')} Q^2_{m_i^\sigma n_j^t} + \sum_{m_i^{\sigma'} \in (X \cup X')} Q^3_{m_i^{\sigma'} n_j^t}\right) \leqslant M(1-u_{n_j^t}), \quad \forall n_i^t \in X, \quad \sigma' = \max\left\{0, t+1-\sigma^t_{m_i n_j}\right\} \tag{4-40}$$

$$u_{m_i^t} \in (0, 1), \quad \forall m_i^t \in X \tag{4-41}$$

4.3.3 实例分析

为了充分展示两种还车策略对共享汽车企业的影响，设计了 7 种不同场景。每种场景根据共享汽车租赁系统中的参与主体进行区分，详见表 4-5。

不同场景的特点　　　　　　　　　　　表 4-5

场景	参与主体	系统状态
Scenario 1	$Q^1_{m_i^t n_j^t}$	用户自组织
Scenario 2	$Q^1_{m_i^t n_j^t}, Q^2_{m_i^t n_j^t}$	用户自组织
Scenario 3	$Q^1_{m_i^t n_j^t}, Q^3_{m_i^t n_j^t}$	用户自组织
Scenario 4	$Q^1_{m_i^t n_j^t}, R_{m_i^t n_j^t}$	企业运营管理
Scenario 5	$Q^1_{m_i^t n_j^t}, Q^2_{m_i^t n_j^t}, R_{m_i^t n_j^t}$	企业运营管理
Scenario 6	$Q^1_{m_i^t n_j^t}, Q^3_{m_i^t n_j^t}, R_{m_i^t n_j^t}$	企业运营管理
Scenario 7	$Q^1_{m_i^t n_j^t}, Q^2_{m_i^t n_j^t}, Q^3_{m_i^t n_j^t}, R_{m_i^t n_j^t}$	企业运营管理

以上 7 种场景中，Scenario 1、2、3 中无调度员参与，共享汽车租赁系统为用户自组织状态；Scenario 4、5、6、7 中调度员对车辆进行调度，系统处于企业运营管理状态。

Pattern Ⅱ、Ⅲ是第二类用户和第三类用户到达还车租赁点后，发现租赁点实际车位全部停满可以采取的还车方式。而不同租赁点的使用情况会受到共享汽车系统不同供需关系的影响。所以，本节着重研究还车模式 Pattern Ⅱ、Ⅲ在共享汽车租赁系统面临不同供需关系下的表现效果。

其中，供需关系通过租赁系统车位数和用户出行需求总数确定。当研究时段内，用户出行需求总数大于租赁系统车位数，即租赁系统能力不足时，为供小于求；当用户出行需求总数等于租赁系统车位数，为供求平衡状态；当用户出行需求总数小于租赁系统车位数，即租赁系统能力充足时，为供大于求。实际计算中，通过对表 4-3 中的用户出行需求进行放缩，实现对三种供需状态的模拟。

1. 模型参数及输入数据

本章算例包含3个区域（m_1，m_2，m_3），9个租赁点（i_1，i_2，i_3，i_4，i_5，i_6，i_7，i_8，i_9），研究时段为20min。其中i_1，i_2，i_3属于区域m_1；i_4，i_5，i_6属于区域m_2；i_7，i_8，i_9属于区域m_3。各租赁点车位数如表4-6所示。租赁点间以时间步表示的距离矩阵如表4-7所示。用户的出行需求包括用户出行的借还车租赁点、出发到达时间、需求量等信息，如表4-8所示。

租赁点车位数　　　　　　　　　　　　　　表4-6

区域	租赁点	车位数（个）	区域	租赁点	车位数（个）
1	1	15	2	4	10
1	2	10	2	5	12
1	3	16	2	6	14
3	7	13	3	8	11
3	9	17			

租赁点距离矩阵　　　　　　　　　　　　　表4-7

租赁点/租赁点	i_1	i_2	i_3	i_4	i_5	i_6	i_7	i_8	i_9
i_1	0	1	3	4	5	6	4	5	6
i_2	1	0	2	5	4	5	6	5	6
i_3	3	2	0	5	6	4	6	4	4
i_4	4	5	5	0	1	1	5	6	4
i_5	5	4	6	1	0	2	5	6	5
i_6	6	5	4	1	2	0	4	4	6
i_7	4	6	6	5	5	4	0	2	3
i_8	5	5	4	6	6	4	2	0	2
i_9	6	6	4	4	5	6	3	2	0

用户出行需求　　　　　　　　　　　　　　表4-8

出发区域	出发租赁点	到达区域	到达租赁点	出发时间	到达时间	用户需求
3	7	2	4	4	9	14
1	1	3	9	6	12	10
1	3	2	5	10	16	10
2	6	2	4	9	10	17
2	4	3	8	1	7	11

续表

出发区域	出发租赁点	到达区域	到达租赁点	出发时间	到达时间	用户需求
1	2	3	7	9	15	13
1	3	3	7	10	16	15
2	6	1	2	6	11	18
1	2	2	5	6	10	15
2	6	1	2	9	14	18
3	7	3	8	3	5	13
3	7	1	2	6	12	13
1	1	1	3	8	11	16
1	2	1	3	15	17	15
3	7	1	3	5	11	15
3	8	1	3	9	13	12
3	9	2	5	8	13	20
2	4	2	5	11	12	15

模型中的相关参数设置见表4-9。其中，实际车位的运营费用是根据Huang kai等人文献中的数据和实际情况综合确定的；虚拟车位的运营费用是根据兰州市出台的机动车停放服务收费管理办法确定的。用户停放在虚拟车位的惩罚成本暂无参考标准，因此求解时，惩罚成本在0～10区间内以0.5为步长依次取值计算，研究不同的惩罚成本对运营商和用户出行的影响。

模型参数设置　　　　　　　　表4-9

参数	含义	取值	单位
C_s	每个时间步、每个实际车位的运营费用	0.008	元/min
$C_{s'}$	每个时间步、每个虚拟车位的运营费用	0.1	元/min
C_p	停在虚拟车位的惩罚成本	[0, 10]	元/次
C_w	用户出行的时间成本	0.73	元/min

2. 模型求解结果分析

本章建立的优化模型在Windows8、64位操作系统、8.00 Gb RAM的计算机上，使用Xpress软件运行求解。

为了评价两种还车策略发挥的作用，建立了总调度量、初始投放车辆数、需求满足率、企业纯利润、用户出行成本、用户所支付的惩罚费用、用户额外走行所耗费的时间成本、租车收入、调度成本、折旧与维护费用、平均每辆车所能创造的利润等指标。其中，此处仅列出新增的评价指标。

(1) Pattern Ⅱ中的用户支付的惩罚费用：

$$Penalty\_cost = C_p \sum_{m_i' n_j' \in A} Q_{m_i' n_j'}^2 \tag{4-42}$$

(2) Pattern Ⅲ中的用户负担的额外时间成本：

$$Extra\_cost = C_w \sum_{m_i' n_j' \in A} Q_{m_i' n_j'}^3 \tag{4-43}$$

(3) 用户出行成本：是指在研究时段内，用户所支付的租车费用、采用 Pattern Ⅱ 所缴纳的惩罚费用、采用 Pattern Ⅲ 所负担的时间成本之和。

$$\begin{aligned}User\_cost = (C_p + C_w)\,\sigma_{m_i n_j}^t \left(\sum_{m_i' n_j' \in A} Q_{m_i' n_j'}^1 + \sum_{m_i' n_j' \in A} Q_{m_i' n_j'}^2 + \sum_{m_i' n_j' \in A} Q_{m_i' n_j'}^3 \right) + \\ C_p \sum_{m_i' n_j' \in A} Q_{m_i' n_j'}^2 + C_w \sigma_{m_i n_j}^t \sum_{m_i' n_j' \in A} Q_{m_i' n_j'}^3 \end{aligned} \tag{4-44}$$

(4) 实际车位的运营费用：是指在研究时段内，企业所花费的实际车位的运营费用。

$$Actual\_cost = C_s \sum_{m \in M} \sum_{i \in I} N_{m_i} \tag{4-45}$$

(5) 虚拟车位的运营费用：是指在研究时段内，企业所花费的虚拟车位的租赁费用。

$$Virtual\_cost = C_{s'} \sum_{m \in M} \sum_{i \in I} N_{m_i} \varepsilon_{m_i} \tag{4-46}$$

惩罚成本的取值大小是影响用户选择 Pattern Ⅱ 的关键因素，因此需要通过分析惩罚成本的变化对各项指标的影响，综合确定合理的惩罚成本收费标准。

(1) 惩罚成本对企业利润的影响

从图 4-6 中可以看出，在三种供需关系下每种场景随惩罚成本增加所呈现的变化趋势相同。Scenario 1、3、4、6 中无第二类用户，因此企业利润不受惩罚成本变化的影响，所以图中为直线。Scenario 2、5、7 中存在第二类用户，因此当惩罚成本逐渐增大，企业利润随之增加。

Scenario 1 中仅有第一类用户，所以该场景下的企业利润值最低。

Scenario 3 在 Scenario 1 的基础上增加了还车模式 Pattern Ⅲ，租赁系统中有第三类用户参与，企业利润值高于 Scenario 1，表明 Pattern Ⅲ 在用户自组织状态下能够在一定程度上起到为系统调度车辆的作用。

Scenario 4 在 Scenario 1 的基础上增加了调度员，企业利润明显高于 Scenario 1、3，从中可以看出雇佣调度员是解决系统借还不均衡，提高系统服务质量的有效手段。

Scenario 6 在 Scenario 4 的基础上增加了还车模式 Pattern Ⅲ，在供小于求和供等于求关系下，两种场景为企业带来的利润相同；而在供大于求关系下，Scenario 6 的企业利润值略高于 Scenario 4，说明在企业运营管理状态下，Pattern Ⅲ 所发挥的为系统调度车辆的作用较小。

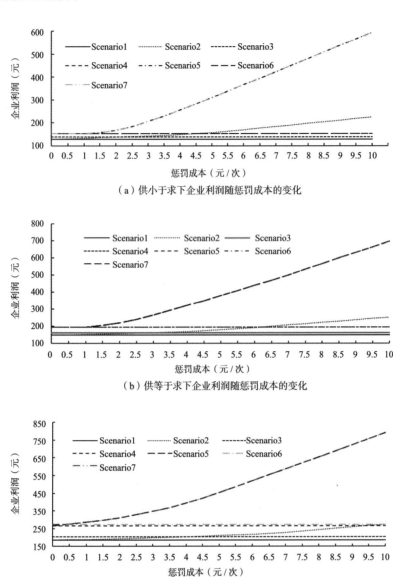

(a) 供小于求下企业利润随惩罚成本的变化

(b) 供等于求下企业利润随惩罚成本的变化

(c) 供大于求下企业利润随惩罚成本的变化

图 4-6 企业利润随惩罚成本的变化

Scenario2 在 Scenario1 的基础上增加了还车模式 Pattern Ⅱ，系统中有第二类用户参与。当惩罚成本值为 0 元/次时，该场景的企业利润值与 Scenario 1 相同。随着惩罚成本值的增加，Scenario2 中的企业利润逐渐增加。在供小于求关系下，当惩罚成本值为 2.5 元/次时，Scenario2 的企业利润大于 Scenario3；当惩罚成本值为 5 元/次时，Scenario2 的企业利润大于 Scenario4、Scenario6。在供等于求关系下，当惩罚成本值为 3 元/次时，Scenario2 的企业利润大于 Scenario3；当惩罚成本值为 6.5 元/次时，Scenario2 的企业利润大于 Scenario4、Scenario6。在供大于求关系下，当惩罚成本值为 4 元/次时，Scenario2 的企业利润大于 Scenario3；当惩罚成本值为 9 元/次时，Scenario2 的企业利润大于 Scenario4、Scenario6。从中可以看出，当用户需求逐渐增加，Scenario2 中的企业利润大于 Scenario 3、

Scenario4、Scenario6 时的惩罚成本值不断增加,还车模式 Pattern Ⅱ 对系统的作用逐渐减小。

Scenario 5 在 Scenario4 的基础上增加了还车模式 Pattern Ⅱ,Scenario7 在 Scenario5 基础上增加了还车模式 Pattern Ⅲ,但是三种供需关系下,Scenario5 和 Scenario7 的曲线重合,两种场景下的企业利润值相同,可以看出还车模式 Pattern Ⅲ 未能发挥作用。这是由于 Pattern Ⅲ 中企业需要承担用户从计划停车点到最终停车点的能耗成本,而 Pattern Ⅱ 中企业可以获得用户缴纳的惩罚费用。

(2)惩罚成本对用户出行成本的影响

用户的出行成本中租车费用、惩罚费用是企业收入的主要来源,因此图 4-7 中用

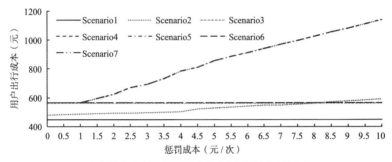
(a)供小于求关系下用户出行成本随惩罚成本的变化

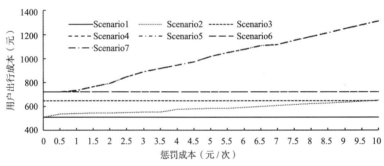
(b)供等于求关系下用户出行成本随惩罚成本的变化

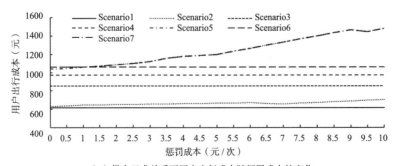
(c)供大于求关系下用户出行成本随惩罚成本的变化

图 4-7 用户出行成本随惩罚成本的变化

户出行时间成本随惩罚成本的变化与企业利润的变化规律相似。Scenario1、Scenario3、Scenario4、Scenario6 中无第二类用户，因此用户出行成本不受惩罚成本变化的影响；Scenario2、Scenario5、Scenario7 中包含第二类用户，所以当惩罚成本逐渐增大，用户出行成本随之增加。

Scenario1、Scenario2、Scenario3 为用户自组织状态，实际满足的用户需求低于企业运营管理状态 Scenario4、Scenario6、Scenario5、Scenario7，因此 Scenario1、Scenario2、Scenario3 中用户的出行成本低于 Scenario4、Scenario6、Scenario5、Scenario7。

在用户自组织状态下，Scenario1 中仅有第一类用户，所以该场景在三种供求关系下用户的出行成本均最低；Scenario3 场景中满足的用户需求量高于 Scenario2，虽然 Scenario2 中的用户出行成本随惩罚成本的增加而提高，但是 Scenario3 的用户出行成本整体高于 Scenario2。

在企业运营管理状态下，Scenario4 中仅有第一类用户，满足的用户需求数量低于其他三种场景，因此 Scenario4 中的用户出行成本在该状态下最低；当惩罚成本较低时，Scenario5、Scenario6、Scenario7 中用户的出行成本接近，当惩罚成本逐渐增大，Scenario5、Scenario7 中用户的出行成本高于 Scenario 6。

对企业而言，惩罚成本的增加能够提高企业收益，有利于企业发展，但会造成用户出行成本增加，影响用户出行体验，降低用户选用共享汽车出行的兴趣，难以形成长期稳定的用户群体。所以，惩罚成本的取值需在合理的范围内，既保证企业获得相对较高的收益，同时不会加重用户出行负担。

（3）惩罚成本对用户支付的惩罚费用的影响

图 4-8 展示了用户支付的惩罚费用随惩罚成本变化的趋势。三种供需关系下，用户支付的停在虚拟车位的惩罚费用均随着惩罚成本的增加而增长。Scenario2 为用户自组织状态，实际满足的用户需求总量小于 Scenario5、Scenario 7。同样 Scenario2 中满足的第二类用户数量小于 Scenario5、Scenario7，所以 Scenario5、Scenario7 用户支付的惩罚费用增长明显。通过计算发现，当惩罚成本为 10 元 / 次时，用户缴纳的惩罚费用约占用户出行总成本、企业各项收入的 50%、70%，从中可以反映出，惩罚费用的增长是用户出行成本增加、企业利润增长的重要因素。

（4）惩罚成本对满足的第一类用户需求的影响

从图 4-9 中可以看出，Scenario1、Scenario3 中满足的第一类用户需求数量低于 Scenario4、Scenario6。Scenario2、Scenario5、Scenario7 中有第二类用户，当惩罚成本增加时，由于第二类用户能为企业带来更多利益，因此会使满足的第一类用户需求数量减少。

当供小于求时，Scenario4、Scenario6 中能够满足 86 位第一类用户的出行需求，Scenario1、Scenario3 能够满足 61 位第一类用户的出行需求，减少约 29%，表明雇佣专业调度员能够显著提高企业运营水平，满足更多的用户出行需求。当惩罚成本在 1.5～5 元 / 次时，Scenario5、Scenario7 中满足的第一类用户数量迅速降低，降幅约为 60%，惩罚成本继续增加，第一类用户需求保持不变。惩罚成本变化对 Scenario2 的影响较小，当惩罚成本大于 4 元 / 次时，满足的第一类用户需求略有下降。

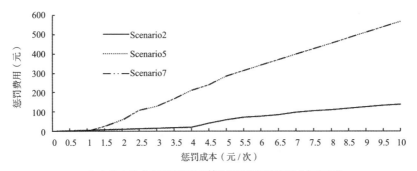

（a）供小于求关系下用户支付的惩罚费用随惩罚成本的变化

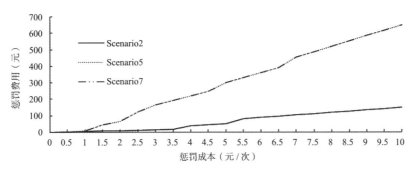

（b）供等于求关系下用户支付的惩罚费用随惩罚成本的变化

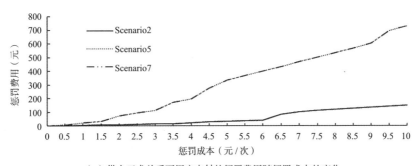

（c）供大于求关系下用户支付的惩罚费用随惩罚成本的变化

图 4-8　用户支付的惩罚费用随惩罚成本的变化

当供等于求时，Scenario4、Scenario6 中能够满足 109 位第一类用户的出行需求，Scenario1、Scenario3 能够满足约 67 位第一类用户的出行需求，减少约 39%。当惩罚成本在 1.5 ~ 6.5 元/次时，Scenario5、Scenario7 中满足的第一类用户数量减少约 55%，惩罚成本继续增加，满足的第一类用户需求保持不变。惩罚成本变化对 Scenario2 的影响同样较小。

当供大于求时，Scenario4 满足的第一类用户需求略高于 Scenario6，分别为 142 位、138 位。Scenario5、Scenario7 中满足的第一类用户需求对惩罚成本值的变化比较明显，当惩罚成本值从 0 开始逐渐增加，满足的第一类用户需求数量不断减少。Scenario2 受惩罚成本值的变化影响较小，当惩罚成本为 6.5 元/次时，满足的第一类用户需求减少约 13%。

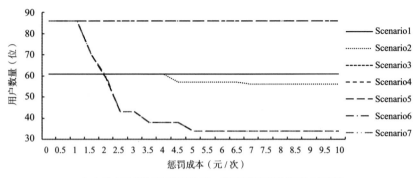

(a)供小于求关系下满足的第一类用户数量随惩罚成本的变化

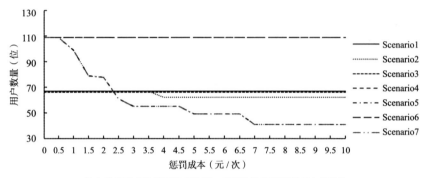

(b)供等于求关系下满足的第一类用户数量随惩罚成本的变化

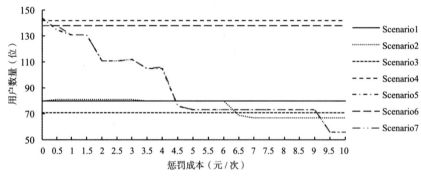

(c)供大于求关系下满足的第一类用户数量随惩罚成本的变化

图 4-9　第一类用户数量随惩罚成本的变化

（5）惩罚成本对满足的第二类用户需求的影响

图 4-10 展示了第二类用户数量随惩罚成本变化的趋势。三种供需关系下，Scenario2、Scenario5、Scenario7 的变化趋势相同，随着惩罚成本值的增加，满足的第二类用户需求数量逐渐增多。由于 Scenario2 为用户自组织状态，实际满足的用户需求总量低于 Scenario5、Scenario7，因此，Scenario2 满足的第二类用户需求量低于 Scenario5、Scenario7，所以 Scenario5、Scenario7 受惩罚成本变化的影响剧烈，相应地，用户所支付的惩罚费用、用户的出行成本、企业利润增长变化明显。当惩罚成本为 5.5 元 / 次时，满足的第二类用户需求量将达到较高水平，继续增加惩罚成本，满足的第二类用户需求量没有明显提高。

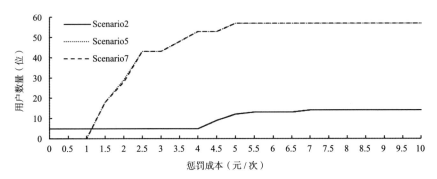

（a）供小于求关系下满足的第二类用户数量随惩罚成本的变化

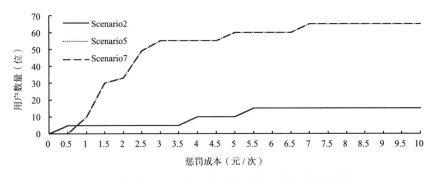

（b）供等于求关系下满足的第二类用户数量随惩罚成本的变化

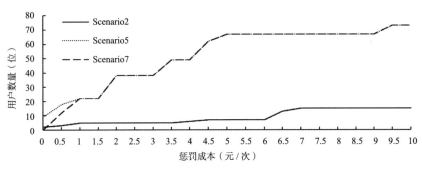

（c）供大于求关系下满足的第二类用户数量随惩罚成本的变化

图 4-10　第二类用户数量随惩罚成本的变化

（6）惩罚成本对用户需求满足率的影响

需求满足率是评价企业运营水平、服务质量的重要标志。图 4-11 展示了用户需求满足率受惩罚成本变化的影响。三种供需关系中需求满足率由低到高的顺序为 Scenario1、Scenario2、Scenario3、Scenario4、Scenario6，Scenario5、Scenario7 受惩罚成本值的变化，在 Scenario2、Scenario4 附近波动。

供小于求关系下，当惩罚成本为 4 元/次时，Scenario5、Scenario7 中的需求满足率达到最大，惩罚成本继续增加，需求满足率将保持不变。类似地，Scenario2 中的需求满足率在 5～5.5 元/次时，达到最大值，之后保持不变。因此，在供小于求关系下，惩罚成本的上限值为 5.5 元/次。若惩罚成本大于 5.5 元/次，从之前的分析可知，企业固然

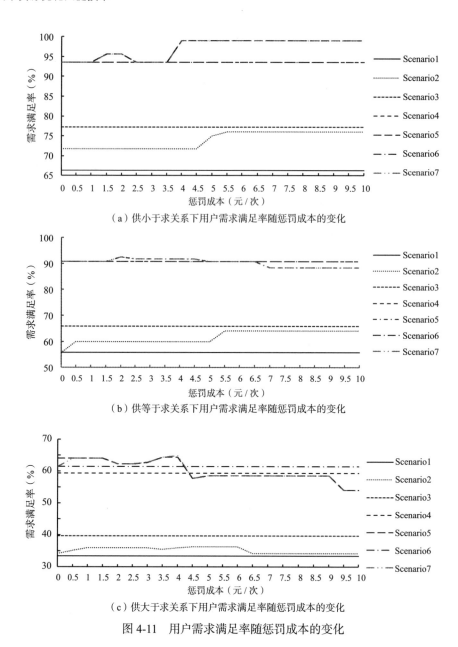

(a)供小于求关系下用户需求满足率随惩罚成本的变化

(b)供等于求关系下用户需求满足率随惩罚成本的变化

(c)供大于求关系下用户需求满足率随惩罚成本的变化

图 4-11 用户需求满足率随惩罚成本的变化

可以获得更多收益,但是会增加用户出行成本,这显然会降低用户选择共享汽车出行的兴趣,不利于企业长期发展。

供等于求关系下,惩罚成本的变化对 Scenario5、Scenario7 中的需求满足率影响较小,当惩罚成本在 2.5~4 元/次时,其需求满足率高于 Scenario4、Scenario6 约 0.84%。当惩罚成本继续增加,需求满足率将下降为 88.33%。Scenario2 中,需求满足率在惩罚成本为 5.5元/次时达到最大值,之后保持不变。因此,在供等于求关系下,惩罚成本的上限值也为5.5 元/次。

供大于求关系下,当惩罚成本为 4 元/次时,Scenario5、Scenario7 中的需求满足率达到最大,惩罚成本继续增加时,需求满足率逐渐下降。Scenario2 中,需求满足率在惩罚成本为 4.5 元/次时达到最大值，之后保持不变。因此，在供大于求关系下，惩罚成本的上限值为 4.5 元/次。

通过上述分析可以发现，不同供需关系下，Scenario2、Scenario5、Scenario7 中使需求满足率达到最大值时的惩罚成本虽不完全相同，但惩罚成本的上限值应在 4~5.5 元/次范围内，该范围内各种场景中的需求满足率处于较高水平，可以增加企业收入，同时用户出行成本不会过高。

（7）惩罚成本对初始投放车辆数的影响

图 4-12 展示了初始投放车辆数随惩罚成本变化的变动情况。供小于求关系下，Scenario2 与 Scenario5、Scenario7 中的初始投放车辆数在惩罚成本为 5 元/次时达到最大

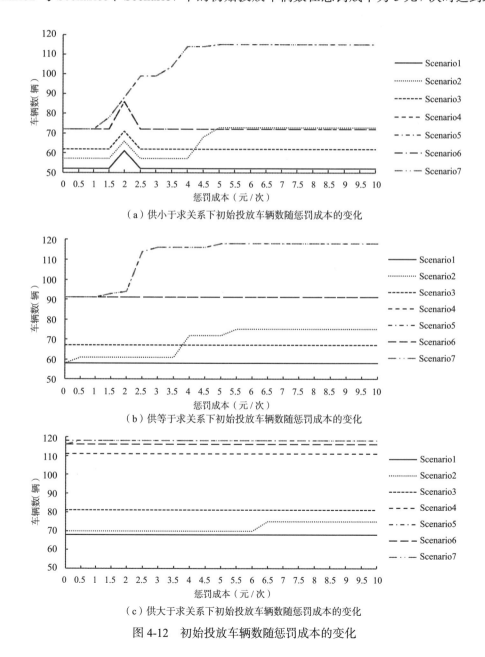

（a）供小于求关系下初始投放车辆数随惩罚成本的变化

（b）供等于求关系下初始投放车辆数随惩罚成本的变化

（c）供大于求关系下初始投放车辆数随惩罚成本的变化

图 4-12 初始投放车辆数随惩罚成本的变化

值 72 辆、115 辆。惩罚成本继续增大，初始投放车辆数保持不变。租赁系统内车位总数为 118 辆，说明此时系统能力接近最大。供等于求关系下，惩罚成本对初始投放车辆数的影响相同。供大于求关系下，当惩罚成本为 0 元 / 次时，Scenario5、Scenario7 的初始投放车辆数接近于系统车位总数，租赁系统的能力已经得到最大利用。

（8）惩罚成本对调度操作数量的影响

图 4-13 展示了调度操作数量受惩罚成本变化的影响。在供小于求、供等于求关系下，惩罚成本的变化对 Scenario5、Scenario7 中的调度操作数的影响相同。当惩罚成本在 1.5 ~ 5 元 / 次时，调度操作数量逐渐增加至最大值，之后在 99 次、107 次附近波动。在供大于求关系下，Scenario5、Scenario7 中的调度操作数约 110 次，受惩罚成本变化影响较小。这是由于 Scenario4 中调度操作数为 96 次，同时系统初始投放车辆数也接近车位数总数，

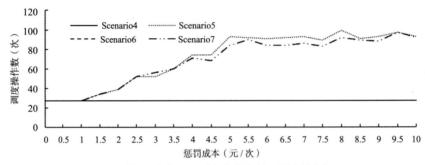

（a）供小于求关系下调度操作数量随惩罚成本的变化

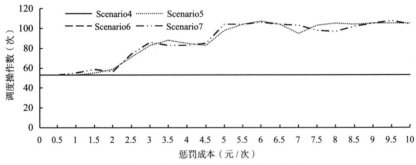

（b）供等于求关系下调度操作数量随惩罚成本的变化

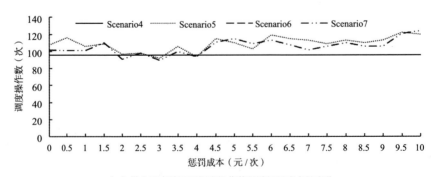

（c）供大于求关系下调度操作数量随惩罚成本的变化

图 4-13 调度操作数量随惩罚成本的变化

表明系统在面临需求过大时,能力得到最大化利用,即使增加两种还车策略,对系统的影响也较小。

(9)惩罚成本对虚拟车位数量的影响

图4-14展示了虚拟车位数受惩罚成本变化的影响。7种场景中,Scenario2、Scenario5、Scenario7中存在虚拟车位。在三种供求关系下,Scenario2、Scenario5、Scenario7中的虚拟车位数随惩罚成本的增加而逐渐增多,这是因为惩罚成本的增加,系统所满足的第二类用户数量也相应增加,同时要求租赁点增加虚拟车位的数量。Scenario5、Scenario7中虚拟车位数的增幅高于Scenario2,其原因是Scenario2为用户自组织状态,需求满足率低于Scenario5、Scenario7,相应的第二类用户需求量也较低,该场景所需要的虚拟车位数也较少。

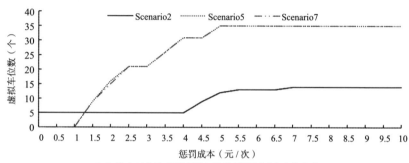
(a)供小于求关系下虚拟车位数量随惩罚成本的变化

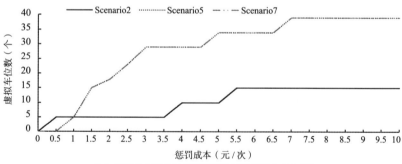
(b)供等于求关系下虚拟车位数量随惩罚成本的变化

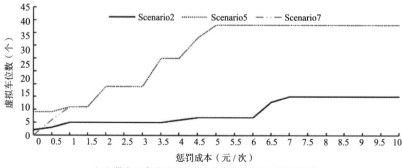
(c)供大于求关系下虚拟车位数量随惩罚成本的变化

图4-14 虚拟车位数量随惩罚成本的变化

在供小于求关系下，Scenario2、Scenario5、Scenario7 中的虚拟车位数在惩罚成本为 5 元 / 次时达到最大值，惩罚成本继续增加，虚拟车位数将保持不变。在供等于求关系中，当惩罚成本在 0～7 元 / 次时，Scenario5、Scenario7 中的虚拟车位数不断增长至最大值 43 个，之后保持不变；Scenario2 中的虚拟车位数在惩罚成本为 5.5 元 / 次时达到最大值 15 个。在供大于求关系中，Scenario5、Scenario7 中的虚拟车位数在惩罚成本为 5 元 / 次时达到最大值 43 个，而 Scenario2 中的虚拟车位数在惩罚成本为 7 元 / 次时达到最大值 15 个。

虽然在三种供需关系下，7 种场景中的虚拟车位数达到最大值时的惩罚成本值略有不同，但是在达到最大值后，继续提高惩罚成本，虚拟车位数均保持不变，这与其他指标的变化趋势相同，说明惩罚成本不能无限增加，需要在一定范围内合理设置。

通过分析惩罚成本的变化对企业利润、用户出行成本、用户支付的惩罚费用、满足的第一类用户需求数量、满足的第二类用户需求数量、需求满足率、初始投放车辆数、调度操作数量、虚拟车位数等指标的影响，可以得出结论：惩罚成本的收费上限为 5.5 元 / 次，此时企业利润虽未达到最高，但是需求满足率已经最大，初始投放车辆数、虚拟车位数、调度操作数等指标显示系统能力达到饱和，继续增加惩罚成本，将加重用户出行负担，不利于企业长期持续发展。

当惩罚成本为 5.5 元 / 次时，三种供需关系下的模型计算结果如表 4-10、表 4-11、表 4-12 所示。

（1）供小于求关系下的模型计算结果

Scenario1、Scenario2、Scenario3 为用户自组织状态，Scenario1 中系统参与主体仅有第一类用户，Scenario2 中系统参与主体有第一类、第二类用户，Scenario3 中系统参与主体有第一类、第三类用户。Scenario2、Scenario3 中企业利润比 Scenario1 分别提高约 27.7%、8.5%，Scenario2 能显著提高企业利润。Scenario2、Scenario3 中用户出行成本比 Scenario1 分别提高约 19.2%、25.5%，由于三种场景中满足的第一类用户数量接近，因此 Scenario3 中第三类用户所承担的额外时间成本较高。Scenario2、Scenario3 中用户需求满足率比 Scenario1 分别提高约 14.8%、16.4%，表明两种还车策略都能够促进租赁系统内车辆循环周转，提高用户需求满足率。从初始投放车辆数指标来看，Scenario2、Scenario3 比 Scenario1 中投放的车辆数增加约 40%、19%，而 Scenario1 中每辆车为企业创造的利润高于 Scenario2、Scenario3。

Scenario4、Scenario5、Scenario6、Scenario7 中有调度员参与车辆调度，为企业运营管理状态。相比于无调度员参与的用户自组织状态，Scenario4、Scenario5、Scenario6、Scenario7 虽然初始投放车辆数、调度操作数量有所增加，但是企业利润能够提高 1 倍，而且需求满足率能够提高约 20%，同时每辆车创造的收益也有一定提高，表明雇佣调度员调度车辆是缓解租赁点借还不均衡压力、提升企业运营水平、服务质量、企业收益以及用户体验的有效手段。

Scenario4、Scenario6 中各项指标结果相同，Scenario5、Scenario7 中各项指标结果相同。由于 Scenario6 在 Scenario4 基础上增加了 Pattern Ⅲ，Scenario7 在 Scenario5 基础上

同样增加了 Pattern Ⅲ，因此可以发现在企业雇佣调度员、租赁系统处于运营管理状态时，Pattern Ⅲ未能发挥相应作用。这是因为相比于调度、停在虚拟车位，该策略不仅会使企业运营成本增加，同时也会使用户的出行成本提高，并不能为企业创造收益。Scenario5、Scenario7 中企业利润较 Scenario4 提高约 120%，这对企业是极为有利的。Scenario5、Scenario7 中用户出行成本较 Scenario4 增长约 56%，增长的部分主要是用户缴纳的惩罚费用。从满足的用户数量看，Scenario5、Scenario7 中满足的第一类用户比 Scenario4 减少约 60%，需求满足率提高约 5%。这是由于第二类用户能为企业带来更多收入，因此将满足的第一类用户需求转移为第二类用户需求。Scenario5、Scenario7 中初始投放的车辆数较 Scenario1 增加约 59%，调度操作数量增长约 240%，同时需要 35 个虚拟车位。相应地，调度费用、车辆维护与折旧费用、虚拟车位租赁费用均增加，所以 Scenario5、Scenario7 对企业前期的固定投入要求较高。

供小于求关系下的模型计算结果　　　　　　表 4-10

指标	Scenario1	Scenario2	Scenario3	Scenario4	Scenario5	Scenario6	Scenario7
Total_profit	128.20	163.74	139.09	152.91	338.18	152.91	338.18
Rental_profit	186.60	192.60	213.00	234.60	237.60	234.60	237.60
User_cost	448.77	534.70	563.37	564.21	884.93	564.21	884.93
Fixed_cost	39.52	55.48	47.12	54.72	87.40	54.72	87.40
Actual_cost	18.88	18.88	18.88	18.88	18.88	18.88	18.88
Virtual_cost	0	26	0	0	70	0	70
Relocation_cost	0.00	0.00	0.00	8.09	36.64	8.09	36.64
Penalty_cost	0.00	71.50	0.00	0.00	313.50	0.00	313.50
Extra_cost	0	0	51.1	0	0	0	0
Total_D	92	92	92	92	92	92	92
Total_Q1	61	57	61	86	34	86	34
Total_Q2	0	13	0	0	57	0	57
Total_Q3	0	0	10	0	0	0	0
Total_Q	61	70	71	86	91	86	91
Satisfied_rate	66.30%	76.09%	77.17%	93.48%	98.91%	93.48%	98.91%
Total_V	52	73	62	72	115	72	115
Total_N	118	118	118	118	118	118	118
Extra_N	0	13	0	0	35	0	35
Total_R	0	0	0	27	92	27	90
Ave_profit_car	2.47	2.24	2.24	2.12	2.94	2.12	2.94

（2）供等于求关系下的模型计算结果

供等于求关系下，Scenario2 中企业利润比 Scenario1 提高约 24.6%，用户出行成本比 Scenario1 提高约 14.8%，增长幅度略低于供小于求关系下的结果；Scenario3 中企业利润比 Scenario1 提高约 8.3%，用户出行成本比 Scenario1 提高约 26.9%，与供小于求关系下的结果相比无明显变化。表明当用户需求增加时，Pattern Ⅱ 发挥的作用减弱。Scenario2、Scenario3 中用户需求满足率比 Scenario1 分别提高约 14.9%、17.9%，与供小于求关系下的结果持平。从初始投放车辆数指标来看，Scenario2、Scenario3 比 Scenario1 中投放的车辆数增加约 29.3%、15.5%，与供小于求下的结果相比有明显下降。从以上数据可以看出，与供小于求关系下的结果相比，供等于求关系下 Scenario2、Scenario3 能够在 Scenario1 基础上通过增加较少的初始投放车辆数、调度操作数量提高企业利润，表明 Pattern Ⅱ、Ⅲ 在用户需求量逐渐增加时对企业更为有利。

供等于求关系下的模型计算结果　　　表 4-11

指标	Scenario1	Scenario2	Scenario3	Scenario4	Scenario5	Scenario6	Scenario7
$Total\_profit$	148.84	185.42	161.12	194.92	409.21	194.92	409.21
$Rental\_profit$	211.80	208.80	241.20	300.00	298.80	300.00	298.80
$User\_cost$	509.38	584.66	646.52	721.50	1048.61	721.50	1048.61
$Fixed\_cost$	44.08	57.00	50.92	69.16	89.68	69.16	89.68
$Actual\_cost$	18.88	18.88	18.88	18.88	18.88	18.88	18.88
$Virtual\_cost$	0	30	0	0	68	0	68
$Relocation\_cost$	0.00	0.00	0.00	17.04	43.03	17.04	43.03
$Penalty\_cost$	0	82.5	0	0	330	0	330
$Extra\_cost$	0.00	0.00	66.43	0.00	0.00	0.00	0.00
$Total\_D$	120	120	120	120	120	120	120
$Total\_Q1$	67	62	66	109	49	109	49
$Total\_Q2$	0	15	0	0	60	0	60
$Total\_Q3$	0	0	13	0	0	0	0
$Total\_Q$	67	77	79	109	109	109	109
$Satisfied\_rate$	55.83%	64.17%	65.83%	90.83%	90.83%	90.83%	90.83%
$Total\_V$	58	75	67	91	118	91	118
$Total\_N$	118	118	118	118	118	118	118
$Extra\_N$	0	15	0	0	34	0	34
$Total\_R$	0	0	0	53	104	53	104
Ave_profit_car	2.57	2.47	2.40	2.14	3.47	2.14	3.47

Scenario5、Scenario7 中企业利润较 Scenario4 提高约 109%，用户出行成本较 Scenario4 增长约 45%，低于供小于求关系下的结果。从满足的用户数量看，Scenario5、Scenario7 中满足的第一类用户比 Scenario4 减少约 55%，该供求关系下对第一类用户需求的影响低于供小于求关系。Scenario5、Scenario7 中初始投放的车辆数较 Scenario4 增加约 29%，调度操作数量增长约 96%，同时需要 34 个虚拟车位。与供小于求关系下的结果相比，均有明显下降。说明与供小于求关系相比，供等于求关系下 Scenario5、Scenario7 能够在 Scenario4 基础上通过增加少量的固定投入实现企业利润的提高，该结果同用户自组织状态下 Scenario2、Scenario3 所呈现的结论一致。

（3）供大于求关系下的模型计算结果

供大于求关系下，Scenario2 中企业利润比 Scenario1 提高约 15.6%，用户出行成本比 Scenario1 提高约 8.6%，需求满足率比 Scenario1 提高约 8.8%，增幅均低于供小于求和供等于求关系下的结果；Scenario3 中企业利润比 Scenario1 提高约 9.6%，用户出行成本比 Scenario1 提高约 38.2%，需求满足率比 Scenario1 提高约 18.8%，增幅高于供小于求和供等于求关系下的结果，表明当用户需求大于系统能力时，Pattern Ⅲ 起到的改善租赁点借还不均衡的作用增强。从初始投放车辆数指标来看，Scenario2、Scenario3 比 Scenario1 中投放的车辆数增加约 3%、19.1%，与供小于求下的结果相比有明显下降。同样可以看出，与供小于求、供等于求关系下的结果相比，供大于求关系下 Scenario2、Scenario3 能够在 Scenario1 基础上通过增加较少的初始投放车辆数、调度操作数量提高企业利润。

Scenario5、Scenario7 中企业利润较 Scenario4 提高约 83.6%，用户出行成本较 Scenario4 增长约 26.7%，低于其他两种关系下的结果。从满足的用户数量看，Scenario 5、Scenario7 中满足的第一类用户比 Scenario4 减少约 48.6%，该供求关系下对第一类用户需求的影响低于供小于求、供等于求关系下的结果。Scenario5、Scenario7 中初始投放的车辆数较 Scenario4 增加约 6%，调度操作数量增长约 7%，同时需要 43 个虚拟车位。说明供大于求关系下 Scenario5、Scenario7 能够在 Scenario4 基础上通过增加极少量的固定投入即可实现企业利润的提高，这与供等于求关系下得出的结论一致。

通过上述分析可以发现，三种供需关系下，企业运营管理状态中的 4 种场景（Scenario4、Scenario5、Scenario6、Scenario7）在企业利润、需求满足率等方面优于用户自组织状态下的 3 种场景（Scenario1、Scenario2、Scenario3）。从用户使用的还车模式来看，使用还车模式 Pattern Ⅱ 的场景不论在系统面临任何供需关系、处于何种状态下均可以增加企业收益、提高用户需求满足率，而还车模式 Pattern Ⅲ 仅在系统处于用户自组织状态下可以提高需求满足率。表明雇佣调度员、允许用户将车辆停放在虚拟车位的还车策略对企业运营有利。用户将车辆停放在同区域其他租赁点的还车策略对系统的影响微弱，原因是用户需要承担从计划还车点到最终还车点的时间成本，企业需要负担车辆在该过程中的能耗费用。通过研究惩罚成本的变化对企业利润、用户出行成本、需求满足率等的影响，发现惩罚成本需要合理设置，过高的惩罚成本有利于提高企业收益，但是会造成用户使用共享汽车出行的成本增加。

供大于求关系下的模型计算结果　　　　　　　　　　表 4-12

指标	Scenario1	Scenario2	Scenario3	Scenario4	Scenario5	Scenario6	Scenario7
Total_profit	185.64	214.62	203.58	265.59	487.55	272.92	487.55
Rental_profit	256.20	262.20	303.00	404.40	359.40	421.80	359.40
User_cost	616.16	669.09	851.36	972.58	1232.86	1060.42	1232.86
Fixed_cost	51.68	53.20	61.56	84.36	89.68	88.16	89.68
Actual_cost	18.88	18.88	18.88	18.88	18.88	18.88	18.88
Virtual_cost	0	14	0	0	86	0	86
Relocation_cost	0.00	0.00	0.00	35.57	45.80	34.72	45.80
Penalty_cost	0.00	38.50	0.00	0.00	368.50	0.00	368.50
Extra_cost	0.00	0.00	122.64	0.00	0.00	45.99	0.00
Total_D	239	239	239	239	239	239	239
Total_Q1	80	80	71	142	73	138	73
Total_Q2	0	7	0	0	67	0	67
Total_Q3	0	0	24	0	0	9	0
Total_Q	80	87	95	142	140	147	140
Satisfied_rate	33.47%	36.40%	39.75%	59.41%	58.58%	61.51%	58.58%
Total_V	68	70	81	111	118	116	118
Total_N	118	118	118	118	118	118	118
Extra_N	0	7	0	0	43	0	43
Total_R	0	0	0	96	103	96	109
Ave_profit_car	2.73	3.07	2.51	2.39	4.13	2.35	4.13

第 5 章 考虑站点充电的车辆调度模型

5.1 充电特性分析

受到现实情况的影响,共享汽车运营方的确存在充电调度行为,比如盼达用车为其在广州铺开的电动车队配备了专门的团队,来完成把电量不足以应对次日运营的车辆开到充电站的操作。充电桩的配备不足,会在车辆供需平衡的传统调度中增加额外的充电调度问题,但短期内,这一问题无法从源头上完全解决。由于并非自建网点,且改善充电条件建设充电桩需要巨大的资金投入,不符合共享汽车运营商的利益诉求。此外,虽然国家大力推动公共充电基础设施建设,但对于已有的停车场配备充电停车位的比例要求较低,仍可能无法满足共享汽车这种较高频率的充电需求。

由此可见,一段时期内,停车位充电设施无法达到共享汽车运营所需的理想条件,这一现实使得运营商需要采取过渡性策略,考虑使用混合车队投入运营,以燃油汽车的灵活性弥补电动汽车因充电限制而导致的运营方面的不足,因而需要对车辆规模和调度联合决策,并且在车辆分配和车辆夜间静态调度中,需要考虑将车辆调到可充电站点的问题,避免电动车辆电量无法满足日间运营使用的情况。在以上条件的限制下,如何优化车辆调度并确定车辆混合配比以最大化运营商的利益成为亟待解决的问题。

5.2 考虑站点充电的动态调度和路径选择模型

5.2.1 站道充电动态调度模型构建

1. 问题假设

(1)所有需求假设已知。需求包含的信息包括需求出发站点、目的站点以及出发时间,用户的到达时间根据路网上两站点之间的最短路计算得到。一般认为还车时间与到达时间相近,在时间离散化后,可以归为同一时点。

(2)共享汽车运营商运营同质纯电动汽车车队,车队中所有车辆的充放电性能一致,即充电速率参数一致,行驶时耗电速率参数一致。充耗电量均只与时间和充电耗电速率相关。采用完全充电策略,每次从站点出发前电量充满。

(3)各路径所用行驶时间固定,无线充电车道充电量与时间相关,不考虑道路拥堵对路网旅行时间的影响。每个站点对之间由 k 短路计算出供选择的路径集,在决策站点先后经过次序的同时,也需要决策两个站点之间行驶的具体路径。

(4)已知各站点初始车辆数量,所有站点均可充电,站点充电设施完备。在无线充电得到应用时，国内充电基础设施建设基本完善，且有道路充电作为补充，共享汽车在站点充电需求相对较少，认为站点充电桩数量不再成为充电瓶颈。

（5）站点位于路网节点，各节点之间的路段的经过所用时长、充电量/耗电量由所经过的路径确定。

调度要考虑顾客需求时间以及从不同站点调度车辆所需路程。充电时间不同，可能会出于充电等综合考虑而选择可充电的非最短路，而顾客订单中由于顾客不承担保证车辆电量充足的责任，只按照自身需求选择行驶路径，默认按照最短路计算需求的行程时间和电量消耗。

（6）无线充电车道设施位于部分路段而非全部路网。充电车道的配置属于城市基础设施建设，其建设成本不由共享汽车企业承担。但车辆调度中经过充电车道时对车辆征收的费用属于调度成本，由共享汽车运营商支付。

2. 符号表示

模型主要参量如表 5-1 所示，所有站点集合为 N，虚拟站点 n_0 用于表示车辆流平衡中结束服务的车辆去向，电动汽车车辆集合为 H，假设初始时刻各车辆在站点的位置为 n_h，$n_h \in N$ 且已知。

模型主要参量		表 5-1
参量	含义	单位
H	车辆集合	—
N	站点集合	—
D	需求集合	—
O_j	出发站点	—
D_j	目的站点	—
Ot_j	出发时间	—
pt	单位里程租金价格	元/km
α_1	车辆在无线充电车道上的充电速率	—
α_2	车辆在站点的充电速率	—
β	车辆行驶时的耗电速率	—
Cs	站点充电单位时间成本	元/min
Cl	充电车道充电单位成本	元/min
Cr_a	路径 a 经过充电车道的合计充电成本	元
n_h	车辆的初始停放站点	—
S	出发站点的集合	—
K	站点数量	—
A_{ij}	i 和 j 之间的路径集合	—
e_a	路径 a 的电量消耗量	—

由于考虑路径选择问题，本身调入调出站点就需要决策，加之调入站点与调出站点的选择也要考虑到调度路径的影响，即使同一辆车在同一站点对之间的调度路径也会受到多种因素的影响而有所变化。这些因素包括车辆该次调度前后所需要服务的需求之间的时间差，前序需求的结束时间与受消耗电量影响的站点充电时长，后序需求的出发时间，两个站点之间的路径集中各条可选路径的旅行时间与经过该路径可补充或消耗电量的差异性等。因而单纯用站点作为调度路径选择的索引会出现混淆的情形，为唯一性地标识每次调度的路径选择，用车辆服务需求的次序来作为主线，将车辆行驶的整个链路串联起来。如此，一旦确定了服务需求的次序，每一对前后衔接的需求之间的调度路径的表示就具有了唯一性。

无线充电应用下共享汽车调度与路径选择模型的主要变量如表 5-2 所示。表 5-2 中 x_{sj}^h 为 0-1 变量，$s \in S$，$S=\{0 \cup K\}$，表示车辆 h 从站点 s（或者是前一个衔接需求 i 的目的站点 D_i，或者是车辆 h 的初始停放站点 n_h）前往需求 j 的出发站点 O_j，$x_{sj}^h=1$ 分为两种情况，其中 $x_{ij}^h=1$ 表示上一个需求 i 的目的站点 D_i 和下一个需求 j 的出发站点 O_j 由同一辆车前后衔接 $i \in K$，$x_{0j}^h=1$ 表示车辆服务序列的第一个需求为 j，其中当车辆初始停放位置满足 $n_h=O_j$ 时，即车辆从初始停放位置直接开始服务行程 j，否则需要调度行为来服务该需求；当满足 $D_i=O_j$ 即车辆前一个服务需求的目的站点 D_i 和下一个需求 j 的出发站点 O_j 相同，无需调度即可衔接。

模型主要变量　　　　　　　　　　　　　　　　　表 5-2

变量	含义
x_{sj}^h	0-1 变量，取 1 表示车辆 h 从站点 s 前往需求 j 的出发站点 O_j
r_{qj}^a	0-1 变量，表示在将车辆调度到用户 j 的出发站点 O_j 时选择路径 a
rs_j	表示需求 j 完成后车辆再次调度出发的时间
cbt_j	需求 j 行程前在出发站点 O_j 的充电时间
cat_j	需求 j 行程后在目的站点 D_j 的充电时间

r_{qj}^a 为 0-1 变量，$q \in Q$，$Q=\{H \cup K\}$。$r_{qj}^a=1$ 分为两种情况，当 q 取 h，$h \in H$，表示从车辆 h 的初始停放位置 n_h 到用户 j 的出发站点 O_j 选择经过路径 a，当 s 取 i，$i \in K$，表示从用户 i 的目的站点 D_i 将车辆调度到用户 j 的出发站点 O_j 选择经过路径 a。

所有需求的集合为 D，对 $\forall d_j \in D$，有其对应的 $\{O_j, D_j, Ot_j, Dt_j, b_j, p_j, c_j\}$，分别表示第 j 个需求的出发站点 $O_j \in S$，到达站点 $D_j \in S$，开始时间 Ot_j，结束时间 Dt_j，电量消耗量 b_j，电量增加 c_j，行程收益 p_j。其中后四项根据 OD 站点间最短路及相应参数计算得到。

3. 模型建立

（1）路径选择模型

以最大化运营商的利益为目标，由于所租用的站点已经确定，不考虑站点租赁和车队等固定费用，利益由运营商服务顾客的收入与变动成本构成。针对该问题建立考虑路径选择的车辆服务选择与调度模型如下。

式（5-1）表示问题的目标，目标中求和项括号内第一项 p_j 为所服务的需求相应的收益，第二项为服务该行程所需的路径上的调度成本，由所选择的路径 a（r_{qj}^a 取 1 说明选择路径为 a）上所收取的充电路段充电总费用 Cr_a 表示，第三项 Cs（cbt_j+cat_j）为站点充电成本（包括行程前后在站点进行充电的成本，分别为 $Cs\cdot cbt_j$ 和 $Cs\cdot cbt_j$）。即对安排了车辆进行服务的每一个行程，都将其所对应的相关收入减去服务它所需要进行的调度路径上和补充性站点充电的成本作为该项行程的收益，并对所有行程进行加和，得到总收益。

$$\max Z = \sum_{j=1}^{K}\left(\sum_{h=1}^{H}\sum_{s=0}^{K}x_{sj}^h p_j - \sum_{q=1}^{Q}\sum_{a\in A_{qj}}r_{qj}^a Cr_a - Cs\left(cbt_j + cat_j\right)\right) \quad (5\text{-}1)$$

1）车辆服务需求次序约束

约束（5-2）表示 $\forall j\in \mathbf{K}$，其在车辆调度或服务的次序队列中最多只出现一次，即所有用户只被一辆车服务一次或者不服务。

$$\sum_{h=1}^{H}x_{sj}^h \leq 1, \quad \forall j\in \mathbf{K} \quad (5\text{-}2)$$

约束（5-3）表示流平衡约束，对服务次序中的所有需求，都有前序和后序，对于需求 j，$\sum_{h=1}^{H}\sum_{s=0}^{K}x_{sj}^h$ 表示 j 的前序，s 包括前序是执行其他需求 i（$j\in \mathbf{K}$）i 不等于 j 的情况；或 j 无前序需求，则其前序定义为车辆 h 的初始站点 0（即 $s=0$ 表示 j 是车辆 h 服务的第一个需求），后序 $\sum_{h=1}^{H}\sum_{s=0}^{K}x_{js}^h$ 包括其他需求 j（$j\in \mathbf{K}$）或虚拟节点 0（则 $s=0$ 表示 j 是车辆 h 服务的最后一个需求）。

$$\sum_{h=1}^{H}\sum_{s=0}^{K}x_{sj}^h - \sum_{h=1}^{H}\sum_{s=0}^{K}x_{js}^h = 0, \forall j\in \mathbf{K} \quad (5\text{-}3)$$

在约束（5-4）中，对于任意车辆 h，分为两种情况，当 $s=0$ 时，表示只存在一个需求作为该车辆服务的第一个需求。当 $s=i$ 时，表示只存在一个需求作为该车辆服务的第一个需求之后接续服务的其他需求。也就是说，两个需求不可能匹配同一辆车的统一顺位次序，即车辆不会同时服务两个需求。

$$\sum_{j=1}^{K}x_{sj}^h \leq 1, \quad \forall h\in \mathbf{H} \quad (5\text{-}4)$$

约束（5-5）属于消除子回路约束，即用户只能两两接续。需求 i 和 j 之间只存在一种前后次序关系。

$$x_{ij}^h + x_{ji}^h \leq 1, \quad \forall i,j\in \mathbf{K} \quad (5\text{-}5)$$

约束（5-6）表示对任意车辆 h，只有当其确定 j 在服务队列之中，才能将 j 作为下一个行程的前序节点。

$$\sum_{i=1}^{K} x_{ji}^{h} \leqslant \sum_{s=0}^{K} x_{sj}^{h}, \quad \forall j \in K, \ h \in H, \ s \in S \tag{5-6}$$

2）路径选择与时间约束

约束（5-7）表示车辆服务第一个行程为 j 时，线性化后的 j 行程前序时间约束。当车辆 h 初始站点与 j 之间行程时间 $\sum_{a \in A_{hj}} r_{hj}^{a} t_{a}$ 加上车辆在 O_{j} 的充电时长 cbt_{i} 后仍小于 j 出发时间 Ot_{j} 时 x_{sj}^{h} 才有可能取 1。

$$\sum_{a \in A_{hj}} r_{hj}^{a} t_{a} + cbt_{j} \leqslant x_{0j}^{h} Ot_{j} + M(1 - x_{0j}^{h}), \quad \forall h \in H, \ j \in K \tag{5-7}$$

约束（5-8）表示车辆服务前后行程为 i 和 j 时，线性化后 i 和 j 之间的行程时间约束，当 Dt_{i} 与 Ot_{j} 之间时间间隔大于调度行程时间时 x_{ij}^{h} 才有可能取 1。由于 M 的存在，当 x_{ij}^{h} 取 1 时，等式左边值为 $Ot_{j} - Dt_{i}$，若 $Ot_{j} - Dt_{i} \geqslant t_{a}$，则 r_{ij}^{a} 可以取 0 或 1；若 $Ot_{j} - Dt_{i} < t_{a}$，则要使约束成立 r_{ij}^{a} 只能取值为 0。

$$M(1 - x_{ij}^{h}) + x_{ij}^{h}(Ot_{j} - Dt_{i}) \geqslant t_{a} r_{ij}^{a}, \quad \forall h \in H, \ j \in K, \ a \in A_{ij} \tag{5-8}$$

3）路径选择与调度约束

约束（5-9）表示当且仅当有车辆将 j 作为第一个行程时，从 n_{h} 到 O_{j}（x_{0j}^{h} 取 1）时，才会在 n_{h} 到 O_{j} 站点之间的路径集中选取一条路径（$\sum_{a \in A_{hj}} r_{hj}^{a}$ 取 1）。

$$\sum_{a \in A_{hj}} r_{hj}^{a} = x_{0j}^{h}, \forall j \in K, \ h \in H \tag{5-9}$$

约束（5-10）表示当且仅当有车辆承担 s 到 j 之间的调度任务（$\sum_{h=1}^{H} x_{ij}^{h}$ 取 1）时，才会在 s 和 j 对应站点之间的路径集中选取一条路径（$\sum_{a \in A_{ij}} r_{ij}^{a}$ 取 1）。

$$\sum_{a \in A_{ij}} r_{ij}^{a} = \sum_{h=1}^{H} x_{ij}^{h}, \forall j, \ i \in K \tag{5-10}$$

4）站点调度与充电时间约束

约束（5-11）表示调度出发时间与行程时间约束关系。

$$rs_{i} \geqslant Dt_{i} + cat_{i}, \forall i \in K \tag{5-11}$$

约束（5-12）表示 i 行程前站点充电时长小于 i 需求完成后的调度出发时间与车辆到达站点时刻之间的时间差。

$$cbt_{i} + rs_{j} + t_{a} r_{ji}^{a} + M\left(\sum_{h=1}^{H} x_{ij}^{h} - 1\right) \leqslant Ot_{i}, \quad \forall i, \ j \in K, \ a \in A_{ji} \tag{5-12}$$

约束（5-13）表示为服务 j 订单调度所消耗的电量，在到达 j 出发点 O_{j} 后补充相应的电量再出发。站点充电速率 α_{2} 与 j 行程出发前在其出发站点 O_{j} 的充电时长 cbt_{j} 的乘积即所能补充的电量，应不小于调度车辆到达 O_{j} 所需的电量消耗。该电量消耗量由所选路径

的电量消耗量 $\sum_{q=1}^{Q}r_{qj}^{a}e_{a}$ 表示（e_a 代表路径 a 的电量消耗量）。

$$a_2 cbt_i \geq \sum_{q=1}^{Q} r_{qj}^a e_a, \forall j \in K, \ a \in A_{qj} \tag{5-13}$$

约束（5-14）表示 i 行程后站点充电时长小于调度出发时间与车辆到达站点的时间差。

$$\sum_{j=1}^{K}\sum_{h=1}^{H}x_{ij}^h Dt_i - T\left(1-\sum_{j=1}^{K}\sum_{h=1}^{H}x_{ij}^h\right) \leq rs_i - cat_i, \ \forall i \in K \tag{5-14}$$

约束（5-15）表示为服务 j 订单所消耗的电量，在到达 j 到达点后补充相应的电量再出发。

$$a_2 cat_i \geq \sum_{s=0}^{K} x_{sj}^h b_j, \forall j \in K \tag{5-15}$$

5）变量取值约束

约束（5-16）~约束（5-18）表示变量取值约束。其中 r_{sj}^a 和 x_{sj}^h 都是 0-1 变量。

$$r_{sj}^a \in \{0, 1\} \tag{5-16}$$

$$x_{sj}^h \in \{0, 1\} \tag{5-17}$$

$$cbt_i 、 rs_i 、 cat_i \in N \tag{5-18}$$

（2）基线对比模型

为进一步说明模型应用价值，在 5.2.2 节中的部分案例分析中，本节以无路径选择的无线充电条件下共享汽车调度模型为基准水平进行对比分析。将无路径选择的调度模型构建如下，其中不考虑路径选择，因而模型表达稍有不同，具体为：

$$\max Z' = \sum_{h=1}^{H}\sum_{s=0}^{K}\sum_{j=1}^{K} x_{sj}^h [p_j - c_{sj} - Cs(cbt_j + cat_j)] \tag{5-19}$$

为了便于对比，基线模型目标函数仍以最大化运营商利润为目标，该目标由服务需求的收益减去相应的调度成本减去站点充电成本构成。其中调度成本在每一对站点之间为固定值，取最短路所对应的成本。式（5-19）为不考虑路径选择的基线模型的优化目标表达式，含义是将运营商的利润最大化，其中第一项和第三项与式（5-1）的目标中含义相同，而第二项中出现的常数参量 c_{sj}，表示 x_{sj}^h 所对应的最短路路径行驶成本。

约束（5-20）至约束（5-24）与路径选择模型相同。

$$\sum_{h=1}^{H} x_{sj}^h \leq 1, \ \forall j \in K \tag{5-20}$$

约束（5-21）表示流平衡约束，对服务次序中的所有需求，都有前序和后序，

$\sum_{h=1}^{H}\sum_{s=0}^{K}x_{sj}^{h}$ 表示 j 的前序，包括其他需求 $s \in \boldsymbol{K}$ 或车辆 h 的初始站点 $s=0$，表示 j 是车辆 h 服务的第一个需求，后序 $\sum_{h=1}^{H}\sum_{s=0}^{K}x_{js}^{h}$ 包括其他需求 $s \in \boldsymbol{K}$ 或虚拟节点 $s=0$，表示 j 是车辆 h 服务的最后一个需求。

$$\sum_{h=1}^{H}\sum_{s=0}^{K}x_{sj}^{h} - \sum_{h=1}^{H}\sum_{s=0}^{K}x_{js}^{h} = 0, \forall j \in \boldsymbol{K} \quad (5\text{-}21)$$

约束（5-22）表示对于任意车辆 h，分为两种情况，当 $s=0$ 时，表示只存在一个需求作为该车辆服务的第一个需求。当 $s=i$ 时，表示只存在一个需求作为该车辆服务的第一个需求之后接续服务的其他需求。也就是说，两个需求不可能匹配同一辆车的统一顺位次序，即车辆不会同时服务两个需求。

$$\sum_{j=1}^{K}x_{sj}^{h} \leq 1, \quad \forall h \in \boldsymbol{H} \quad (5\text{-}22)$$

约束（5-23）属于消除子回路约束，即用户只能两两接续。需求 i 和 j 之间只存在一种前后次序关系。

$$x_{ij}^{h} + x_{ji}^{h} \leq 1, \quad \forall i, j \in \boldsymbol{K} \quad (5\text{-}23)$$

约束（5-24）表示对任意车辆 h，只有当其确定 j 在服务队列之中，才能将 j 作为下一个行程的前序节点。

$$\sum_{i=1}^{K}x_{ji}^{h} \leq \sum_{s=0}^{K}x_{sj}^{h}, \quad \forall j \in \boldsymbol{K},\ h \in \boldsymbol{H},\ s \in \boldsymbol{S} \quad (5\text{-}24)$$

约束（5-25）表示如果车辆服务的第一个需求为 j（$x_{0j}^{h}=1$），则该车辆的初始停放站点与需求 j 的出发站点 O_j 之间的最短路旅行时间 t_{hj} 加上车辆在 O_j 的充电时长 cbt_j 后，应小于需求 j 的预计出发时刻 Ot_j。

$$x_{0j}^{h}t_{hj} + cbt_j \leq Ot_j, \quad \forall h \in \boldsymbol{H},\ j \in \boldsymbol{K} \quad (5\text{-}25)$$

约束（5-26）表示调度出发时间与行程时间约束关系，与路径选择模型相同。

$$rs_i \geq Dt_i + cat_i, \forall i \in \boldsymbol{K} \quad (5\text{-}26)$$

约束（5-27）表示 i 行程后站点充电时长小于调度出发时间与车辆到达站点的时间差，与路径选择模型相同。

$$\sum_{j=1}^{K}\sum_{h=1}^{H}x_{ij}^{h}Dt_i - T\left(1 - \sum_{j=1}^{K}\sum_{h=1}^{H}x_{ij}^{h}\right) \leq rs_i - cat_i, \quad \forall i \in \boldsymbol{K} \quad (5\text{-}27)$$

约束（5-28）表示为服务 j 订单所消耗的电量，在到达 j 到达点后补充相应的电量再出发，与路径选择模型相同。

$$\alpha_2 cat_j \geqslant \sum_{s=0}^{K} x_{sj}^h b_j, \forall j \in \boldsymbol{K} \qquad (5-28)$$

约束（5-29）表示车辆服务前后行程分别为 i 和 j 时，线性化后 i 和 j 之间的行程时间约束，当 rs_i 与 Ot_j 之间时间间隔大于调度行程时间时 x_{ij}^h 才有可能取 1。

$$t_{ij} + rs_i + cbt_j \leqslant \sum_{h=1}^{H} x_{ij}^h Ot_j + M\left(1 - \sum_{h=1}^{H} x_{ij}^h\right), \forall h \in \boldsymbol{H}, j \in \boldsymbol{K} \qquad (5-29)$$

约束（5-30）计算了行程后站点充电时间，表示在到达 j 出发点 O_j 后补充为服务 j 订单所调度消耗的电量再出发。

$$a_2 cbt_j \geqslant \sum_{h=1}^{H}\sum_{s=0}^{K} x_{sj}^h t_{sj}, \forall j \in \boldsymbol{K} \qquad (5-30)$$

约束（5-31）和约束（5-32）为变量取值约束。

$$x_{sj}^h \in \{0, 1\} \qquad (5-31)$$

$$cbt_i, rs_i, cat_i \in \boldsymbol{N} \qquad (5-32)$$

5.2.2 站道充电动态调度算例分析

在数值试验中，所使用的个人电脑的配置为 Intel Core Duo 3.4 GHz CPU，使用 python3.6 语言调用 CPLEX 12.9 对该模型进行求解。

1. 路网与参数设置

以经典的 Nguyen–Dupuis 路网为参考，路网上有 13 个路段节点，19 个路段，从路段节点中选取站点，站点数量设置为 $N=4$，设定运营时间包括 $T=30$ 个时段，其中每个时段 $\Delta t=30\min$。设定 4-8 和 9-2 为主干道，在主干道上铺设了无线充电装置，各路段旅行时间以 Δt 为单位赋权值，如图 5-1 所示。路径集中每个站点 OD 对之间有 3 条最短路径备选。

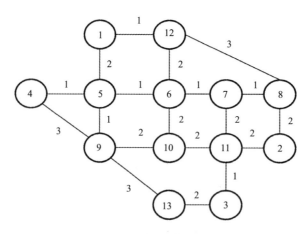

图 5-1 路网路段分布图

纯电动汽车车队规模基线水平为 H=25，设定顾客需求规模为 K=100，OD 对在 $[1, N]$ 内随机选取，行程出发时间为在 $[1, T]$ 内随机选取，由于顾客不考虑走较远路径进行车辆充电的问题，合理认为顾客行程所用时间通过最短路计算得到。路段充电速率 α_1=15kWh/Δt，站点充电速率 α_2=10kWh/Δt，路段耗电速率 β=5kWh/Δt，充电成本中站点充电成本为 C_s=0.1 元 /min，车道充电成本 C_l=0.1 元 /min，单次行程收取租金单价为 pr=1.2 元 /min。

基于以上路网和站点设置情况，利用 k 短路原则，每一对 OD 点之间计算 3 条最短车辆行驶路径，按照图 5-1 中展示的路段阻抗赋值进行计算，得到各 OD 对之间的路径集合。以此作为输入，在路径选择中，每个 OD 对之间有路径集中的 3 条路径可供选择。同时，车辆服务需求的路径也是另一种形式的车辆路径选择。站点间路径集结果展示在表 5-3 中。4 个共享汽车站点构成 6 个 OD 对，每个 OD 对之间有 3 条路径可供选择，路径选择变量为 0-1 变量，同一个站点 OD 对之间可能有多次路径选择出现。

表 5-3 中第一列为 OD 对的名称，第二列为路径经过节点，第三列为路径长度，以时间为单位。

站点间路径集　　　　　　　　　　表 5-3

OD 对	路径经过节点	路径长度
1-4	[1-5-4]	3
	[1-12-6-5-4]	5
	[1-5-9-4]	6
1-8	[1-12-8]	4
	[1-5-6-7-8]	5
	[1-12-6-7-8]	5
1-10	[1-5-9-10]	5
	[1-12-6-10]	5
	[1-5-6-10]	5
4-8	[4-5-6-7-8]	4
	[4-5-1-12-8]	7
	[4-5-6-12-8]	7
4-10	[4-5-6-10]	4
	[4-5-9-10]	4
	[4-9-10]	5
8-10	[8-7-6-10]	4
	[8-7-11-10]	5
	[8-2-11-10]	6

2. 验证性实验结果

选取站点数量为 $N=4$，以节点 1、4、8、10 为例，同一 OD 对之间路径集一致，即 1 到 4 和 4 到 1 选用同一路径集，根据 k 短路原则计算出选定 OD 对之间路径如表 5-3 所示。设定车队规模 $H=10$ 辆，需求规模 $K=50$ 个，各 OD 对之间路径集中按路径长度对路径进行排序。不考虑路径选择时，每个 OD 对之间以其最短路的路径旅行时间作为站点之间的固定行程时间。

利用 python3.6 语言，调用 numpy 库随机产生 50 个需求，每个需求的出发站点 O 和目的站点 D 均在 $[1, N]$ 内随机选取，行程出发时间为在 $[1, T]$ 内随机选取，对决策出的共享汽车车辆服务衔接与调度方案进行整理后，其中 5 辆车的行程次序与路径选择示例见表 5-4。

行程次序与路径选择示例（部分结果） 表 5-4

车辆编号	路径服务序号	路径顺序编号
1	[1]-7-5-25-2-18	—
	[1]-7	1
	5-25	2
	25-2	3
	2-18	3
2	[2]-0-43-26-41	—
	[2]-0	1
	0-43	1
	43-26	1
	26-41	1
3	[3]-47-24-34	—
	[3]-47	1
	47-24	2
	24-34	1
4	[4]-23-15-6-1	—
	[4]-23	1
	23-15	2
	15-6	1
	6-1	1
5	[5]-37-9-46-32	—
	[5]-37	1
	37-9	2
	9-46	1
	46-32	1

表 5-4 的第一列为车辆编号,第二列为路径服务序号,第三列为路径顺序编号。结果表明的确有部分衔接或调度中选择并非最短路的其他路径,在该部分结果中占据比例为 1/4。且其中选择次短路的次数多于第三短路的次数。

3. 关键参数分析

(1)车队规模敏感性分析

在基于站道充电的电动车队动态调度与路径选择模型中,并未涉及车队规模的决策,因而在算例中,将车辆规模作为关键参数,通过变动该参数,探究车辆规模与利润和服务水平的关系。同时,当车队规模增长,可用资源增多,能够满足更多的需求,服务的需求数量需要随之扩展,才能衡量出车队规模随利润增长的影响范围。因而对车队规模进行敏感性分析时还需要和需求规模的参数变动相结合。

如图 5-2 所示,车队规模 H 在 [10,30] 范围内变动,需求规模 k 在 [30,100] 范围内变动,分析车队规模与需求量规模对运营商利润的影响水平。

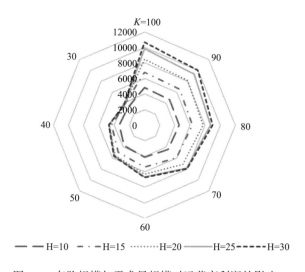

图 5-2 车队规模与需求量规模对运营商利润的影响

图 5-2 中不同样式的线表示不同车队规模,雷达图的 8 个维度分别表示不同的需求规模。在同一需求规模下,从维度的节点切一条线,可以看到不同颜色的线条随着雷达图的半径变大而向更高值变化,但变化差值逐渐减小。反映的是随着车队规模扩大,利润率逐渐增长,在车队规模为 20~30 辆时增速放缓,在车队规模为 25 辆时已经接近车队规模为 30 辆时的利润水准。若考虑到前期投入,车队规模为 25 辆是较为经济性的选择。

当分别固定车队规模 H 和需求规模 K,同一参数下的顾客需求随机产生,结果如图 5-3 所示。图中 X 轴代表需求规模,Y 轴代表车队规模,Z 轴代表需求服务量。

随着需求规模在 [40,100] 内变化,共享汽车的需求服务量呈现上升趋势,在 [40,60] 需求规模范围内提升相对显著,说明在车队规模为 15 辆时,需求规模低于 70 的范围内,车辆的服务能力还未得到较好的利用,在 [70,100] 需求规模范围内呈平稳上升趋势,最终需求服务量不超过 60 个,表明在这种情况下车辆平均服务次数接近 4 次。

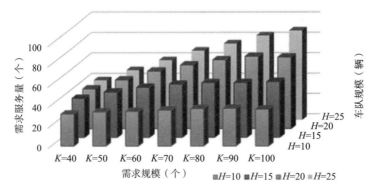

图 5-3　车队规模与需求规模对需求服务水平的影响

（2）路网无线充电车道（Wireless Charging Lane，简称 WCL）配置充电敏感性分析

以基线模型为对比，分析无线充电车道配置长度占总路网长度的比例对两种模型决策结果（利润和服务量指标）的影响，结果展示在图 5-4 中。

图 5-4 表明，随着 WCL 路段的增加，运营利润和需求服务量呈阶梯式上升，说明了无线充电应用为单向共享汽车运营带来了效益提升的空间，其中利润提升量受无线充电车道配置比例影响较大。

可以观察到，在充电路段总里程占比达到 18/32～20/32 时，利润与需求服务量均达到瓶颈期，再次提高 WCL 路段总里程占比后，利润和需求服务量指标呈现轻微波动。在一定程度上说明，当城市路网中无线充电车道配置比例达到该水平，能够较为充分地发挥无线充电车道对共享汽车运营效率的辅助作用，此时外部基础设施所能提供的剩余提升空间较小。

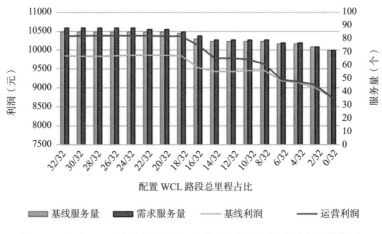

图 5-4　配置 WCL 路段总里程占比对运营利润与需求服务量的影响

在配置无线充电车道的城市路网中，本模型在单向共享汽车的运营利润和需求服务量方面的指标与不考虑路径选择的基线模型相比均有所提升。在不配备无线充电车道，即路网 WCL 路段长度为 0 的情况下，有无路径选择并不影响运营商对服务选择的决策结

果，因而两个模型的最优利润和相应的需求服务量在同一水平。随着城市路网配置 WCL 路段的比例的增加，两个模型在利润和服务量方面的差距逐渐显著，而在达到瓶颈期后则有所收缩。两个曲线之间这部分差值体现的是路径选择的价值。

5.3 考虑站点充电的车队规模与静态调度

5.3.1 站点充电静态调度模型构建

1. 问题假设

所研究的问题基于以下假设：

（1）单位车辆的收益与行驶的里程相关。所有车辆收取的单位里程租金相同，单位成本则因车辆类型而存在差异，燃油车与燃油费用相关，电动车与电量费用相关。根据实际情况，单位里程内燃油车燃油成本高于电动车所耗电量对应成本。

（2）燃油汽车可行驶里程较长，加油操作时间也较短，并不像电动汽车那样受到站点设施的限制，本节中只需要考虑站点的燃油车与电动车总车辆数受站点停车位约束的问题。一般在实际中，燃油车会提供加油卡，由顾客在行程中经过加油站点完成加油操作，加油费用由企业支付，在实际计算中均摊到里程。

（3）运营结束后，对于需求完成后引起的站点车辆不平衡问题进行车辆调度处理，使得各站点车辆分布恢复到决策出的最佳配置方案状态。

本节考虑的背景是基于共享汽车公司采用夜间调度策略的情况下，即对车辆的调度发生在运营时段末（或是需求低峰），大部分需求已经服务完毕，站点车辆数量因为需求的随机性而产生不同的分布，运营商根据具体站点分布情况进行静态调度，将车辆分布再平衡，同时使得电动汽车调度至配置了充电桩的站点，有条件进行夜间充电以保证续航里程。不考虑员工调度，因而调度成本只与相应的燃油或电力消耗的成本有关。

（4）所有调度行程均不考虑路网状况。每个 OD 对之间调度的行驶里程为固定值，调度成本只考虑燃料（燃油或电）成本。

在本节所解决的夜间调度问题中，运营的要求是只要在次日运营开始前完成调度即可，对调度的时限性要求较低，因而路网状况对行程时间的影响不在研究范围内。

（5）需求本身不考虑出发时间和到达时间等属性，所给定的只是运营开始和结束时的 OD 分布和相应的行程距离（该行程距离大于两站点之间的距离）。假设需求具有某种分布，且概率已知。

（6）站点充电能力即配备充电桩数量。各站点的停车位数量与充电桩数量均具有异质性，有一定比例的站点不具备充电能力。

现实条件中通常是运营商签订协议的一部分公共或商业停车场停车位会按一定比例配备充电桩，而共享汽车站点还包括一定比例的路边公共停车位，这类站点受到场地限制，一般不配置充电桩，属于不可充电停车位。

（7）该问题所求得期望值下的共享汽车规模会在投资成本与充分满足需求之间寻求平衡。尤其由于需求具有随机性，在需求量较高的随机情境中，会有不低的可能性存在某些需求不被服务的情况。将服务顾客需求的数量作为服务水平的衡量指标，对未能满足的需求进行惩罚。

2. 参数符号

模型主要参量见表5-5。由于存在两种类型的车辆，不同车辆类型的车辆购置费用 c_{car}^m 和车辆行驶成本 c^m 参数用 m 进行区分，其中 $m=1$ 表示电动车辆，$m=2$ 表示燃油车辆。

w_i 表示共享汽车站点 i 的停车位容量，是共享汽车车辆调度模型中常见的参量。在本节中，由于考虑到站点充电设施的异质性，将站点分为两类，一类是可充电站点，一类是不可充电站点，用符号 a_i 表示。$a_i=1$ 表示站点 i 具备充电能力，反之则表明站点 i 没有带充电桩的停车位，无法为在该站点停留的电动车辆提供充电服务。w_i^e 定义了站点 i 的可充电停车位容量，也即配备的充电桩数量。其关系由式（5-33）表示。

$$w_i^e \leqslant w_i \cdot a_i, \quad \forall i \in N \tag{5-33}$$

式（5-33）表明，当 $a_i=1$，站点的可充电停车位数量范围为 $w_i^e \in (0, w_i]$；当 $a_i=0$，站点的可充电停车位数量 $w_i^e=0$。

模型主要参量　　　　　　　　　　　　　表 5-5

参量	含义	单位
M	车辆类型集合	—
N	站点集合	—
K	随机情景集合	—
S	总可用车辆数	pcu
pt	单位里程租金价格	元/km
c^1	电动里程单位电量成本	元/km
c^2	燃油车辆单位燃油成本	元/km
c_{car}^1	电动车辆单位车辆成本	元/pcu
c_{car}^2	燃油车辆单位车辆成本	元/pcu
d_{ij}^k	k 情景下站点 i 到 j 的需求	—
l_{ij}	站点 i 到 j 之间距离	km
ls_{ij}	车辆从站点 i 到 j 期间所服务的需求的总行程里程	km
w_i	站点 i 的停车位容量	个
a_i	站点 i 是否配备可充电设施	—
w_i^e	站点 i 的可充电停车位数目	个
c^{pen}	未服务需求的惩罚系数	—
q_{ij}^1	电动车辆从站点 i 到站点 j 的租金收入	元
q_{ij}^2	燃油车辆从站点 i 到站点 j 的租金收入	元

基于站点充电的混合车队车辆规模与静态调度模型中,决策变量分为第一阶段变量和第二阶段变量。第一阶段的变量是随机变量实现前需要决策的变量,第二阶段决策的变量是随机需求产生后的需要根据随机需求的具体实现情况以及第一阶段的决策方案结果而进行决策的变量。第一阶段变量 x_i^m 是第二阶段模型中的参数,第一阶段变量与随机情景无关,第二阶段变量为各随机情景 k 下的变量,包括 r_{ij}^{km} 和 z_{ij}^{km},其具体含义如表5-6所示。

模型主要变量　　　　　　　　　　　　　　　　　　　　　　　　　　　表 5-6

变量	含义	单位
x_i^1	站点 i 分配电动车辆数	pcu
x_i^2	站点 i 分配燃油车辆数	pcu
r_{ij}^{k1}	k 情景下服务站点 i 到 j 的需求的电动车辆数	pcu
r_{ij}^{k2}	k 情景下服务站点 i 到 j 的需求的燃油车辆数	pcu
z_{ij}^{k1}	k 情景下站点 i 到 j 的调度的电动车辆数	pcu
z_{ij}^{k2}	k 情景下站点 i 到 j 的调度的燃油车辆数	pcu

3. 模型建立

运营商做决策时会考虑其收益,即共享汽车收取用户的租金与前期投资和运营所需成本之间的差值。考虑到企业的长远发展,服务水平也是一个重要的考量指标。目标为最小化运营商总成本,总成本分为第一阶段的前期投资成本和第二阶段的期望运营成本。前期投资成本即车辆购置成本;期望运营成本为服务用户需求的成本减去收入,再加静态调度成本及未服务需求的惩罚成本。其中,收入为顾客支付的租金,按里程计费。

第一阶段决策变量是随机事件发生前所要决策的内容,即在用户需求发生前,各个站点所要配置的电动汽车和燃油汽车的数量;第二阶段决策变量是在随机事件发生后的补偿,即决策变量为各站点之间服务顾客需求和调度的车辆数量。

模型中第一阶段的决策属于前期投入的决策,因而在确定站点车辆分配时需要考虑单向共享汽车站点的规模及其配备充电设施的数量限制;同时,考虑运营商的预算限制。运营期间收益由服务里程乘以单位里程定价与所用车辆成本之差计算得到。式(5-34)中 q_{ij}^m 表示车辆从站点 i 出发,最后到达目的站点 j 期间行程的运营商净收益。

$$q_{ij}^m = (pt - c^m) \, ls_{ij}, \quad \forall i, j \in N, \ m \in M \tag{5-34}$$

据此,将所研究的问题建立模型如下。

第一阶段模型为:

$$\min_x \sum_{i=1}^N (c_{car}^1 x_i^1 + c_{car}^2 x_i^2) + Q(x_i^1, x_i^2) \tag{5-35}$$

式（5-35）表示目标函数为第一阶段成本加第二阶段期望成本。其中第一阶段成本为日均车辆投资成本，第一项为各站点配置的电动汽车的日均固定成本，第二项为各站点配置的燃油汽车的日均固定成本。第二阶段期望成本为运营的变动成本，受到第一阶段决策变量的影响。

约束（5-36）表示任意站点 i 的电动汽车和燃油汽车车辆总数不超过站点容量，对于任意站点，其停车位数量即站点容量，车辆总数显然不能超过可用停车位数量，此为共享汽车调度模型中的常用约束。

$$(x_i^1 + x_i^2) \leq w_i, \ \forall i \in N \tag{5-36}$$

约束（5-37）表示所有站点车辆总数不超过系统可用车辆总数，即车辆预算规模。运营商在考虑车辆规模或车辆配比时，会考虑其资金预算，避免过高的前期投入成本。

$$\sum_{i=1}^{N}(x_i^1 + x_i^2) \leq S \tag{5-37}$$

约束（5-38）为停车位数量限制约束，表示各站点的电动汽车车辆数不超过其所配置的可充电停车位。该项约束为本模型所考虑的特殊约束之一，表明站点的充电能力不足，对站点车辆规模的限制符合实际运营情况。

$$\sum_{m=1}^{M} r_{ij}^{km} \leq d_{ij}^{k}, \ \forall i, j \in N, \ k \in K \tag{5-38}$$

第一阶段模型如上，在总目标的第二项中，涉及第二阶段的各随机需求情景的期望成本。将需求情景由 $k \in K$ 表示，第二阶段目标函数为最小化所有情景下的运营阶段的总期望成本，第一阶段模型的解作为第二阶段模型的输入，影响第二阶段的决策，而第二阶段模型的最优解同时影响第一阶段的解，得到考虑随机需求及其影响下的两阶段决策。

据此，构建第二阶段模型。为简化目标函数，将两种车辆类型定义为 $m \in M$，$m=1$ 代表电动汽车，$m=2$ 代表燃油汽车，对两种类型车辆均适用的约束进行统一表示。

式（5-39）为第二阶段目标函数，是各情景 k 下的运营成本乘以对应各需求情景 k 的概率 p^k 得到的第二阶段期望总成本。各情景下的运营成本由三部分组成，式中第一项为调度成本，第二项为租金收入，第三项为未满足需求的惩罚项。

$$Q(x_i^1, x_i^2) = \min_{r, z} \sum_{k=1}^{K} p^k \left[\sum_{i=1}^{N} \sum_{j=1}^{N} \sum_{m=1}^{M} c^m l_{ij} z_{ij}^{km} - \sum_{i=1}^{N} \sum_{j=1}^{N} \sum_{m=1}^{M} q_{ij}^{m} k_{ij}^{km} + \sum_{i=1}^{N} \sum_{j=1}^{N} c^{pen} \left(d_{ij}^{k} - \sum_{m=1}^{M} r_{ij}^{km} \right) \right] \tag{5-39}$$

约束（5-40）为站点车辆数守恒约束，表示对任意站点 $i \in N$，任意随机情景 $k \in K$，任意类型车辆 $m \in M$，用户取还车和运营商车辆调度后的车辆数与初始安排车辆数相当，令各站点车辆分布在经过静态调度后恢复第一阶段决策的最优车辆分配状态。其中 $\sum_{j=1}^{N} r_{ij}^{km}$ 是对所有目的站点 j 的从站点 i 出发前往站点 j 的车辆数 r_{ij}^{km} 进行求和，表示站点

i 流出的服务需求的总车辆数。$\sum_{j=1}^{N}r_{ji}^{km}$ 则相反，是对站点 i 流入的服务需求的车辆数进行求和。同样地，第三项和第四项分别表示站点 i 流出的调度总车辆数和站点 i 流入的调度总车辆数。

$$-\sum_{j=1}^{N}r_{ij}^{km}+\sum_{j=1}^{N}r_{ji}^{km}-\sum_{j=1}^{N}z_{ij}^{km}+\sum_{j=1}^{N}z_{ji}^{km}=0, \forall i \in N, \ k \in K, \ m \in M \quad (5\text{-}40)$$

约束（5-41）为车辆服务需求约束，表示各需求的 OD 对之间实际服务量不超过对应需求。其中用于服务的车辆包括燃油汽车和电动汽车两种，因而此处对车辆类型进行求和。

$$\sum_{m=1}^{M}r_{ij}^{km} \leqslant d_{ij}^{k}, \ \forall i, j \in N, \ k \in K \quad (5\text{-}41)$$

约束（5-42）表示可用车辆约束，即安排电动汽车或燃油汽车服务用户某需求，需要符合该站点的可用车辆的数量限制。该约束对于两种类型的车辆均需成立，且当两种车辆的该约束分别成立，则车辆总数的可用约束也自然成立。

$$\sum_{j=1}^{N}r_{ij}^{km}+\sum_{j=1}^{N}z_{ij}^{km} \leqslant x_{i}^{m}, \ \forall i \in N, \ m \in M \quad (5\text{-}42)$$

约束（5-43）为变量取值约束。

$$r_{ij}^{km}, \ x_{i}^{m}, \ z_{ij}^{km} \in N, \ \forall i, j \in N, \ k \in K, \ m \in M \quad (5\text{-}43)$$

以上公式共同构成基于站点充电的混合车队车辆规模与静态调度两阶段随机规划模型。

4. 服务策略

研究表明，用户使用意愿会受到共享汽车服务水平的影响，因而保证服务水平是运营商长期良性发展的重要诉求。为了衡量服务水平提升所带来的成本增加或者利润下降，在模型中加入一个最低服务水平约束（5-44）。

用 $Q_{\min}$ 表示服务需求的最低比例，规定所服务的总需求不低于该比例，并将未服务需求的惩罚系数设为 0，求得对应的利润最大化的最优解，以观察各个服务水平约束下对最大利润的影响，其余参数不变。

约束（5-44）表示对所有情境下、所有站点之间、两种类型的车辆所服务的需求进行求和后，所服务的需求的总量占总需求的比例不低于所规定的最小服务水平指标 $Q_{\min}$。

$$\sum_{k=1}^{K}\sum_{i,j=1}^{N}\sum_{m=1}^{M}r_{ij}^{km} \geqslant Q_{\min}\sum_{k=1}^{K}\sum_{i,j=1}^{N}d_{ij}^{k} \quad (5\text{-}44)$$

5.3.2 站点充电静态调度算例分析

在数值试验中，所使用的个人电脑的配置为 Intel Core Duo 3.4 GHz CPU，使用 python3.6 语言调用 CPLEX 12.9 对该模型进行求解。

1. 参数设置

在只有一个运营商的单向共享汽车系统中，设置站点数量为 50 个。根据对 GoFun、EVCARD 等多个共享汽车公司运营中的网点数据的调查，共享汽车站点容量一般在 4~10 之间。据此设定各站点的停车位数量在 [4,10] 之间随机选取，且其中 7 个为不可充电站点，1 个为充电桩完备站点，其余站点充电桩数量在 1~4 之间。

设置 4 个不同水平的需求情景以模拟日常需求量，考虑 OD 对中大部分站点之间不存在对应需求，需求量特征基本符合 Gamma 分布，各站点对之间的需求量由 python3.6 语言调用 numpy 库产生服从 Gamma 分布的随机数生成，其中一般需求情景下站点取车需求设形状参数为 0.5，而一低、一中、一高需求情景下站点需求总数分别设为基线需求水平的 0.5、0.75 和 1.25 倍，共 4 个不同需求水平的情景作为输入。此处以共享汽车中使用较为普遍的燃油汽车和电动汽车价格作为参考，假设车辆运营年限为 5 年，燃油汽车市场价格为 10 万元左右，对应日平均成本为 50 元。电动汽车价格约为 12 万元，对应日平均成本为 65 元。据此，设电动汽车日均成本 c_{car}^1=65 元，燃油汽车日均成本 c_{car}^2=50 元。

表 5-7 为常见共享汽车品牌的收费情况统计。由于各个共享汽车公司没有统一的收费标准，为便于计算，假设车辆行驶平均速度一定，将行驶时间折合为行驶里程，按行驶里程向用户收取服务需求的租金，设置单位里程租金费用 pt=1.2 元/km，调度费用为对应调度行驶里程消耗的电费和燃油费用，分别按照车辆百公里行驶的燃油费用和电力费用，将两个参数分别设定为：电动汽车单位里程调度费用 c^1=0.1 元/km，燃油汽车单位里程调度费用 c^2=0.4 元/km。令服务用户需求的平均里程 ls 与站点之间距离 l 的比值为日均里程比 n，调整 n 的值以考察随着车辆平均日服务里程的提高（随着共享车辆行业的发展成熟，这是可以预见的前景），运营商的利润和服务水平相应变化。在只变动其他参数时，n 设为 4。

部分共享汽车公司的租金规则与车辆类型　　　　表 5-7

共享汽车品牌	最低价格（特定车型）	押金	车辆类型
GoFun 出行	0.1 元/min +1 元/km	699 元	电动/燃油
EVCARD	0.5 元/min	1000 元	电动
TOGO	0.15 元/min +0.99 元/km	1500 元	燃油
盼达用车	19 元/h	1000 元	电动
神州 icar	0.19 元/min +0.99 元/km	3000 元	燃油
立刻出行	0.1 元/min +1 元/km	499 元	电动/燃油
Car2share	4.8 元/0.5h +1.2 元/km	500 元	电动/燃油

2. 关键参数敏感性分析

（1）日均里程比敏感性分析

对于共享汽车运营商而言，其关注于自身提供服务的收益与成本之间的关系。在重资产配置（车队规模化）不可避免的情况下，充分利用车队资源，需要提高车队运营效率，提高车辆服务里程。车队的单车单日平均服务次数是车辆运营效率的其中一个衡量指标。当用户需求更加密集，车辆单车服务次数增加，会对运营商的运营和调度提出更高的要求。

新增参数日均里程比 n，表示平均车辆单日服务里程与站点平均里程之比，通过变动这一指标，模拟需求特征变化，观察其对日行程收益、调度成本、车辆规模、利润以及服务水平的影响。如图 5-5 所示，随着单位车辆单日服务里程的增加（日均里程比 n 的增大），共享汽车运营服务的收益也有所增长，这是符合实际情况的。

随着单位车辆单日服务里程的增加，共享汽车运营商呈现盈利趋势。但在行程收益增长的同时，利润却并非一直遵循相同的规律，在单日服务里程达到某一水平后，在图中的拐点处出现短暂的下降，未满足需求量也明显下降，表征服务水平的提升。这体现了运营商的长期利益（服务水平）和短期利益（利润）之间的平衡。

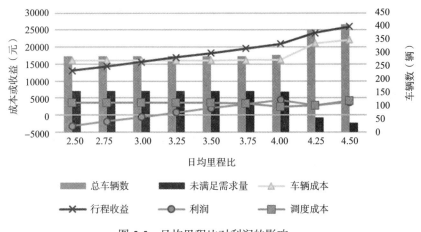

图 5-5　日均里程比对利润的影响

综合图 5-5 和图 5-6 来看，前期需求满足比例增长相对缓慢的情况下，决策增长的车辆规模相对降低了调度的必要性，调度成本随之下降，调度起到的作用有限；而在转折点后，车辆规模进一步增长，在此基础上增加一定的调度能够使服务水平和利润均得到较大提升，调度的效益较为可观。当需求服务接近饱和，每提高一点服务水平所需的调度成本更高，调度性价比较低。

（2）服务水平惩罚系数敏感性分析

在模型中，为了考虑服务水平约束，在成本中加入了惩罚项，以避免片面追求实际利润最大化而牺牲服务水平的情况。惩罚系数代表运营商对服务水平的重视程度。因此，变动这一系数，观察它对利润和服务水平的影响。

图 5-6 分析了不同服务水平惩罚系数下利润的变化，在车辆日均里程比较低时，运营商基本处于亏损状态，而在提高车辆日均里程比的过程中，追求较高的服务水平仍然会导致亏损，直到日均里程比在 4 以上，才能够在满足服务水平的前提下保证盈利。

在图 5-6 和图 5-7 中，服务水平的惩罚系数越大，也即运营策略越向满足顾客需求侧重，服务水平会相应提高，利润会降低。同时，服务水平各阶段上升速度有所差异，服务水平提升越来越慢，这也符合现实情况。图5-6中，在日均里程比为4.5而服务水平惩罚系数为120的参数下，能够达到100%的服务水平，是由于放宽了停车位的约束。在有严格的停车位约束的情况下，当需求超过站点容量时，可能会存在某一时刻某一站点需求量超过其停车位数量，因而即使车辆停满也无法满足所有需求的情况。这是静态夜间调度与动态日间运营期调度相比所欠缺的灵活性与机动性。

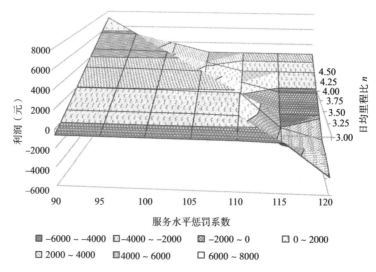

图5-6 服务水平惩罚系数与日均里程比对利润的影响

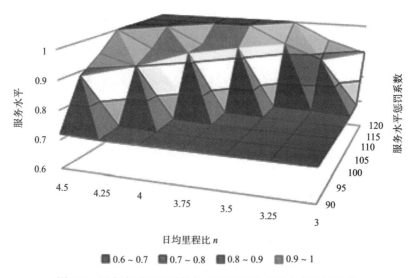

图5-7 服务水平惩罚系数与日均里程比对服务水平的影响

（3）服务水平与利润平衡性分析

图5-8描述了服务水平和利润随着最低服务需求比例的变化趋势。从图中可以看出，

随着最低服务需求比例 Q_{min} 的提高，在 Q_{min} 达到 0.6 之后利润快速下降，而服务水平增长缓慢，其交点对应 0.8 左右的服务水平，这说明 80% 的服务水平较容易达到且代价相对较小。

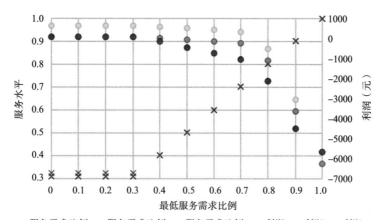

图 5-8　服务需求比例对服务水平与利润的影响

为了更清楚地表现这两项之间的关系，将利润水平归一化，与服务水平相加得到灰色线条见图 5-9，在要求最低服务需求比例为 0.7~0.8 时，综合指数最高。分别只改变车辆成本 c_{car}^1=60 元/pcu 和燃油车调度费用 c^2=0.3 元/km，从而得到第一组（命名为综合指数 a）与第二组（命名为综合指数 b）散点和曲线，基本趋势与上述规律一致。因此，70%~80% 的服务水平下运营商的两个诉求能够达到较好的平衡，可以作为运营商的一个参考。

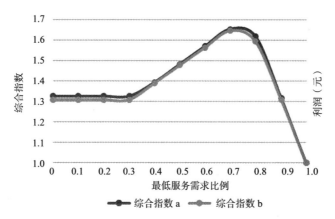

图 5-9　服务需求比例对服务水平与利润的综合影响

（4）车队规模敏感性分析

模型决策出的车辆数量与站点车辆分配方案受到预算限制，而运营商在考虑预算限制时需要参考车队规模与追求的盈利目标之间的关系。因而为进一步分析不同车队规模对利润和服务水平的影响，为运营商确定车队规模上限或预算上限提供依据，而在参数敏感性分析中对车队规模进行变动。

此处车队规模定义为共享汽车系统可用车辆数，本数值算例中车队规模取值为100～300辆，以50辆为取值间隔。车队利用率定义为实际计算得出的最优投放量与上述定义中的车队规模之比。在不同的车队规模下，决策出的车辆实际投放总数、两种车辆的分别投放数、未服务需求比例和车队利用率如图5-10所示。

由于实际车辆投放量会受到站点总容量的影响，增加无限制车队利用率指标，表示去掉站点容量限制后的车队利用率。

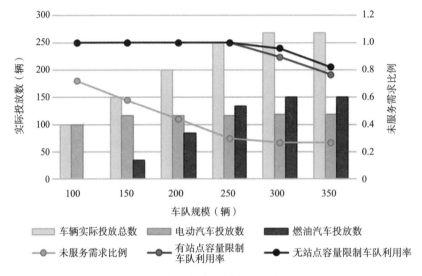

图 5-10 车队投资规模敏感性分析

图5-10代表实际投放数和未服务需求比例受车队规模影响的变化趋势。在车队规模较小时，车辆能够得到充分利用，且此时采用电动汽车居多。随着车队规模的增加，未服务需求比例逐渐降低，在车队规模为250辆后进入平台期，实际投放数也不再随投资预算增加而增加，其中一部分原因是停车位数量的限制。去除该因素影响后，车辆实际投放数比有站点容量限制时有所增加，这是停车场规模对运营规模的约束影响的体现。但实际投放数仍然进入平台期，可见车辆投资规模并不是越大越好，在投放数达到300辆之后服务水平的提高十分缓慢，说明在车辆规模较大时，其对服务水平影响较小，进而需要从其他角度来提升服务水平。

5.4　考虑站点充电的车队规模与动态调度

5.4.1　站点充电动态调度模型构建

1. 问题假设

（1）共享汽车运营商已租用若干停车场的停车位作为共享汽车站点，租赁费用为固定费用，在优化中不受影响，因而不作计算。已知各站点的属性，分为普通站点和可充电站点，普通站点的停车位均未配置充电桩，为普通停车位；可充电站点有一定比例停车位配备充电桩，即可充电站点由可充电停车位与普通停车位按某一比例构成。

（2）充电设施同质，所有充电设施标准统一，即对同样的车辆具有相同且恒定的充电速度。充电量与充电时间呈正比，一旦车辆电量达到电池容量上限，充电桩自动停止充电行为。

（3）所有电动车辆同质，即车队所采用的车辆的耗电充电性能相同，耗电速率参数一致，耗电量与行程时间呈正比。

（4）不考虑路网拥堵等状况，假设各共享汽车租赁点间同一 OD 站点对之间行程时间固定，因而服务时间和调度时间也是确定的。

（5）共享汽车租赁企业各个站点的租用成本、调度人工成本以及车辆负荷维修成本等不予考虑。问题背景是运营商已经租赁了若干共享汽车网点，因而租赁费用成为固定成本，不影响优化结果。

（6）不考虑燃油汽车加油过程。

燃油汽车可行驶里程较长，加油操作时间也较短，并不像电动汽车一样受到站点充电设施的限制，本节中只需要考虑各个共享汽车站点的燃油车与电动车总车辆数受站点停车位约束的问题。一般在实际中，燃油车会提供加油卡，由用户在行程中经过加油站点完成加油操作，加油费用由企业支付，在实际计算中均摊到里程。

2. 参数符号

由于模型中涉及随机情景、车辆类型、时间、空间等多个维度，采用一般的模型构建方式会使得模型变量表达不够精简，且电量表示需要通过多个变量的关系计算得出。在车辆规模需要决策的情况下，每一辆燃油汽车或电动汽车的时空流动轨迹表示已经较为复杂。而涉及需求随机性，在两阶段随机规划的框架下，计算每一辆电动汽车的电量时，还需要对其所属随机情景进行区分。由于需求的分布不同导致了随机情景下同一辆车服务选择和调度选择的差异，加上考虑燃油汽车方面的影响，因而根据车辆经过的站点和所服务的需求，以及在站点是否能够进行充电等每一步的选择来计算其电量变化也更加复杂。变量之间耦合性较高，不利于集中解决调度决策的核心问题。

为了模型表达的简化，将车辆的时空状态融合表述为层叠混合时空状态网络的形式，主要参量与变量见表 5-8，并在此基础上对网络进行描述和定义。

模型主要参量与变量　　　　　　　　　　　　　　　　表 5-8

参量/变量	含义	单位
M	车辆类型集合	—
N	站点集合	—
K	随机情景集合	—
V	网络节点集合	—
T	运营时刻集合	—

续表

参量/变量	含义	单位
L	电量表示集合	—
$L2$	非满电量水平的集合	—
α	充电速率,以单位时间补充电量占车辆电池容量的百分比计	—
pt	单位里程租金价格	元/km
pr_e	弧 e 对应行程收取租金费用	元
pk	情景 k 对应概率	—
ϵ	所有弧的集合	—
ϵ^C	所有电动车辆在站点充电的弧的集合	—
ϵ^R	所有服务需求的弧的集合	—
ϵ^S	所有站点停留状态不变的弧的集合	—
ϵ^{RL}	所有车辆调度的弧的集合	—
$\epsilon^R_{(i,j,t)}$	t 时刻出发,从站点 i 到站点 j 的弧的集合	—
ϵ^+_v	从节点 v 出发的弧的集合	—
ϵ^-_v	在节点 v 结束的弧的集合	—
w_i	站点 i 容量,即站点 i 停车位数量	个
we_i	站点 i 配备充电桩数量	个
$D^k_{i,j,t}$	情景 k 下从站点 i 到站点 j 于 t 时刻出发的需求量	—
t_{ij}	从站点 i 到站点 j 的车辆行程时间	min
e_{ij}	从站点 i 到站点 j 的电量消耗量	—
c^{pen}	未服务需求的惩罚系数	—
x_e	决策变量,表示弧 e 上的网络流,虚拟弧或各个情景下的弧流量	—
x^k_e	x_e 中与随机情景 k 有关的部分决策变量,表示网络中属于情景 k 下的车辆流动弧上的流量	pcu

3. 网络定义

因为模型中考虑电动汽车电量变化与计算,又涉及多个情景、两种类型的车辆、不同目的的车辆流动包括车辆服务需求、电动汽车充电调度、燃油汽车与电动汽车的平衡调度、车辆充电行为以及因为电量充满或者无可用充电桩而导致的车辆停留状态等,模型维度较高,采用一般的表达形式较为繁琐,考虑在本节中构建网络流框架来建立模型。

对燃油汽车,构建一个常规的时空网络,在每个情景 k 下,涉及燃油汽车流动的每个网络节点用 (i, t) 表示,其中 $k \in K, i \in N, t \in T$。

对电动汽车的流动轨迹构建网络流时应考虑到电量的表示。在此对时空网络进一步拓展,将电量作为第三个维度,加入到网络流之中,以简化电量追踪的计算与表达。在每个情景$k \in K$下，涉及电动汽车流动的每个网络节点用(i, t, l)表示，其中$i \in N$，$t \in T$，$l \in L$。在时空网络的行程时间计算中，一般将不足的计为Δt，据此，将车辆的电池状态l离散化为不同的电量水平，范围为$l \in [0, 1]$，$L=\{0, \cdots n\Delta l, 1\}$，对车辆电量水平$l \in [n\Delta l, (n+1)\Delta l)$，离散化表示时对电量向下取整，令$l=n\Delta l$。

本节建立的网络是根据问题特征而在常用的时空网络基础上进行了适应性调整，将电量作为时空网络的一个新的维度的思路借鉴了赵蒙和Zhang的研究。取网络中的单层时空混合状态网络如图5-11所示。在层叠混合时空状态网络（Multi-layer Mixed Temporal-Spatial-State Network，以下简称MTSN）中，考虑到车辆混合特性，网络节点的设置区分了两种不同的车辆类型，既表征了各自的使用特点，又在服务需求的车辆流动中体现了共有的属性，且在节点的充电设施配置设置上考虑了充电设施的现状，更加贴合实际。本网络中并不是所有站点都是充电站点，且认为充电站点的充电桩数量可能存在不足的情况，在普通站点和可充电站点均可能存在车辆无法充电而需要调度或等待的问题，因而网络流类型更加复杂。

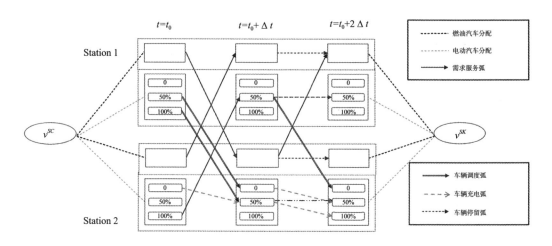

图5-11 单层时空混合状态网络示意图

另外，由于考虑需求的随机性，每一层为一个随机情景下的时空状态混合网络，经过随机情景的层叠构建出多层混合时空状态网络如图5-12所示，其网络层叠数由随机情景的规模决定。对不同的随机情景k，其对应的站点车辆分布情况一致，但根据需求的随机性，运营时段内车辆的流动情况有所不同。对每一层网络来说，从虚拟站点v^{SC}出发和到v^{SK}结束的弧上流量，即图5-11中深灰色虚线与浅灰色虚线上流量值分别表示初始时刻i站点的燃油汽车和电动汽车的车辆数，是两阶段随机规划中第一阶段的决策。因而对于每一个随机情景，运营商向各个站点分配的两种类型车辆数是一致的。而不同网络层之间，每个时刻每个站点的需求不同而使得对应的层内网络弧上流量不同，是第二阶段的决策变量。在不同随机情景下车辆时空状态流动轨迹不同，反映的是需求服务和调度方案的差异。

133

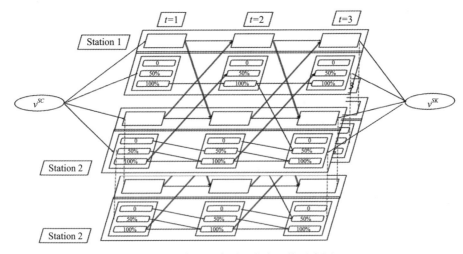

图 5-12　多层混合时空状态网络示意图

图 5-11 为车辆在单层网络内流动的简化示例，令 $N=\{1, 2\}$，$T=\{1, 2, 3\}$，$K=\{1, 2\}$，$L=\{0, 0.5, 1\}$，站点 station1 不具备充电桩，站点 station2 配置两个充电桩。为展现车辆充电过程，将车辆单位时间消耗电量和充电量均简单假设为电池容量的 1/2。需要注意的是，在实际算例中应当根据实际充电速率与单位时间的长度来设置电量水平区间。图中黑色实线为需求服务弧，弧上流量为 1，表示有一辆电动汽车在 t_0 时刻从 station2 行驶至 station1，到达时间为 $t_0+\Delta t$，其电量状态从 100% 变为 50%。因为 station1 未配备充电桩，需要将该电动汽车调度到 station2 进行充电。T1 时刻，station2 有三辆车需要充电，因此有一辆车不处于充电状态，进入车辆停留弧，表示为黑色虚线。

MTSN 网络的具体设定，对每一个情景 $k \in K$，有如下定义：

网络节点：V 表示所有节点的集合，包括 $v(i, t, l)$ 和 $v(i, t)$。

弧：$e=(i, t, l, j, t', l')$ 定义从节点 (i, t, l) 到节点 (j, t', l') 的电动车辆行驶弧；$e=(i, t, j, t')$ 定义从节点 (i, t) 到节点 (j, t') 的传统燃油车辆经过的弧；ϵ 为弧的集合，以下将其分成四种类型。

需求服务弧：要服务 t 时刻从 i 站点出发，去往 j 站点的需求，已知两个站点之间的车辆行程时间，在时空状态网络内，完成该需求的电动车辆的状态变化描述为：对 $i \in N$，$t \in T$，$l \in L$，满足条件从节点 (i, t, l) 到节点 (j, t', l')，其中 $t'=t+t_{ij}$，$l'=l-e_{ij} \geq 0$ 且有顾客在车内驾驶，这样的一条弧叫作电动汽车需求服务弧用 ϵ_e^R 表示；而对 $i \in N$，$t \in T$，自节点 (i, t) 出发去往 (j, t')，其中满足 $t'=t+t_{ij}$ 且车中有用户时，这种弧定义为由燃油汽车服务需求的弧，用 ϵ_g^R 来表示。以上两种服务需求的弧的集合表示为 ϵ^R，由 ϵ_g^R 和 ϵ_e^R 两个子集构成。

车辆调度弧：对 $i \in N$，$t \in T$，$l \in L$，满足条件从节点 (i, t, l) 到节点 (j, t', l')，其中 $t'=t+t_{ij}$，$l'=l-e_{ij} \geq 0$ 且没有顾客在车内驾驶而是由员工驾驶车辆，将车辆从相对充足的站点调度至相对短缺的站点，这样的一条弧叫作电动汽车调度弧，用 ϵ_e^{RL} 表示；而对 $i \in N$，$t \in T$，自节点 (i, t) 出发去往 (j, t')，其中满足 $t'=t+t_{ij}$ 且车中同样没有用户而是由员工驾驶车辆时，这种弧定义为燃油汽车调度的弧，用 ϵ_g^{RL} 来表示。以上两种服务需求的弧的集合表示为 ϵ^{RL}，由 ϵ_g^{RL} 和 ϵ_e^{RL} 两个子集构成。

车辆充电弧：对 $i \in N$，$t \in T$，$l \in L$，满足条件从节点 (i, t, l) 到节点 (i, t', l')，其中 $t'=t+1$，$l'=l+\Delta l<1$，电动车辆位置不变，仅仅随时间改变电量状态，从 t 时刻的电量状态 l 到充电后 $t+1 \leq T$ 时刻，电量状态为 l'，这样的一条弧叫作电动汽车充电弧，用 ϵ_e^C 表示。燃油汽车不存在充电问题，不存在充电弧。

车辆停留弧：对 $i \in N$，$t \in T$，$l \in L$，满足条件从节点 (i, t, l) 到节点 (i, t', l)，或者从节点 (i, t) 到 (i, t')，前者为电动汽车的停留弧，随时间从 t 到 t'，所在站点与电量保持不变；后者为燃油汽车的停留弧，随时间从 t 到 t'，所在站点位置保持不变。这样的弧叫作车辆停留弧，表示车辆状态不随时间发生变化，单纯停留在站点。弧的集合为 ϵ^S，其中电动汽车停留弧用 ϵ_e^S 表示，燃油汽车停留弧用 ϵ_g^S 表示。

由于充电规则与混合车辆类型均在弧定义中有所体现，模型约束得以简化。各类弧上流量决策结果构成相应车辆安排与调度方案，其对应含义在第 3.3.2 节验证性实验结果中举例说明。

4. 模型构建

以优化运营商利润和服务水平为目标，表示为最小化总成本，由实际成本和虚拟惩罚成本（虚拟惩罚成本是运营商服务水平的具化）共同构成。其中实际成本包括第一阶段的车辆购置费用和第二阶段的运营成本，其中运营成本是 k 个随机需求情景下对应的运营成本的期望值，每个情景下的运营成本由运营中的车辆调度和充电成本减去收取的租金费用得到。虚拟惩罚成本则是给定一个惩罚项系数，由未服务需求计算得到。

第一阶段决策变量是随机事件发生前所要决策的内容，即在顾客需求发生前，各个站点所要配置的电动汽车和燃油汽车的数量，在网络流中表示为相应弧上的流量 x_e，其中 $e \in \epsilon^{SC}$，即从虚拟库场将车辆分配到站点的网络弧；第二阶段是在随机事件发生后的补偿，决策变量为各站点之间服务顾客需求和调度的车辆数量。

模型构建如下：

$$\max Z = \sum_{e \in \epsilon^{SC}} c_e x_e + \sum_{k \in K} p^k \left[-\sum_{e \in \epsilon^R} pr_e x_e^k + \sum_{e \in \epsilon^{RL}} c_e x_e^k + \sum_{e \in \epsilon^R} \left(D_{i,j,t}^k - \sum_{e \in \epsilon_{(i,j,t)}^R} x_e^k \right) pn_e \right] \quad (5\text{-}45)$$

式（5-45）为目标的具体表示，其中第一项表示分配至站点的所有网络流上车辆数之和与对应车辆成本的乘积，即车辆购置成本，第二项为第二阶段期望成本，是对第二阶段的各随机情景下的运营变动成本与其相应概率的求和得到，由于模型目标为最小化总成本，因而表达第二项调度成本 $\sum_{e \in \epsilon^{RL}} c_e x_e^k$ 加上第三项未满足需求的惩罚 $\sum_{e \in \epsilon^R} (D_{i,j,t}^k - \sum_{e \in \epsilon_{(i,j,t)}^R} x_e^k) pn_e$ 减去负需求服务的收益。

约束（5-46）为网络流问题中的一般性约束，表示对于任意节点 v 流入等于流出。在本节提出的模型中，受到问题性质的影响而与一般的约束有所不同。主要体现在，本模型中节点 v 是对时空状态节点的一般化表达，包括代表电动汽车的节点 (i, t, l) 和燃油

车辆的节点 (i, t)。一个公式表达了两种车辆的网络流平衡约束，体现了在 MTSN 网络构架基础上模型表达更加简约的特点。

$$\sum_{e \in \epsilon_v^-} x_e - \sum_{e \in \epsilon_v^+} x_e = 0, \forall v \in V, k \in K \tag{5-46}$$

约束（5-47）表示每个情景 k 下，每个时刻 t 开始时站点 i 充电的车辆不超过充电桩数量。$\varepsilon_{(i, t, l)}^-$ 表示节点 (i, t, l) 出发的所有弧，从 $e \in \epsilon^C \cap \varepsilon_{(i, t, l)}^-$ 表示从节点 (i, t, l) 出发的所有充电弧上的流量，也即停放在站点 i，并于 t 时刻开始充电的车辆数。

$$\sum_{l \in L} x_{e \in \epsilon^c \cap \epsilon_{(i, t, l)}^-}^k \leq we_i, \forall i \in N, t \in T, k \in K \tag{5-47}$$

约束（5-48）表示站点容量的常用约束，与不考虑充电设施约束的模型不同之处在于本节的站点容量约束中涉及停留在站点的车辆既包括正在充电的电动车，也包括暂时处于空闲状态的燃油车和电动车（可能有一部分处于空闲状态的电动车辆出现是因为需要等待占用着充电桩的车辆完成充电）。不等式左边的三项分别表示充电的弧上的流量加上电动汽车停留的弧流量加上燃油汽车停留的弧上流量，也即所有在站点充电或闲置的车辆数（包括燃油车和电动车）总和不超过站点停车位数量。

$$\sum_{l \in L} \sum_{e \in \epsilon^c \cap \epsilon_{(i, t, l)}^-} x_e^k + \sum_{l \in L} \sum_{e \in \epsilon^s \cap \epsilon_{(i, t, l)}^-} x_e^k + \sum_{e \in \epsilon_s^i \cap \epsilon_{(i, t)}^-} x_e^k \leq w_i, \forall i \in N, t \in T, k \in K \tag{5-48}$$

约束（5-49）表示所有服务需求的弧上流量不超过对应需求弧的流量上限，也即任何时刻从于 t 时刻出发站点 i 到目的站点 j 的服务需求的车辆数不超过对应需求量。$e \in \epsilon_{(i, j, t)}^R$ 即表示于 t 时刻出发站点 i 到目的站点 j 的服务需求弧，这类弧的容量上限即为相应的需求量。

$$\sum_{e \in \epsilon_{(i, j, t)}^R} x_e^k \leq D_{i, j, t}^k, \forall i, j \in N, t \in T, k \in K \tag{5-49}$$

约束（5-50）表示运营结束后恢复到初始状态，各站点两种类型的车辆数守恒。从虚拟库场分配车辆的每一条弧上的流量等于对应节点还回车辆到虚拟库存的每一条弧上的流量，也即起始点和结束点虚拟节点的流入流出平衡。

$$\sum_{e \in \epsilon_v^{SC}} x_e - \sum_{e \in \epsilon_v^{SK}} x_e = 0, \forall i \in N, l \in L \tag{5-50}$$

由于充电桩数量不足，不同于一般研究中将车辆调度至站点即默认其可以开始充电，本节考虑车辆受到站点充电能力的限制而可能存在需要充电却无法立刻开始充电行为的现实情况，增加了车辆充电状态判定约束，由约束（5-51）和约束（5-52）共同完成。

约束（5-51）表示当所处站点充电桩数量充足时，所有电量不满的车辆均应处于充电状态，体现对稀缺资源的充分利用，其中未处于电量满格的状态的车辆集合用 $\sum_{l \in L2} \sum_{e \in \epsilon^c \cap \epsilon_{(i, t, l)}} x_e^k$ 来表示。

$$\sum_{l \in L2} \sum_{e \in \epsilon^c \cap \epsilon_{(i,t,l)}} x_e^k - we_i \leq M \sum_{l \in L} \sum_{e \in \epsilon_s^c \cap \epsilon_{(i,t,l)}} x_e^k, \ \forall i \in N, \ t \in T, \ k \in K \qquad (5\text{-}51)$$

约束（5-52）表示只有当需要充电的车辆数量大于可用充电桩数量，才会存在电量未达到满格的车辆不处于充电状态的情况。

$$M\left(\sum_{l \in L2} \sum_{e \in \epsilon^c \cap \epsilon_{(i,t,l)}} x_e^k - we_i\right) \leq \sum_{l \in L} \sum_{e \in \epsilon_s^c \cap \epsilon_{(i,t,l)}} x_e^k, \ \forall i \in N, \ t \in T, \ k \in K \qquad (5\text{-}52)$$

约束（5-53）是变量取值范围约束，表示所有弧上流量为非负整数。

$$x_e \in Z_+, \ \forall e \in \epsilon \qquad (5\text{-}53)$$

5.4.2 站点充电动态调度算例分析

在数值试验中，所使用的个人电脑的配置为 Intel Core Duo 3.4 GHz CPU，使用 python3.6 语言调用 CPLEX 12.9 对该模型进行求解。

1. 参数设置

由于动态调度涉及时间维度，且模型构建中为了降低变量之间耦合性而增加了状态维度，模型变量规模相对于静态调度大幅增长。在本节中，选取小规模算例为主要分析依据。根据共享汽车公司站点的实际情况，设定各站点的停车位数量在 [4, 10] 之间随机选取，且为体现站点充电可用性约束，令其中 1 个为不可充电站点，1 个为充电桩完备站点，其余站点充电桩数量在 1～4 之间。在实际应用中可以将共享汽车公司的网点实际信息作为输入。

运营时段从早上 6:00 到晚上 21:00，共 15h，均匀分为 30 个 T，每个 T 包含 30min。电动汽车工况相同，充满电时续航里程为 150km，在城市道路上平均行驶速度为 30km/h。以慢充充电桩为参考，一辆电动汽车完全充满电量需要 5h，故取电量集合 $L=\{0, 0.2, 0.4, 0.6, 0.8, 1\}$。燃油汽车和电动汽车价格遵循与第 5.3.2 节算例中相同的参数设定。各站点对之间需求随机产生，考虑到模型的复杂性，本节设置两个不同水平的需求情景以分别模拟工作日和周六日的日常需求量，根据两种需求水平出现的天数将其概率分别定为 0.7 和 0.3。考虑到 OD 矩阵中大部分站点之间不存在对应需求，需求量特征基本符合 Gamma 分布，各站点对之间的需求量由 python3.6 编程语言调用 numpy 库产生服从 Gamma 分布的随机数得到，分布参数设定与之前的结果相同。

2. 验证性实验结果

在动态调度中，受时间维度增加的影响，大规模算例的计算难度大幅度提升，且难以具象化展示出来。在考虑动态调度的研究中，一般站点数量规模均较小，且小规模算例更能够展示具体调度方案，因而在此选用小规模算例对网络流的含义进行举例说明。

设定站点规模 $N=3$，时间长度 $T=10$，随机情景数量 $K=2$，各情景下需求量按照前述规则随机产生，得到算例结果如表 5-9 所示。

表 5-9 中结果展示了在以上条件设定的情形下的决策方案。由于 T 时刻较短，电动车辆存在充电行为使得能服务的需求量受限，加之单价较高，故而决策结果为采用燃油汽车。

[3-10-2] 小规模算例结果 表5-9

变量	含义	k	i	t	j	s	值
$\sum_{e \in \epsilon_g^{SC}} x_e$	站点i分配车辆数	—	2	—	—	—	1
$\sum_{e \in \epsilon_{(i,j,t)}^R} x_e^k$	在k情境下，自节点(i, t)到节点(j, s)服务需求的弧上流量，即服务需求$d_{i,j,t}^k$的车辆数	1	1	1	2	2	1
		1	0	8	1	9	1
		1	2	2	0	3	1
		0	0	6	1	7	1
		0	2	0	0	1	1
		0	1	7	0	8	1
$\sum_{e \in \epsilon_{(i,j,t)}^{RL}} x_e^k$	在k情境下，自节点(i, t)调度到节点(j, s)服务需求的弧上流量	1	2	0	1	1	1
$\sum_{e \in \epsilon_{(i,j,t)}^{RL}} x_e^k$	在k情境下，自节点(i, t)调度到节点(j, s)服务需求的弧上流量	—	1	0	3	—	—
		—	0	0	9	—	—
		—	0	0	8	—	—
		—	1	0	6	—	—
		—	1	0	7	—	—
		—	1	1	9	—	—
		—	1	0	4	—	—
$\sum_{e \in \epsilon_{(i,j,t)}^S} x_e^k$	在k情境下，在节点(i, t)时刻开始停留在站点的弧上流量	—	1	0	5	—	—
		—	0	0	5	—	—
		—	0	0	4	—	—
		—	0	0	3	—	—
		—	0	0	2	—	—
		—	0	0	1	—	—

表中的数值标识了在不同时空状态节点之间进行连接的不同流动类型的网络弧上的车辆数量。k包含了两个随机情景，分别取值0和1。

取其中一条流动轨迹进行说明，第一列的$e \in \epsilon_g^{SC}$说明第一行表示燃油汽车的车辆分配方案。该次决策结果为在站点2分配一辆燃油汽车，此处命名为h_1。第二行至第七行是车辆h_1服务需求的具体结果，在情景$k=0$下服务了3个需求，$k=1$下也服务了3个需求。第八行为调度结果。第九行至末尾为车辆停留弧上流量决策结果。

以车辆h_1为例，由于将该车辆停放在站点2，站点1并无车辆可用。在随机需求情景1下，为服务在1时刻以站点1为出发站点、以站点2为目的站点的需求$d_{1,2,1}^1$，出现了对车辆h_1的一次调度行为，即在$t=0$时刻将停放在站点2的车辆调度到站点1，来服务$t=1$时刻从站点2出发的用户需求。

表中其余值的表示与上述相似,通过对车辆所处时空状态节点及时空状态变化的描述,得到 MTSN 网络上车辆的流动轨迹,共同构成该小规模算例中燃油车辆的两阶段决策方案。

为说明电动车辆的流动情况,设定站点规模为 5,取站点停车位容量为 [4,5,7,5,7],站点可充电停车位容量为 [4,1,4,0,2]。其他参数与算例基本设置相同,得到电动汽车和燃油汽车的流动轨迹示例如表 5-10 和表 5-11 所示。篇幅所限,表中仅展示一部分时刻即 $t \in [0, 4]$ 的部分结果。

[5-15-2] 电动汽车流动轨迹示例　　　　　　　　　　　表 5-10

变量	含义	k	i	t	l	j	s	l'	值
$\sum_{e \in \epsilon_e^{SC}} x_e$	站点 i 分配电动汽车数	—	1	—	—	—	—	—	1
		—	2	—	—	—	—	—	1
		—	4	—	—	—	—	—	2
$\sum_{e \in \epsilon_{(i,j,t)}^{R}} x_e^k$	在 k 情境下,自节点 (i, t) 到节点 (j, s) 服务需求的弧上流量,即服务需求 $d_{i,j,t}^k$ 的车辆数	0	2	0	4	3	1	3	1
		0	4	1	3	0	2	2	1
		0	3	1	3	0	2	2	1
		0	0	1	3	1	2	2	1
		0	1	2	4	3	3	3	1
		0	0	3	3	2	4	2	1
		0	2	4	2	3	5	1	1
		0	3	4	3	0	5	2	1
		0	4	5	3	1	6	2	1
		0	3	5	1	2	6	0	1
		0	1	5	4	4	6	3	1
$\sum_{e \in \epsilon_{(i,j,t)}^{RL}} x_e^k$	在 k 情境下,自节点 (i, t) 到 (j, s) 调度	0	4	0	4	0	1	3	1
		0	1	0	4	4	1	3	1
		0	4	0	4	1	1	3	1
		0	0	4	4	4	5	3	1
$\sum_{e \in \epsilon_{(i,t,l)}^{S}} x_e^k$	在 k 情境下,在节点 (i, t, l) 停留弧	0	1	3	3	—	—	—	1
		0	3	3	3	—	—	—	2
$\sum_{e \in \epsilon_{(i,t,l)}^{C}} x_e^k$	在 k 情境下,在节点 (i, t, l) 的充电弧	0	1	1	3	—	—	—	1
		0	0	2	2	—	—	—	1
		0	1	2	2	—	—	—	1
		0	0	3	3	—	—	—	1
		0	1	4	3	—	—	—	1
		0	0	5	2	—	—	—	2

[5-15-2] 燃油汽车流动轨迹示例　　　　　表 5-11

变量	含义	k	i	t	j	s	值
$\sum_{e\in\epsilon_g^{SC}} x_e$	站点 i 分配燃油汽车数	—	0	—	—	—	2
		—	3	—	—	—	1
		—	4	—	—	—	1
$\sum_{e\in\epsilon_{(i,j,t)}^{R}} x_e^k$	在 k 情境下，自节点 (i,t) 到节点 (j,s) 服务需求的弧上流量，即服务需求 $d_{i,j,t}^k$ 的燃油汽车数	0	3	0	2	1	1
		0	2	3	4	4	1
		0	4	4	1	5	1
		0	1	5	4	6	1
		0	3	5	0	6	1
$\sum_{e\in\epsilon_{(i,j,t)}^{RL}} x_e^k$	在 k 情境下，自节点 (i,t) 调度到节点 (j,s) 服务需求的弧上流量，调度燃油汽车数	0	4	0	3	1	1
$\sum_{e\in\epsilon_{(i,t)}^{S}} x_e^k$	在 k 情境下，在节点 (i,t) 时刻开始停留在站点的弧上流量，即停留的燃油汽车数	0	0	0	—	—	2
		0	2	1	—	—	1
		0	0	1	—	—	2
		0	3	1	—	—	1
		0	2	2	—	—	1
		0	3	2	—	—	1
		0	0	2	—	—	2
		0	0	3	—	—	2
		0	3	3	—	—	1
		0	0	4	—	—	2
		0	3	4	—	—	1
		0	0	5	—	—	2
		0	0	0	—	—	2

在决策中是对考虑充电目的的调度与考虑平衡目的的调度整体优化，因而一次调度方案可能是综合了两种属性的调度而做出的安排。具体某一次调度主要实现了何种目的可以通过调度后在调入站点是否充电来稍作区分，但考虑到全局优化的本质，每一个调度都受到其他调度目的的影响而得到决策，区别只在影响体现得直接或间接。

表 5-10 展示了情景 $k=0$ 情况下前 5 个时刻的电动汽车流动轨迹。其中表示车辆充电的为最后 6 行数据。

从表 5-10 可以看到，不存在车辆在站点 3 充电的情况，因为站点 3 可充电停车位数量为 0。在表中所展示的弧上流量大部分为 1 的情况下,可以对车辆时空状态轨迹作简单梳理。站点 4 初始状态为 2 辆电动汽车,未超过其可充电停车位数量。其中一辆于 $t=0$ 时刻服务了从站点 4 去往站点 0 的需求,在 $t=1$ 时刻到达站点 0,且电量状态由 100% 满电变为 80% 电量。随后服务了从站点 0 到站点 1 的需求,电量再次下降,随后在站点 1 进行充电。

表 5-11 展示了此次决策结果中,低需求水平 $k=0$ 情景下前 5 个时刻内燃油车辆的流动轨迹。燃油车相对于电动车的停留弧更多,是因为行程租金相同但燃油车的行驶成本较高。各站点的燃油车与电动车数量之和均小于对应站点容量。

3. 关键参数分析

动态调度中考虑时间维度,不需要日均里程比来模拟日间运营的需求频率。在此主要分析其他参数对目标的影响。

(1) 车辆成本敏感性分析

考虑到燃油汽车和电动汽车价格随着汽车制造技术的发展而下降,而电动汽车的单价由于补贴政策退坡,与补贴前相比价格下降相对较少。变动燃油汽车和电动汽车的价格参数,分析两种车辆规模、配比与相应调度的变化。设电动汽车与燃油汽车基线价格为 [65,50],并以两种车辆价格均下降的价格水平 [60,45] 和单一车辆价格下降的价格水平 [60,40] 进行对比,其结果如图 5-13 ~ 图 5-16 所示。

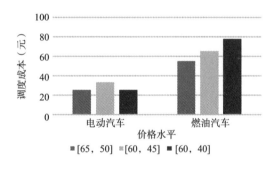

图 5-13 不同价格水平下的调度成本对比

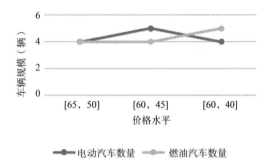

图 5-14 不同价格水平下的车辆规模对比

以横轴为不同价格水平,图 5-13 和图 5-14 的主要对比指标分别为车辆调度成本和车辆投放数量。图 5-14 表明,当两种车辆价格均下降,适宜采用更多电动车辆,因为电动汽车的运营成本低,单价收益高。当燃油汽车价格下降,会使得燃油汽车在车队中占比提高。总的来说,当价格下降,车辆总规模是增长的。

因为调度成本的变化会受到服务需求量的影响,而服务量的变化不大时可能在某一随机需求情景中体现较为明显,因而图 5-13 中调度成本对比需结合图 5-15 中的各情景下两种车辆服务量进行分析。

首先可以看出不同情景下,不同价格变化对应的服务量折线规律是一致的,而较高水平需求情景的服务量高于较低需求水平的随机情景下的服务量。在高水平需求情景 1 中,燃油车的服务量相比电动车提升更大。结合图 5-16 的规律,可判断是将闲置车辆用于服务需求引起的增长。由于调度成本在考虑收益的共享汽车调度决策后总成本中所占比例较小，需求服务量对利润的变化影响较为明显。图 5-16 中行程收益变化符合图 5-15 中的需求服务量变化，与图 5-15 相互印证。

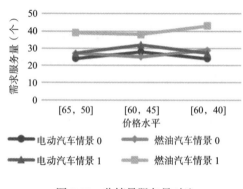

图 5-15　分情景服务量对比

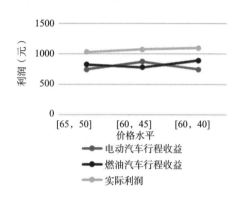

图 5-16　不同价格水平下的收益与利润

（2）站点规模敏感性分析

在动态调度中，由于存在分时段的调度行为，调度成本比静态模型相对较高。调整站点规模，分析两种不同类型车辆的调度成本变化规律。

如图 5-17 所示，站点规模范围为 [5，10，15，20]，由于成本和收益存在量级上的差别，用双轴图来表示其关系，其中左轴为调度成本，右轴为利润，调度成本和利润随站点规模扩大而不断增长，电动汽车的调度成本始终低于燃油汽车，是因为电动汽车的调度单价低于燃油汽车的调度单价，而电动汽车的平均调度次数实际上高于燃油汽车。

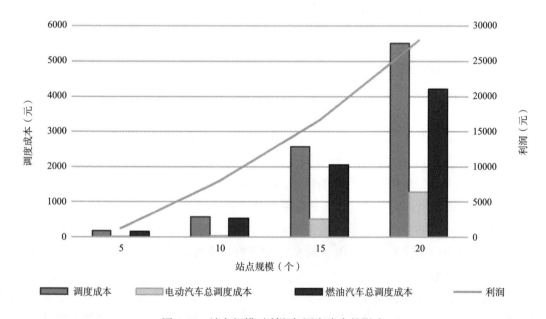

图 5-17　站点规模对利润与调度成本的影响

（3）充电效率敏感性分析

充电设施的充电效率通过影响电动汽车的充电行为而间接作用于运营商的收益和服务水平，因而对充电效率对运营商利润的影响进行分析。

在设置充电效率参数时，需要考虑本模型的特殊性，是基于MTSN网络进行构建，因而车辆充电的单位时间变化量需合适于电量水平的变化量。因而此处仅取两倍充电效率作为对比来说明充电效率对利润的影响。考虑利润时，为便于查找其内部变化原因，将两种车辆的收益变化情况均列出。

图5-18展示了当充电效率变为原充电效率的两倍时，两种类型车辆的数量、两种类型车辆所带来的收益和总收益的变化情况。可以看出，当需求不变，站点规模固定，充电效率变为两倍情况下，电动汽车的比例相对增加，总收益均有所增加，其中电动汽车的收益得到显著增长，这是由于充电时间减少，使得电动汽车周转速度加快，可以服务用户更多的需求。

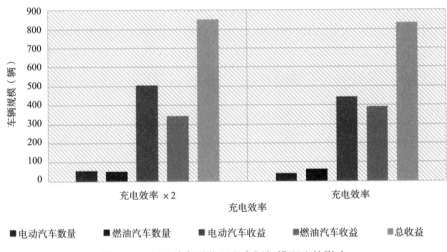

图 5-18　充电效率对收益和车辆规模配比的影响

第 6 章　基于用户综合评价的调度模型

6.1　用户行为分析

为了将用户的综合评价更好地应用到企业运营管理中，本节在对用户用车行为分析和综合评价结果分析的基础上，以共享汽车企业的车辆调度问题作为研究对象，建立共享汽车车辆调度模型，将用户的评价结果融合进模型中，从而保障企业的长期稳定发展。首先，对共享汽车车辆调度问题进行分析，明确模型的优化目标；其次，确定模型的假设条件，并定义变量和约束条件，以企业收益最大化为目标构建共享汽车调度的数学规划模型，该模型既考虑了用户的评价结果对运营收益的影响，又考虑了评价对共享汽车系统运行的影响情况；最后，以兰州市共享汽车企业和用户为研究对象进行案例分析，研究考虑用户评价对企业运营的影响情况。

6.1.1　共享汽车车辆调度问题分析

一方面，由于租借共享汽车的用户具有差异性，他们行为的优劣直接或间接地为企业创造不同程度的收益。另一方面，优先满足评价良好的用户需求可以引导更多的用户改正自身不良行为，从而规范用户出行，引导共享汽车市场有序发展。因此，本节对共享汽车的调度问题进行分析，并提出了模型的优化目标，为后续建模奠定基础。

1. 调度问题描述

共享汽车调度的主要目标是平衡共享汽车供给与需求在时空分布上的不均衡性。在一定时间范围内，由于用户在不同站点借还车数量不同，导致车辆在站点间的分布不均衡，故需要共享汽车企业组织一定的人力物力对共享汽车在不同站点间进行调度。与传统路径规划问题不同，车辆调度更具有时限性和灵活性，需要在满足约束的条件下，将多余的车辆从资源过剩的站点调度到资源紧缺的站点，从而达到车辆的平衡。考虑到行为评价良好的用户不仅能够为企业带来更多利润，还能够减少对车辆的损耗或降低事故率，从而降低企业的运营成本。本节在车辆资源调度过程中，不仅考虑了站点的车辆平衡，还考虑了优先调度的问题，即在已知各用户评价结果的条件下，优先将车辆调度给行为良好的用户，从而在兼顾共享汽车企业经营收益最大化的同时，满足优质用户的出行需求。通过增加对优质用户的调度权重，可以引导用户规范自己的用车行为，提高优质用户在用户中的占比，进而降低企业的运营成本，提高收益。

2. 优化目标

（1）提高共享汽车企业收益

企业在提供共享汽车出行服务的过程中，不仅需要修建站点、充电桩和购买车辆，还需要考虑汽车在使用中的损耗、车辆维修和折旧、站点租金以及充电桩维护等费用。因此，企业需要通过提高收益来保持可持续发展。为了直观地体现企业收益的优化目标，本模型将企业收益作为目标函数进行求解。

（2）提高用户使用率

用户是共享汽车企业获得收益最为主要、重要的盈利对象，共享汽车企业收入的主要来源也是用户在出行过程中花费的租车费用。在这过程中，可以通过优先满足行为评价良好的用户需求，在规范用户行为的同时带动优质用户提高使用率，实现企业收入的增加，从而维持运营。从宏观角度出发，随着用户的使用率提高，会吸引越来越多的人选择共享出行方式，有利于解决城市的交通问题。

6.1.2 构建模型

本节构建的共享汽车调度模型，在考虑传统的调度约束条件的基础上，结合了对用户的分析评价，将不同用户的行为评价结果与车辆的调度权重进行关联，在此基础上，考虑不同站点对用户出行需求的满足程度不同，根据需求满足率的差异确定用户需求的变动，进而分析用户评价对企业收益和共享汽车系统的影响情况。

1. 假设条件

在模型构建之前，首先确定模型的假设条件。

（1）车辆状况假设

在本模型中，将用户使用的所有车辆假设为同一类型车辆，并统一车辆的收费标准。此外，排除车辆损坏、维修等因素的影响，即所有车辆均可被用户租借。

（2）人员假设

在共享汽车系统中，所有用户在不同时刻和不同借还车站点之间的需求是已知的，且可以根据历史出行数据假设初始需求，需求的变化根据各站点的需求满足率确定。调度人员的工作采取倒班制，能够完成不同时刻的调度任务，且在各站点之间行驶的时长由站点间距离计算得到。

（3）站点假设

各站点的地理位置和停车位数量是已知的，为方便计算，将各站点之间的出行或调度距离根据经纬度距离的计算方式得到，且行驶时间与站点距离成正比。

2. 建模思路

如图 6-1 所示，本节在一般调度模型的基础上，将用户评价结果纳入模型中，使用效益函数表示被满足需求的用户为企业带来的潜在价值。在进行调度的 t 时刻，首先考虑 $(t-1)$ 时段内各站点的用户需求满足率，确定 t 时刻的实际用户需求。其次，根据用户的需求量、用户评价结果、各站点的可用车辆数和调度约束条件等确定需要考虑调度的用户。最后，综合计算研究时间范围内所有时段的运营收益，确定站点可用车辆数、调度车辆数和用户的实际出行量,分析增加用户评价前后企业的各项运营指标。

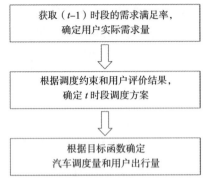

图 6-1 建模思路

3. 变量定义

为了更清晰地描述模型,本节对模型中各部分变量和参数作如下定义:

$I^*=\{0, 1, \cdots, I\}$:共享汽车系统内站点的集合,I 为整数且为定值;

$TI^*=\{0, \cdots, t, \cdots, TI\}$:研究时间范围被平均分为 TI 个时段;

$N^*=\{0, 1, \cdots, N\}$:共享汽车系统用户的集合,N 为整数且为定值;

$M^*=\{1_1, \cdots, i_t, \cdots I_T I\}$:由站点和时段构成的集合,$i_t$ 表示在 t 时段的 i 站点;

$H^*=\{\cdots, (i_t, j_{t+\Delta t_{ij}}), \cdots\}$:车辆在 t 时段内从站点 i 出发,经过 Δt_{ij} 个时长,在 $(t+\Delta t_{ij})$ 时段到达站点 j 的有向弧集合;

Δt_{ij}:在 t 时段内从站点 i 到站点 j 所需时长;

p:用户借车单位时间内产生的收入,元;

Q:系统内的车辆总数,辆;

P_i:站点 i 的停车位数,个;

θ_d:站点需求满足率阈值;

μ:惩罚系数;

α_i:效益系数,表示不同用户为企业带来的潜在收入的差异系数;

c_d:每辆车的折旧成本,元;

c_v:每辆车单位行驶时间成本,元;

c_r:每调度一辆车产生的人工调度成本,元;

V_{i_t}:各时刻站点 i 的可用车辆数,辆;

$R_{i_t j_{t+\Delta t_{ij}}}$:$t$ 时刻从站点 i 调往站点 j,经过 Δt_{ij} 时间到达站点 j 的车辆数,辆;

$G^n_{i_t j_{t+\Delta t_{ij}}}$:$t$ 时刻从站点 i 出发,用户 n 经过 Δt_{ij} 时间到站点 j 的实际出行量;

$D^n_{i_t j_{t+\Delta t_{ij}}}$:$t$ 时刻从站点 i 出发,用户 n 经过 Δt_{ij} 时间到站点 j 的出行需求量。

4. 模型构建

本节在考虑用户需求变化随站点需求满足率变化的基础上,将最大化企业收益作为优化目标,构建了基于用户评价的共享汽车车辆调度的数学规划模型。收益为用户借车产生的订单金额和需求满足产生的额外效益,成本包括车辆折旧费用、调度费用和需求未被满足的惩罚成本。此外,基于企业实际运营信息,将借还车约束、调度约束和用户弹性需求作为约束条件,对企业车辆调度过程中的站点可用车辆数、调度量和用户实际出行量进行求解。

(1)目标函数

模型的优化目标为提高共享汽车企业收益,本模型将目标函数设置为企业的收益,包括企业收入和企业成本两方面,目标函数公式如式(6-1)所示:

$$\max Z = \max(I_t - C_t) \tag{6-1}$$

$$I_t = \sum_{\substack{i,j_{t+\Delta t_{ij}} \in H^* \\ n \in N^*}} (1+\alpha_{i_t}) \, p \cdot G_{i,j_{t+\Delta t_{ij}}}^n \cdot \Delta t_{ij} \tag{6-2}$$

$$C_t = c_d \cdot Q + \sum_{\substack{i,j_{t+\Delta t_{ij}} \in H^* \\ n \in N^*}} \left[(c_v + c_r) \cdot R_{i,j_{t+\Delta t_{ij}}} \cdot \Delta t_{ij} + \mu (G_{i,j_{t+\Delta t_{ij}}}^n - D_{i,j_{t+\Delta t_{ij}}}^n) \right] \tag{6-3}$$

目标函数(6-1)代表最大化共享汽车企业研究时间范围内的运营收益,主要由企业收入式(6-2)减去企业运营成本式(6-3)所得。其中,企业收入包括用户租借过程中产生的订单金额和满足优质用户后为企业带来的额外效益。企业运营成本指在运营过程中产生变动的成本,包括车辆的折旧费用、调度过程中产生的调度总费用以及惩罚成本,惩罚成本指当用户的需求未被满足时,将企业的损失作为惩罚计入运营成本中。

企业收入式(6-2)中,α_{i_t}代表反映用户评价的效益系数,即满足不同用户的出行需求为企业带来的潜在收益。由于评价良好的用户不仅使用共享汽车的频率高,而且在驾驶过程中对车辆的损耗较小,发生交通事故的概率低。因此,当需求被满足的用户评价越高时,企业所获得的潜在收益越高,这一点在模型中可以通过效益系数反映。

效益系数公式如下:

$$a_{i_t} = \frac{\sum_{n \in N^*} E_n}{\sum_{j_{t+\Delta t_{ij}} \in M^*} G_{i,j_{t+\Delta t_{ij}}}^n}, \quad t \in T^* \tag{6-4}$$

其中,$\sum_{n \in N^*} E_n$表示t时刻在i站点有出行需求的用户的评价总值;E_n表示第n个用户的评价得分,以0~1内的小数表示,即将用户得分归一化处理后的数值作为用户的评价系数;$\sum_{j_{t+\Delta t_{ij}} \in M^*} G_{i,j_{t+\Delta t_{ij}}}^n$表示$t$时刻在$i$站点满足的用户出行量。

(2)约束条件

根据实际情况和优化目标,模型需满足以下约束条件:

1)站点可用车辆数约束

在调度时刻开始时,站点i在t时刻的可用车辆数与$(t-1)$时段内的可用车辆数、还车数量、调入车辆数、借车数量和调出车辆数有关。

$$V_{i_t} = V_{i_{t-1}} + \sum_{\substack{j_{t-\Delta t_{ji}} \in M^* \\ n \in N^*}} (G^n_{j_{t-\Delta t_{ji}} i_t} + R_{j_{t-\Delta t_{ji}} i_t}) - \sum_{\substack{j_{t+\Delta t_{ij}} \in M^* \\ n \in N^*}} (G^n_{i_t j_{t+\Delta t_{ij}}} + R_{i_t j_{t+\Delta t_{ij}}})$$ （6-5）

$$\forall i_t \in M^*, \quad t - \Delta t_{ji} \geq 0$$

2）车位数约束

各站点在任意时刻的可用车辆数不能超过该站点的车位数。

$$V_{i_t} \leq P_i, \quad \forall i_t \in M^*$$ （6-6）

3）车辆数约束

在任意时刻，所有站点内的可用车辆数之和不能超过系统内车辆的总数。

$$\sum_{i_t \in M^*} V_{i_t} \leq Q$$ （6-7）

4）车辆初始化约束

模型中每天的初始时刻，所有站点的车辆都会被初始化，即所有站点车辆数之和为系统内总的车辆数。

$$\sum_{i=1}^{I} V_{i_1} = Q$$ （6-8）

5）实际借车约束

任意时刻，站点 i 的实际借车数量为该站点实际需求量和可用车辆数的最小值。

$$\sum_{\substack{j_{t+\Delta t_{ij}} \in M^* \\ n \in N^*}} G^n_{i_t, j_{t+\Delta t_{ij}}} = \min\left\{V_{i_t}, \sum_{j_{t+\Delta t_{ij}} \in M^*} D_{i_t, j_{t+\Delta t_{ij}}}\right\}$$ （6-9）

6）调出车辆数约束

任意时刻，站点 i 的调出数量不应超过该站点可用车辆数减去实际借出车辆数的差值。

$$\sum_{j_{t+\Delta t_{ij}} \in M^*} R_{i_t, j_{t+\Delta t_{ij}}} \leq V_{i_t} - \sum_{\substack{j_{t+\Delta t_{ij}} \in M^* \\ n \in N^*}} G^n_{i_t, j_{t+\Delta t_{ij}}}$$ （6-10）

7）调入车辆数约束

任意时刻，站点 i 的调入数量不应超过该站点停车位数量减去可用车辆数的差值。

$$\sum_{j_{t+\Delta t_{ij}} \in M^*} R_{j_{t-\Delta t_{ji}} i_t} \leq P_i - V_{i_t}$$ （6-11）

8）需求量约束

当一个站点的需求满足率越高时，该站点能够吸引到的用户数量越多。因此，需对站点的需求量设置一个需求满足率阈值范围，当（$t-1$）时段的站点需求满足率高于阈值上限时，该站点在 t 时刻的需求量比初始需求量高；相反，当（$t-1$）时段的站点需求满足率低于阈值下限时，该站点在 t 时刻的需求量低于初始需求量。

$$\sum\nolimits_{j_{t+\Delta t_{ij}}\in M^*} D_{i_t j_{t+\Delta t_{ij}}} = \sum\nolimits_{j_{t+\Delta t_{ij}}\in M^*} D^0_{i_t j_{t+\Delta t_{ij}}} \cdot \left(1 + \frac{\sum\nolimits_{j_{t-1+\Delta t_{ij}}\in M^*} G_{i_{t-1} j_{t-1+\Delta t_{ij}}}}{\sum\nolimits_{j_{t-1+\Delta t_{ij}}\in M^*} D^0_{i_{t-1} j_{t-1+\Delta t_{ij}}}} - \theta_d \right) \quad (6\text{-}12)$$

9）正整数约束一

$$V_{i_t}、P_{i_t}、Q \in \boldsymbol{N}^+, \ \forall i_t \in \boldsymbol{M}^*, \ i \in \boldsymbol{I}^* \quad (6\text{-}13)$$

10）正整数约束二

$$G^n_{i_t j_{t+\Delta t_{ij}}}、R_{i_t j_{t+\Delta t_{ij}}}、D_{i_t j_{t+\Delta t_{ij}}} \in \boldsymbol{N}^+, \ \forall i_t j_{t+\Delta t_{ij}} \in \boldsymbol{H}^*, \ n \in \boldsymbol{N}^* \quad (6\text{-}14)$$

6.1.3 案例分析

针对用户评价结果构建的车辆调度模型，本节以兰州市共享汽车企业运营数据为基础，对构建的模型进行案例分析。首先分析本节的案例背景，包括站点数量、站点距离、时间范围选择等，其次对模型相关参数进行设置，最后分析模型的优化结果。

1. 案例背景

（1）站点选择

本节基于甘肃省兰州市的共享汽车数据开展案例研究。根据已知数据，部分站点被选择的频率较低，为避免不常用站点对调度造成的影响，对各站点的使用频次进行统计，选取出使用率较高的站点作为研究中的调度站点。如图6-2所示，本研究中共有79个站点，所有站点的总使用次数为78166次，平均每个站点的使用次数为989次。各站点之间的使用频次具有不均衡性和差异性，最大使用频次为8056次，最小为6次。

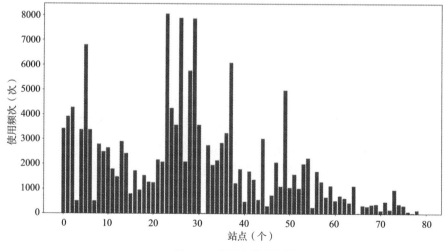

图 6-2 各站点使用频次

将站点使用频次在1000次以上的站点筛选出来，共有49个站点，这些站点每天的借还车次数在5次以上，站点使用率较高。因此，本节将基于这些站点开展案例研究。

筛选出来的站点主要分布在兰州市城区，具体分布如图 6-3 所示，其中点的大小表示站点规模大小，点越大，表示站点规模越大，即站点拥有的停车位数量越多。图 6-4 表示各站点使用频次的分布，点的大小表示站点使用频次的高低，点越大，表示站点使用频次越高，即用户在每个站点的借还车数量越多。一般情况下，站点规模与其使用频次呈正比，即站点车位数越多，借还车数量越多。

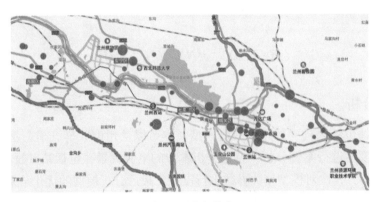

图 6-3　站点分布

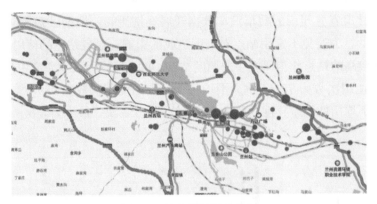

图 6-4　站点使用频次分布

筛选出来的各站点之间的距离按照经纬度距离进行计算，如式（6-15）~式（6-17）所示，发现站点间直线距离的分布范围在 0～32km，具体分布情况如图 6-5 所示。假设车辆平均速度为 30km/h，两站点间的行驶时间通过站点距离和平均速度相除所得，其分布如图 6-6 所示，可以看出站点间行驶时间多数不超过 20min。

$$d_{mn} = R \cdot \arccos\left[\cos(y_1) \cdot \cos(y_2) \cdot \cos(x_1-x_2) + \sin(y_1) \cdot \sin(y_2)\right] \quad (6-15)$$

$$x = \frac{x' \cdot PI}{180} \quad (6-16)$$

$$y = \frac{(90-y') \cdot PI}{180} \quad (6-17)$$

式中 d_{mn}——m 点到 n 点之间的距离；
  R——地球半径，取值为 6371.004km；
  x_1 和 x_2——m 点和 n 点经度的弧度值；
  y_1 和 y_2——纬度的弧度值。

式（6-16）和式（6-17）分别表示将原始的经度值和纬度值转换成弧度值，PI 取值为 3.1415927。

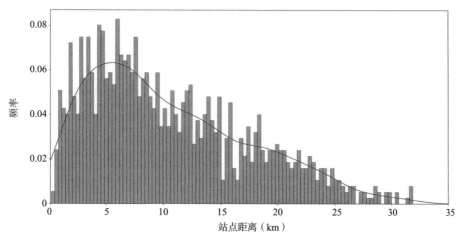

图 6-5 站点距离分布

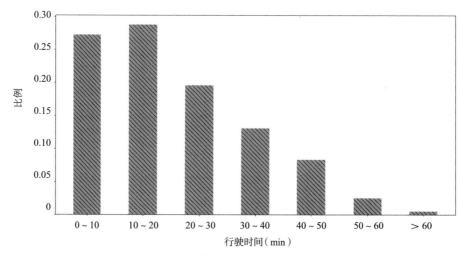

图 6-6 行驶时间分布

（2）时间范围选择

本节在企业所有的站点中筛选出 49 个站点，共包含 955 个停车位和 600 辆车。将一天平均划分成 24 个时段，分析 49 个站点在不同时段的借车和还车数量，结果如图 6-7 所示。所有站点平均一天的需求量约为 681，即一天内有 681 次借车和还车行为。分时段看，借车和还车的数量在早晚高峰均有所增加，借车数量在 7：00～21：00 期间均较多，而还车数量在18:00~19:00最多。由于0:00~6:00期间用户的需求量和借还车数量较少，本节将针对6:00~24:00的数据进行分析，共18个时段。

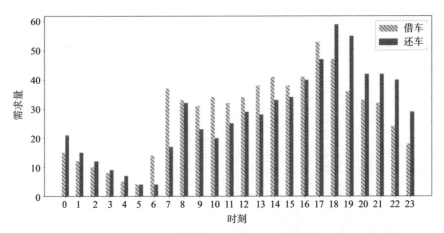

图6-7 不同时刻用户借车和还车数量

此外，分析不同时刻用户的平均评价得分，如图6-8所示。可以看出，在早晚高峰的起始时间，即7:00和17:00时，用户借车的平均得分高于还车得分，而在8:00~10:00和18:00时的用户还车平均得分高于借车平均得分，这表明用户评价较好的用户常在高峰开始时间借车，多数是以通勤为目的，这与前文中用户出行行为规律和综合评价结果一致。

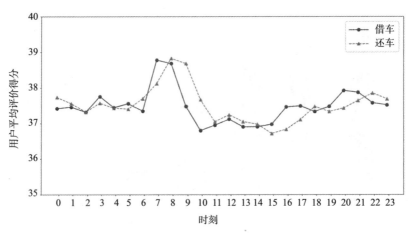

图6-8 不同时刻用户平均评价得分

2. 参数设置

（1）价格参数

模型中所用的价格参数设置如表6-1所示。

模型价格参数设置　　　　　　　　　　　　　　表 6-1

参数	c_d	c_v	c_r	p
取值	27 元/d	0.1 元/min	0.2 元/min	0.6 元/min

1）c_d：车辆折旧和维修费用，取值为每天 27 元。假设一辆车的均价为 8 万元，使用年限为 10 年，期间的维护费用为 2 万元，则平均到每天的费用约为 27 元；

2）c_v：车辆行驶 1min 消耗的成本为 0.1 元；

3）c_r：调度单辆车行驶 1min 消耗的人工费用为 0.2 元；

4）p：每辆车行驶 1min 产生的收入，取值为 0.6 元。假设所有车型相同，将所有车型的收费标准取平均，得到车辆的收入为 0.15 元/min+0.8 元/km。假设车辆在兰州市区内平均行驶速度为 30km/h，换算得到每分钟的收入约为 0.6 元/min。

（2）其他参数

模型中所用的其他参数设置见表 6-2。

模型其他参数设置　　　　　　　　　　　　　　表 6-2

参数	TI	N	θ_d	μ
取值	18	4580	[0.5，0.8]	10

1）TI：以 1h 为单位，将 6:00~24:00 平均划分为 18 个时段，取 TI=18；

2）N：用户数量为 4580；

3）θ_d：站点需求满足率指一个站点实际出行量与用户需求量的比值。当站点能够满足出行需求的比例超过阈值上限时，表明用户在该站点借到车辆的概率大，能够吸引更多的用户出行。相反，当一个站点对用户的需求满足率低于阈值下限时，用户可能会选择距离相差不大且需求满足率高的其他站点出行，使得该站点的需求量下降。结合实际与相关研究结果，将站点需求满足率的阈值上下限分别设置为 0.5 和 0.8。

令 $\theta = \dfrac{\sum_{j_{t-1+\Delta t_{sj}} \in \boldsymbol{M}^*} G_{s_{t-1}j_{t-1+\Delta t_{sj}}}}{\sum_{j_{t-1+\Delta t_{sj}} \in \boldsymbol{M}^*} D^0_{s_{t-1}j_{t-1+\Delta t_{sj}}}}$，其表示（$t$–1）时段内 s 站点的需求满足率，θ_d 计算见式（6-18）：

$$\theta_d = \begin{cases} 0.5, & \theta \leqslant 0.5 \\ \theta, & 0.5 \leqslant \theta \leqslant 0.8 \\ 0.8, & \theta \geqslant 0.8 \end{cases} \quad (6\text{-}18)$$

4）惩罚系数：当用户的出行需求未被满足时，企业会有潜在的收益损失，该损失通过惩罚系数表示。结合实际与相关研究，将惩罚系数设置为 10。

3. 结果分析

本节的模型是在用户评价的基础上建立的，主要通过效益系数体现了不同用户为企业带来的潜在收入的差异。为了更好地分析用户综合评价结果对企业运营的影响，本节将对比分析有无考虑效益系数情况下的优化结果。

(1) 优化结果对比分析

表 6-3 表示了考虑效益系数前后经济指标的变化情况,其中,经济指标指企业实际获得利润或支付的成本。可以看出,将效益系数引入模型后,企业的多数价格指标值有所增加。一方面,从成本角度分析,未考虑用户评价时,系统按照就近原则对车辆进行调度,且对未被满足的用户需求支付一定的惩罚成本。考虑效益系数后,优先满足评价较高的用户,这可能造成调度距离和调度成本的增加。此外,车辆调度的分散使得一些需求满足率较低的站点增加了需求满足率,使得用户需求量和车辆调度数进一步增加。由于系统内资源有限,即使在增加调度量的情况下,未被满足的需求量也会相应增加,带来更多的惩罚成本。另一方面,从收入角度来看,用户需求量的增加会提高车辆的利用率,增加订单数量,从而使用户支付的总体收入增加。由于总体收入的增量大于运营成本的增量,故企业的运营利润整体是增加的。

有无效益系数情况下企业经济指标　　　　表 6-3

指标	未考虑效益系数	考虑效益系数	差异
收入(元)	19212.25	20397.44	1185.19
车辆折旧费用(元)	16200	16200	0
车辆调度费用(元)	61.2	189	127.8
惩罚成本(元)	200	330	130
利润(元)	2751.05	3678.44	927.39

(2) 效益系数对共享汽车系统的影响

1) 站点需求满足率分析

站点的需求满足率即该站点中用户实际出行量与用户需求量的比值,后续将从不同时刻站点的需求量、出行量和需求满足率等角度出发,对比分析效益系数对共享汽车系统需求满足率产生的影响。

图 6-9 和图 6-10 分别表示不同时段内所有站点的用户需求量、出行量和站点需求满足率的变化情况。在考虑用户的评价结果后,调度过程中不仅考虑调度距离的长短,也会考虑用户的评价好坏。因此,对于一些距离较远但用户评价高的站点,在得到调度车辆后的站点需求满足率有所提高,同时吸引更多的用户产生用车需求,增加了系统内的需求量、出行量和调度量。其中,考虑用户效益系数后的需求量和出行量分别增加了 6.79% 和 7.54%,调度量增加了 23.53%。

图 6-11 表示各个站点在所有时段内的需求满足率。其中,共有 22 个站点的需求满足率有所增加,平均每个站点增加 0.06;26 个站点的需求满足率下降,平均每个站点下降 0.02。整体来看,所有站点在考虑效益系数后的站点平均需求满足率由 0.76 上升至 0.78,需求满足率的标准差由 0.089 降到 0.080,因此,站点需求满足率的均值和均衡性均有所提高。

第6章 基于用户综合评价的调度模型

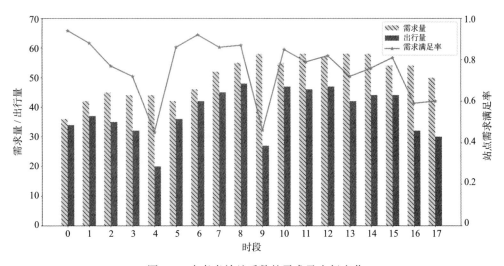

图 6-9　未考虑效益系数的需求及出行变化

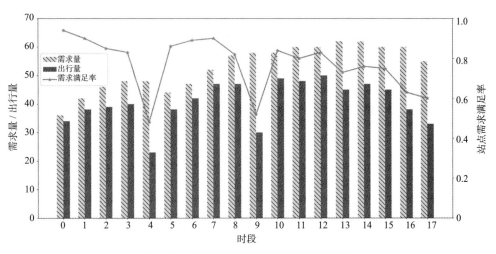

图 6-10　考虑效益系数的需求及出行变化

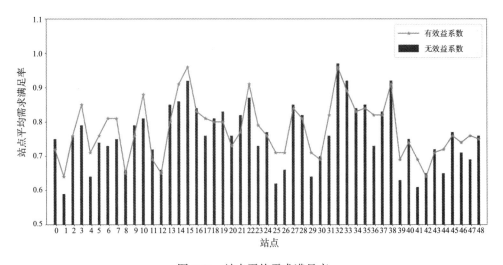

图 6-11　站点平均需求满足率

2）用户评价结果分析

用户评价值变化见图6-12，所有站点中用户平均评价值增加了1.55。由于增加效益系数后，优先满足优质用户的出行需求，多数站点中需求被满足的用户的评价值呈增长趋势，18.37%的站点中用户评价值减少，平均减少0.56，原因是这些站点中需要调度车辆的用户评价结果优于其他站点评价结果，但对比本站点中已被满足需求的用户评价结果较差，导致这些站点的平均评价值减少。整体来看，考虑效益系数后站点的平均需求满足率和用户评价值均呈上升趋势。

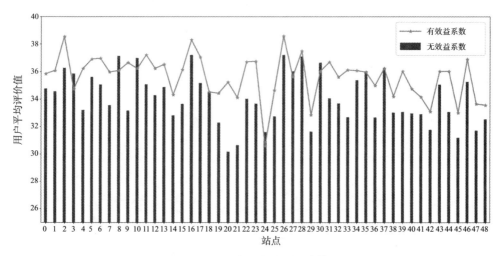

图6-12 站点用户平均评价值

3）车辆数与车辆平均收益分析

在其他条件不变的情况下，系统内车辆总数的不同也会对企业收益产生影响。因此，针对未考虑效益系数和考虑效益系数两种情况，分别对不同的车辆数下的运营收益进行分析，从而找到不同情况中最优配置车辆数。

表6-4和表6-5分别表示未考虑效益系数和考虑系数情况下设置不同车辆数时的企业经济指标，图6-13和图6-14为两种情况下的企业经济指标变化情况。以表6-5和图6-14为例，分析在考虑效益系数的情况下，车辆数对企业运营的影响。

在考虑效益系数的情况下，从价格方面分析，随着车辆数的增加，企业的收入也逐渐增加，但增加的幅度逐渐减缓，这表明车辆数较少时，能够满足的用户需求和用户实际需求也相对较少，此时给企业带来的收入较低。随着车辆数的增加，用户的出行需求满足率和订单总收入也随之增加，并逐渐趋于饱和。当车辆数达到一定的数量后，用户出行需求满足率达到阈值上限，会额外增加一些潜在需求，但增量较少，因此产生的收入增加值也变少。在企业运营成本中，车辆的折旧费用占比最大，均在总成本的90%以上，而车辆调度费用随车辆数的增加呈现先增长再降低的过程，惩罚成本从整体来看不断下降，但二者之和在总成本数中占比较小，因此运营成本基本与车辆数呈线性关系。利润由收入和成本相减所得，当车辆数逐渐增加时，用户的需求满足率逐渐提高，收益增速要高于成本的增速,整体利润不断增加。当车辆数到达一定数量后,收益增长放缓,而成本的增长趋势基本保持不变,此时的利润逐渐呈直线下降,甚至会由于成本的增加对企业造成亏损。

未考虑效益系数时的企业经济指标   表6-4

车辆数(辆)	收入(元)	车辆折旧费用(元)	车辆调度费用(元)	惩罚成本(元)	利润(元)
200	7263.47	5400	68.31	410	1385.16
300	10684.49	8100	67.47	650	1867.02
400	14799.63	10800	114.642	360	3524.988
500	17080.31	13500	115.92	310	3154.39
600	19212.25	16200	61.2	200	2751.05
700	19906.37	18900	42	60	904.37
800	20005.53	21600	10.5	20	−1624.97
900	20079.9	24300	0	0	−4220.1

考虑效益系数时的企业经济指标   表6-5

车辆数(辆)	收入(元)	车辆折旧费用(元)	车辆调度费用(元)	惩罚成本(元)	利润(元)
200	7234.56	5400	72	460	1302.56
300	11530.08	8100	89.1	750	2590.98
400	15122.24	10800	192	480	3650.24
500	18036.16	13500	217.5	340	3978.66
600	20397.44	16200	189	330	3678.44
700	21201.28	18900	67.2	200	2034.08
800	21527.84	21600	27	140	−239.16
900	22105.6	24300	2.4	0	−2196.8

从非价格方面进行分析,由于车辆数较少时,车辆资源较为紧张,所以能够满足用户用车需求的数量较少,站点需求满足率和吸引到的用户需求量均较低。同时,在用户借用车辆时可供调度的车辆数较少,导致车辆的总调度数低。随着系统内车辆数的增加,站点的平均需求满足率逐渐提高,并超过需求满足率的阈值上限,吸引用户前往站点借车出行,增加了用户的需求量。随着车辆资源的增加,车辆调度数量先增加后减少,原因在于车辆数增加量较小时,可以通过调度车辆的方式满足更多的用户出行需求,而当车辆数增加量大时,系统内车辆资源充足,即使调度车辆少也可以满足多数用车需求,导致车辆的调度数量逐渐减少。在这一过程中,可能由于车辆数较少时,从站点借车出行的用户用车需求相对较大,使用次数更多,所以整体评价略高。随着车辆数增加,更

多用户选择共享汽车出行,导致用户平均评价值更接近所有用户的平均值。但是各类用户的比例在不同车辆数情况下变化较小,使得评价值的变化幅度很小。

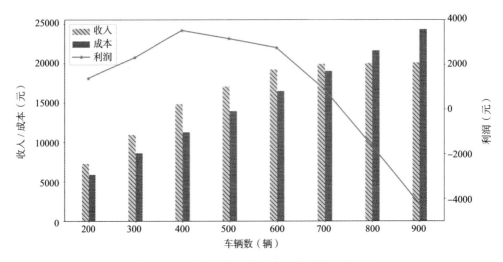

图 6-13 未考虑效益系数时的企业经济指标变化

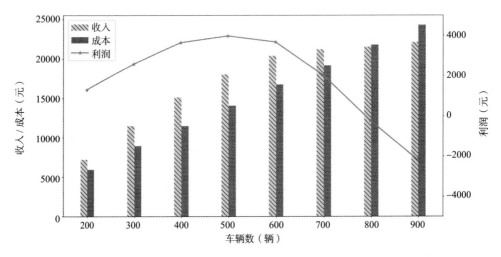

图 6-14 考虑效益系数时的企业经济指标变化

由上文可知,考虑效益系数时,企业的整体运营收入和利润比未考虑效益系数时高,但在图 6-13 和图 6-14 的两种情况下,利润最高时的车辆数分别为 400 辆和 500 辆,原因在于考虑效益系数时,用户的需求量和实际出行量有所增加,因此需要更多的车辆来满足用户的出行需求。此外,由于车辆数的差值设置为 100,可以说明是否考虑效益系数情况下,系统内最优车辆数的范围分别在 400~500 和 500~600 之间。

图 6-15 表示在考虑效益系数和未考虑效益系数的情况下,系统内平均每辆车带来的收益。从整体上看,由于用户出行量的增加和优质用户出行能够为企业带来更多收益,所以考虑效益系数时每车的平均收益要高于未考虑效益系数的平均收益。两种情况下平

均收益最高的车辆数均为 400，因此，如何保持收益最高的车辆数和每辆车的平均收益最高的车辆数一致，是企业需要考虑和解决的问题。

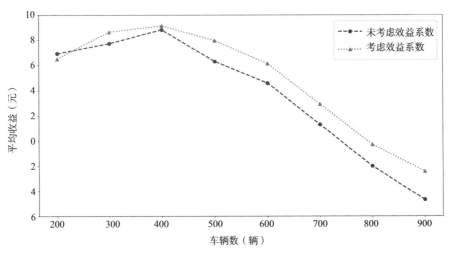

图 6-15　平均每辆车的收益

综上所述，当车辆数设置在合理范围内时，虽然订单需求满足率和用户的需求增量不能达到最高，但企业的整体运营效益是最高的，共享汽车企业在运营时可以针对用户需求的不同情况适当配置系统内车辆数。

6.2 用户综合评价模型与分析

6.2.1 典型评价模型

在对用户进行综合分析之前，本节首先对评价模型进行简要介绍与对比分析，根据不同模型的优缺点选择合理的评价模型。在此基础上，引入集成学习理论，学习综合评价模型的评价结果，从而为新用户评价奠定基础。

1. 综合评价模型理论

在对某个事物进行分析时，为评价事物的好坏或者对另一事物产生的影响，通常根据一定的准则对分析对象进行评价，从而对其进行评判和决策。评价事物某一方面的过程中，有时会采用单指标进行评价，如共享汽车用户的消费金额，金额越大表明该用户为企业创造的利润越大。但由于采用单指标进行评价会导致评价结果具有片面性，所以在对事物进行评价时，常采用多指标综合评价模型。以下是对常见的主客观综合评价模型的简要介绍。

（1）层次分析法

层次分析法指用系统分析的方法，对评价对象依据总评价目标进行连续性分解，得到各层评价准则，以最下层指标作为衡量目标达到程度的评价指标。每层指标对上层准则都有对应的评价权重，各层指标对总目标的权重由从上到下的权重依次相乘得到。层次分析法的优点是层次分明，能够逐层全面地分析问题。

（2）秩和比法

秩和比是指行或列秩次的平均值，具有 0～1 连续变量的特征。在评价矩阵中，运用参数统计分析的概念与方法研究无量纲统计量的分布，以秩和比值对评价对象的优劣进行排序。当数据量较大时，该方法的计算成本较高。

（3）模糊综合评价法

模糊综合评价法是一种基于模糊数学的评价方法，其将定性评价转化成定量评价，从而对评价对象作出总体评价。基本原理是：在确定评价对象的评价指标集合和评价等级集合的基础上，根据评价对象对评价等级的隶属度建立模糊关系矩阵，确定评价指标的权向量。最后合成评价结果向量，对结果向量进行分析，根据其等级位置对评价对象进行排序。

（4）TOPSIS 法

TOPSIS 法被称为优劣解距离法。基本原理是对所有指标进行同趋势化处理，即将所有指标转化为极大型指标。其次在对指标进行归一化处理后，建立标准化矩阵，从所有样本中计算每个指标的最优值和最劣值，从而确定最优解和最劣解。计算每个样本和最优劣解之间的距离，根据距离判断评价对象的好坏。该方法的优点是能够充分利用数据信息，不受样本量的影响。

2. 集成学习理论

集成学习指通过构建并结合多个学习器来完成学习任务，从而提升学习性能，相较于单个模型的学习效果更优。在学习策略中，平均法应用于回归学习，投票法应用于分类学习。多数集成模型属于同质集成，即个体学习器均采用相同的基础学习算法，这些学习器组成集成模型。当集成中的个体学习器不同时即为异质集成。

根据集成方法的不同，可以将集成学习分为两类：串行集成方法和并行集成方法。串行集成方法中个体学习器间存在较强的依赖关系，代表模型为 Boosting 等；并行集成方法的个体学习器间不存在强依赖关系，代表模型为 Bagging、随机森林等。

下面简要介绍几类典型的集成学习模型。

（1）随机森林

随机森林算法以决策树为个体学习器，组成一个决策树的"森林"，在训练过程中引入随机属性选择，从决策树节点属性集中随机选择 k 个属性组成属性集，再从该属性集中选取最优的划分属性。最后，通过多棵决策树的学习结果进行决策。

（2）AdaBoost

AdaBoost 算法采用调整样本权重的方式调整样本分布，当前一轮的个体学习器分类错误时，提高错误样本的权重，降低正确样本的权重，更多地关注错误分类。赋予每个个体学习器不同的权值，误差率越小，权值越大，以此得到更准确的学习结果。

（3）GBDT

GBDT 指梯度提升树，也是 Boosting 系列算法中的一个代表算法。提升树以决策树为个体学习器，损失函数为平方损失和指数损失时优化相对简单，而对于一般损失函数，通常采用梯度提升树进行优化。其主要思想是利用最速下降的近似方法建立损失函数的梯度下降方向，以负梯度拟合损失的近似值，从而提高学习性能。

6.2.2 共享汽车用户评价指标体系构建

构建共享汽车用户的评价指标体系是对其进行综合评价的前提。在构建评价体系时，需要从多方面考虑用户的价值。在分析用户行为的基础上，本节创新性地提出从经济价值、出行模式稳定性以及出行安全性三个方面对用户进行评价。

经济价值是指用户在经济方面对企业获利创造的价值，直观表现就是用户的消费金额、出行频率等，当用户出行次数多、消费金额大时，用户对企业的经济价值越大。

出行模式稳定性是指用户出行具有的规律性，当用户出行存在明显的规律时，有利于企业对车辆进行调度分配，从而减少运营成本。

出行安全性是指用户在驾驶过程中的安全性，用户驾驶越安全稳定，企业为维护车辆、安全损失等方面付出的成本越低，因此用户对企业的安全价值越高。

基于以上三个方面对用户价值进行全面、客观的评价，从而为企业后续用户管理、经营策略制定提供技术与方法支撑。

1. 评价指标体系的构建原则

构建共享汽车用户综合评价体系时，第一步是确定用户的各类评价指标及其定义。在指标的选取过程中，不仅要考虑到指标对于用户评价是否适用，还应考虑到指标对用户分析是否全面、准确。因此，筛选评价指标应遵循以下几项原则。

（1）科学性原则

在指标的选取过程中，需考虑到指标体系的完整性，尽可能对共享汽车用户多方面进行评价分析，同时在不遗漏指标的前提下注意指标的代表性，即考虑单项指标在整体指标中的影响。

（2）系统性原则

系统性原则是指各指标在其含义、计算方法等方面能够相互协调，在确保指标体系覆盖全面的基础上，保持自身的独立性，避免指标间具有较强的相关性。

（3）可行性原则

指标体系的建立不能脱离用户使用的具体情况，在对用户进行评价时应考虑是否符合实际，对标准不能定得太高或太低，导致评价不准确。

（4）结合性原则

在评价用户时，考虑到对用户的评价内容和指标性质，需将定量指标和定性指标相结合，从而准确全面地对用户进行描述和判断。此外，当需要对结果进行量化处理时，可将定性指标定量化表示。

（5）目标性原则

构建指标体系的目标是为了对用户在使用共享汽车过程中的多方面行为进行评价，一方面为企业制定经营策略提供依据，另一方面利于科学引导用户的行为，因此在整个体系的构建过程中需围绕这一目标进行。

2. 用户评价指标体系的构建

由于用户评价指标体系的评价对象是共享汽车用户,评价目的是分析每名用户对企业的整体影响。因此,评价指标的选取应围绕用户出行的各方面进行,既包括用户总体出行对企业产生的经济利益,又包括用户整体出行稳定性和出行的安全性对企业运营产生的影响。基于此,本节对用户的评价主要分为三个方面:用户经济价值、用户出行稳定性以及用户出行安全性。

用户经济价值是指用户使用共享汽车出行过程中,能够为企业带来的实际利润。其直观体现在用户的总消费金额上,即用户租车总共花费的金额数。此外,用户出行频率高、租赁较高价格的车型、注册时间长、用车持续时间长也间接反映了用户对企业的经济价值。

用户出行稳定性会对企业的经营调度产生重要影响。当用户出行稳定性高时,对该名用户的出行预测准确率越高,有利于企业提前调整调度方案,降低企业运营成本。而用户出行稳定性体现在借还车站点、出行时刻、出行时长等方面。

用户出行安全性反映了用户驾驶车辆过程中的安全观念及操纵车辆的熟练程度,此外,用户保持稳定的驾驶安全性减少了对车辆自身的损耗,企业为维修车辆付出的成本和承担事故责任的风险随之降低。因此,用户出行安全性也是对用户评价的一方面,指标包括用户的急加减速次数、转向平稳性、超速时间比例等。

从 3 个方面选取的指标及其含义见表 6-6,评价体系见图 6-16。

用户综合评价指标　　　　表 6-6

标准层(子指标)	指标层(指标)	指标含义
用户经济价值 θ_1	总消费金额 θ_{11}	用户在所有出行中总共花费的金额数
	总使用次数 θ_{12}	用户使用车辆出行的总次数
	用车类型 θ_{13}	最高频率使用的车辆类型
	注册时长 θ_{14}	用户注册距统计结束的间隔天数
	最后用车时间差 θ_{15}	用户最后一次用车距统计结束的间隔天数
用户出行稳定性 θ_2	站点异质性比例 θ_{21}	用户借还车站点不一致的次数占总出行次数的比例
	站点使用稳定性 θ_{22}	用户高频借车和还车站点的使用次数占总使用次数的比例
	出行日期稳定性 θ_{23}	用户高频日期的出行次数占总出行次数的比例,可判断用户是否常在工作日出行
	出行距离稳定性 θ_{24}	用户高频出行距离的出行次数占总出行次数的比例,可判断用户的出行距离长短
	出行时长稳定性 θ_{25}	用户高频时长的出行次数占总出行次数的比例,可分析用户出行时长规律
	出行时刻稳定性 θ_{26}	用户高频时刻的出行次数占总出行次数的比例,可分析用户在出行时刻方面的稳定性
	平均速度稳定性 θ_{27}	用户所有出行的平均速度的标准差

续表

标准层（子指标）	指标层（指标）	指标含义
用户出行安全性 θ_3	速度平稳性 θ_{31}	用户所有订单速度平稳性的均值，速度平稳性为速度标准差与速度均值的比值
	超速时间比例 θ_{32}	平均每次出行超速时长占出行总时长的比值
	加速度平稳性 θ_{33}	用户所有订单加速度平稳性的均值，加速度平稳性为加速度标准差与加速度均值的比值
	最大加速度 θ_{34}	用户在所有出行中最大加速度的均值
	最大减速度 θ_{35}	用户在所有出行中最大减速度的均值
	转向平稳性 θ_{36}	用户平均每次出行的转向度标准差与转向度均值的比值
	最大转向角 θ_{37}	用户在所有出行中最大转向角的均值
	百公里急加速次数 θ_{38}	平均每行驶 100km 急加速的次数
	百公里急减速次数 θ_{39}	平均每行驶 100km 急减速的次数
	百公里急转弯次数 θ_{310}	平均每行驶 100km 急转弯的次数

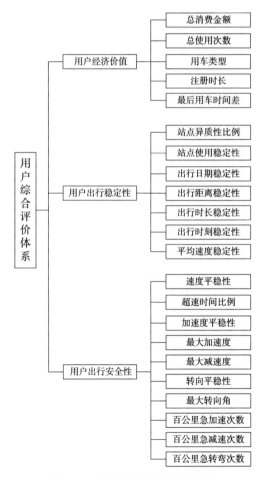

图 6-16 用户综合评价指标体系

6.2.3 共享汽车用户评价模型构建

在构建共享汽车用户评价指标体系的基础上，本节对用户构建综合评价模型。首先，为保证分析评价的客观性和真实性，本节对熵权法—层次分析法确定的各评价指标的综合权重进行融合。其次，基于TOPSIS法根据用户自身行为与优劣行为的对比，构建用户综合评价模型，得到每名用户的综合排名和成绩。最后，创新性地将集成学习方法应用到共享汽车用户的评价中，采用GBDT算法学习评价结果，构建新用户评价预测模型，可在保证评价准确性的前提下降低计算成本。评价模型构建流程如图6-17所示。

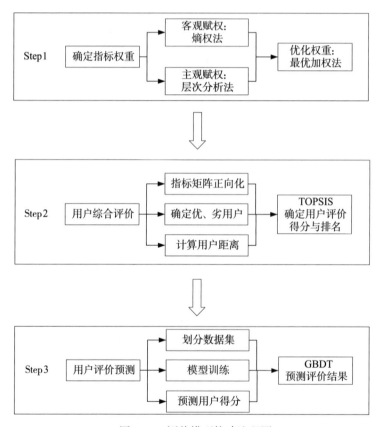

图6-17 评价模型构建流程图

1. 评价指标权重的确定

在综合评价中，评价指标权重的确定是研究的关键问题之一。总体可分成主观赋权法和客观赋权法。其中，主观赋权法依据专家的实际经验，专家需要结合实际情况，再根据经验判断各指标对应的权重。这种方法的优点是具有很强的实效性，可以反映实际需要，缺点则是客观性差、工作量大，且受主观因素的影响比较大。主观赋权法主要包括德尔菲法、层次分析法等。客观赋权法通过数学方法来确定原始数据的关系，进而确定指标的权重。其优点是有较强的数学理论依据，减少主观因素对权重的影响，缺点是不能体现评价者对不同属性指标的重视程度，忽略了实际情况。客观赋权法主要包括熵权法、主成分分析法等。本节结合熵权法和层次分析法,利用主观和客观相结合的方式确定指标的权重,从而使权重既能联系实际,也能保持客观性。

(1) 熵权法

熵值可以用来判断某一指标的离散程度。当指标的信息量越大时,不确定性越小,熵也就越小;反之,信息量越小,不确定性越大,熵也越大。因此,可以根据熵的特性来判断某个指标的离散程度和对评价的影响程度。

采用熵权法对共享汽车用户的评价过程如下:

1) 建立评价指标矩阵

假设需要对 n 名共享汽车用户进行评价,从指标层计算共有 m 个评价指标,根据每名用户的不同指标数据可以建立一个 $m \times n$ 的用户评价矩阵 $\boldsymbol{A}$:

$$\boldsymbol{A} = \begin{bmatrix} a_{11} & a_{12} & \cdots & a_{1m} \\ a_{21} & a_{22} & \cdots & a_{2m} \\ \vdots & \vdots & \ddots & \vdots \\ a_{n1} & a_{n2} & \cdots & a_{nm} \end{bmatrix} \quad (6\text{-}19)$$

其中,a_{ij} 表示第 i 名用户的第 j 个评价指标的数值,$i=1, 2, \cdots, n$;$j=1, 2, \cdots, m$。

2) 评价指标标准化

由于各项评价指标的计量单位并不统一,如消费金额的单位是"元",注册时长的单位是"d"。因此,在使用指标数据计算综合指标前,本节同样采用 min-max 标准化方法对数据进行标准化处理。

3) 计算每名用户占各指标的比重

计算第 j 项评价指标下第 i 名用户所占的比重。在上一步的基础上计算概率矩阵 $\boldsymbol{P}$,$\boldsymbol{P}$ 中的每一个元素如下:

$$p_{ij} = \frac{a'_{ij}}{\sum_{i=1}^{n} a'_{ij}}, \quad i=1, \cdots, n; \quad j=1, \cdots, m \quad (6\text{-}20)$$

最终,得到处理后的指标评价矩阵 $\boldsymbol{P}$:

$$\boldsymbol{P} = \begin{bmatrix} p_{11} & p_{12} & \cdots & p_{1m} \\ p_{21} & p_{22} & \cdots & p_{2m} \\ \vdots & \vdots & \ddots & \vdots \\ p_{n1} & p_{n2} & \cdots & p_{nm} \end{bmatrix} \quad (6\text{-}21)$$

4) 计算评价指标的熵值

对第 j 个指标而言,其熵值的计算公式为:

$$e_j = -k \sum_{i=1}^{n} p_{ij} \ln(p_{ij}) \quad (6\text{-}22)$$

其中,$k = \dfrac{1}{\ln(n)}$,e_j 越大,则第 j 个指标的熵值越大。

5）计算指标权重

在用户评价指标体系中，指标层第 j 个指标的权重计算公式为：

$$w_j = \frac{1-e_j}{\sum_{j=1}^{m}(1-e_j)}, \quad j=1, 2, \cdots, m \tag{6-23}$$

（2）层次分析法

层次分析法主要是将一个复杂的决策问题划分成多个层次，由专家对同一层次的指标相对重要性进行判断。基本步骤如下：

1）建立递阶层次结构模型

首先需要确定评价指标的层次结构，根据指标的相互关系将其分成三层结构，层级由上到下依次是目标层、准则层、指标层，下层指标受上层指标的影响，如图 6-18 所示。

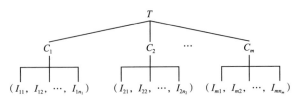

图 6-18 递阶层次结构模型图

其中，T 表示的是用户评价指标体系中的目标层，即用户综合评价体系；C_m 代表准则层，在本节中指用户经济价值、用户出行模式稳定性和用户出行安全性；I_{mn} 指第 m 个准则层中的第 n 个评价指标。

2）构造判断矩阵

层次分析法中，需要判断不同指标层的指标重要性，即决策者对比同级指标 i 和 j 的相对重要程度。此过程可按照 1~9 标度法对重要程度进行赋值，如表 6-7 所示。

1~9 标度法   表 6-7

标度	含义
1	第 i 个指标与第 j 个指标同等重要
3	第 i 个指标比第 j 个指标略微重要
5	第 i 个指标比第 j 个指标明显重要
7	第 i 个指标比第 j 个指标非常重要
9	第 i 个指标比第 j 个指标绝对重要
2, 4, 6, 8	介于上述两个判断的中值
倒数	第 j 个指标相对第 i 个指标的重要程度

根据上述标度法可以对同一准则对应的用户评价指标构造两两比较的判断矩阵 A，当

同一准则包括 n 个指标时，A 为 $n \times n$ 阶矩阵。

$$A = (a_{ij})_{n \times n} \quad (6\text{-}24)$$

式中　a_{ij}——第 i 个指标与第 j 个指标的相对重要程度值。

3）指标相对权重计算

首先计算判断矩阵 A 的特征根，公式为：

$$A\omega = \lambda_{\max}\omega \quad (6\text{-}25)$$

式中　$\lambda_{\max}$——矩阵 A 的最大特征值；
　　　ω——矩阵 A 对应的特征向量。ω 经过归一化处理后的向量即各指标对应的权重向量。

4）一致性检验

一致性指标为 CI，其计算公式为：

$$CI = \frac{\lambda_{\max} - n}{n - 1} \quad (6\text{-}26)$$

随机一致性指标为 RI，参考值见表 6-8。

随机一致性指标　　表 6-8

n	1	2	3	4	5	6	7	8	9	10
RI	0	0	0.58	0.90	1.12	1.24	1.32	1.41	1.45	1.49

一致性比率为 CR，计算公式为：

$$CR = \frac{CI}{RI} \quad (6\text{-}27)$$

当 $CR < 0.1$ 时，通过一致性检验。

5）指标综合权重计算

第 3）步中计算的指标权重代表每个评价指标对应上一层准则的权重，当计算各指标对用户综合评价体系的综合权重时，需要从目标层向下依次对单个准则的权重相乘，乘积即为各评价指标的综合权重。

（3）熵权 – 层次分析法

熵权法能够有效利用数据信息确定指标权重，但忽略了指标对用户评价的实际影响，而层次分析法结合实际对各指标进行权重计算的同时，忽略了数据中可能存在的影响。因此，本节将熵权法和层次分析法结合起来，对评价指标进行合理赋权。为使优化权重更加接近得到的两种权重，本节采用最优加权法确定最终的优化权重。

假设熵权法的指标权重为 w_{1k}，层次分析法的权重为 w_{2k}，优化权重为 w_k。

$$\min W = \sum_{k=1}^{n}\left(w_k \times \ln\frac{w_k}{w_{1k}}\right) + \sum_{k=1}^{n}\left(w_k \times \ln\frac{w_k}{w_{2k}}\right) \tag{6-28}$$

$$s.t. \sum_{k=1}^{n} w_k = 1, \quad w_k > 0 \tag{6-29}$$

通过拉格朗日乘子法确定优化权重，计算公式为：

$$w_k = \frac{\sqrt{w_{1k} \times w_{2k}}}{\sum_{k=1}^{n}\sqrt{w_{1k} \times w_{2k}}} \tag{6-30}$$

计算得到的权重数值大小，可以反映出其对应指标的重要程度。与未赋权的评价结果对比，通过对指标赋予权重，能够使评价结果更加符合实际情况，准确性更高。

2. 基于 TOPSIS 法的评价模型

TOPSIS 法又称为优劣解距离法，其能够根据原始数据信息，在确定最优解和最劣解的基础上，反映各个解与二者之间的距离，再根据距离确定解的优劣。在本节中，最优解即所有用户行为数据中最优评价数据的集合，最劣解是所有用户评价数据中最差数据的集合。TOPSIS 法的具体步骤如下：

（1）原始矩阵正向化

由于对用户评价的指标含义不同，因此，不同的指标存在不同的评价标准。其中，消费金额等正向性指标数值越高越好，急加速次数等负向性指标数值越低越好，而适度性指标是当数值越接近某一值或某一区间时越优。基于此，采用不同的算法对不同标准的评价指标分布进行正向化处理。假设共享汽车用户的某个评价指标数据为 $\{x_i\}$，$i=1$，2，$\cdots$，n。

当指标属于正向性指标时，正向化公式为：

$$x_i' = \frac{x_i - \min\{x_i, \cdots, x_n\}}{\max\{x_1, \cdots, x_n\} - \min\{x_1, \cdots, x_n\}} \tag{6-31}$$

当指标属于负向性指标时，正向化公式为：

$$x_i' = \frac{\max\{x_i, \cdots, x_n\} - x_i}{\max\{x_1, \cdots, x_n\} - \min\{x_1, \cdots, x_n\}} \tag{6-32}$$

当指标属于数值最优的适度性指标时，设最优值为 x^*，正向化公式为：

$$x_i' = 1 - \frac{|x_i - x^*|}{\max\{|x_1 - x^*|, |x_2 - x^*|, \cdots, |x_n - x^*|\}} \tag{6-33}$$

当指标属于区间最优的适度性指标时，设最优区间为 $[x_{\min}^*, x_{\max}^*]$，正向化公式为：

$$x_i' = \begin{cases} 1 - \dfrac{|x_i - x_{\min}^*|}{M}, & x_i < x_{\min}^* \\ 1, & x_{\min}^* \leqslant x_i \leqslant x_{\max}^* \\ 1 - \dfrac{|x_i - x_{\max}^*|}{M}, & x_i > x_{\max}^* \end{cases} \quad (6\text{-}34)$$

其中，$M = \max\{x_{\min}^* - \min\{x_i\}, \max\{x_i\} - x_{\max}^*\}$。

（2）正向化矩阵标准化

假定共有 n 名共享汽车用户作为评价对象，将评价指标体系中指标层的指标作为评价指标，正向化后的 m 个评价指标构成的正向化矩阵为：

$$\boldsymbol{X} = \begin{bmatrix} x_{11} & x_{12} & \cdots & x_{1m} \\ x_{21} & x_{22} & \cdots & x_{2m} \\ \vdots & \vdots & \ddots & \vdots \\ x_{n1} & x_{n2} & \cdots & x_{nm} \end{bmatrix} \quad (6\text{-}35)$$

对其标准化的矩阵记作 $\boldsymbol{Z}$，$\boldsymbol{Z}$ 中元素的表示如下：

$$z_{ij} = \dfrac{x_{ij}}{\sqrt{\sum_{i=1}^{n} x_{ij}^2}} \quad (6\text{-}36)$$

（3）确定最优解和最劣解

由上述步骤将所有指标转换成正向性指标，得到标准化矩阵 $\boldsymbol{Z}$。

$$\boldsymbol{Z} = \begin{bmatrix} z_{11} & z_{12} & \cdots & z_{1m} \\ z_{21} & z_{22} & \cdots & z_{2m} \\ \vdots & \vdots & \ddots & \vdots \\ z_{n1} & z_{n2} & \cdots & z_{nm} \end{bmatrix} \quad (6\text{-}37)$$

最优解是在所有用户的评价指标中结果最大的解，即最优行为的集合，定义为 $\boldsymbol{Z}^+$。

$$\boldsymbol{Z}^+ = (Z_1^+, Z_2^+, \cdots, Z_m^+) = (\max\{z_{11}, z_{21}, \cdots, z_{n1}\}, \cdots, \max\{z_{1m}, z_{2m}, \cdots, z_{nm}\}) \quad (6\text{-}38)$$

最劣解即所有用户中评价指标结果最小的解，为最劣行为的集合，定义为 $\boldsymbol{Z}^-$。

$$\boldsymbol{Z}^- = (Z_1^-, Z_2^-, \cdots, Z_m^-) = (\min\{z_{11}, z_{21}, \cdots, z_{n1}\}, \cdots, \min\{z_{1m}, z_{2m}, \cdots, z_{nm}\}) \quad (6\text{-}39)$$

（4）计算每名用户到最优劣解的距离

假设所有评价指标的权重为 $\boldsymbol{W} = \{w_1, w_2, \cdots, w_m\}$。定义第 i 名用户所有指标与两种解的距离分别为 D_i^+ 和 D_i^-。

$$D_i^+ = \sqrt{\sum_{j=1}^{m} \omega_j (Z_j^+ - z_{ij})^2} \quad (6\text{-}40)$$

$$D_i^- = \sqrt{\sum_{j=1}^{m} \omega_j (Z_j^- - z_{ij})^2} \tag{6-41}$$

（5）计算用户综合评价值

在得到与最优解和最劣解的距离后，计算第 i 名用户的综合得分为 S_i。

$$S_i = \frac{D_i^-}{D_i^+ + D_i^-} \tag{6-42}$$

由式（6-42）可以得出，$0 \leq S_i \leq 1$。评价值越接近 1，表明评价结果越接近最优解，用户的综合评价越高；相反，评价值越接近 0，表明用户的综合行为越接近最劣解，得到的评价也越低。对 n 名共享汽车用户的得分进行排序，从而判断各用户综合行为的优劣，可以得到用户的综合评价结果。

3. 基于 GBDT 预测的评价模型

随着新用户的不断加入，共享汽车企业的市场规模也在不断增加。由于采用 TOPSIS 法对用户进行评价时，需要对企业所有用户进行重新评价来计算得分，每新增一名用户需要对所有用户重新评价，对企业分析用户的成本要求较高。因此，为提高评价效率，本节在对上述 TOPSIS 法评价分析的基础上，采用 GBDT 集成算法对已有评价结果进行学习，利用学习结果对新用户进行评价，从而减少企业运营成本，同时为企业的运营决策提供支持。

GBDT 算法主要由 CART 回归树和梯度提升结合形成。

（1）CART 回归树

由于 GBDT 每次迭代拟合的梯度值是连续值，所以分类和回归问题使用的决策树常为 CART 回归树。CART 算法使用二元切分法调整树的构建过程，使其能够处理连续型特征。具体过程为：特征值大于给定值时走左子树，否则走右子树。

CART 算法主要分为决策树生成和决策树剪枝。决策树生成是指递归地构建二叉决策树。基于训练数据集生成决策树，自上而下从根开始建立节点，在每个节点处选择一个最好的属性来分裂，从而生成决策树。决策树剪枝是用验证数据集对已生成的树进行剪枝，以损失函数最小作为剪枝的标准选择最优子树。

1）决策树生成

输入：用户行为数据集 $D = \{(x_1, y_1), (x_2, y_2), \cdots, (x_N, y_N)\}$，$x_i \in \chi \in \mathbf{R}^n$，$y_i \in \gamma \in \mathbf{R}$。

输出：CART 回归树。

Step1：选取最优切分评价指标 j 与对应的切分点 s，求解：

$$\min_{j,s} \left[\min_{c_1} \sum_{x_i \in R_1(j,s)} (y_i - c_1)^2 + \min_{c_2} \sum_{x_i \in R_2(j,s)} (y_i - c_2)^2 \right] \tag{6-43}$$

遍历所有用户评价指标，确定最优切分的评价指标 j，扫描指标 j 值的范围并找到切分点 s，选取使式（6-43）的值最小的数值对 (j, s)。其中，$R_1(j, s) = \{x | x^{(j)} \leq s\}$，表示评价指标 j 中指标数据小于等于 s 的所有用户行为数据集合，$R_2(j, s) = \{x | x^{(j)} > s\}$

为剩余的用户行为数据集合。c_m 是数据集合 R_m 上的回归决策树输出，即数据集合 R_m 所有用户行为数据 x_i 对应的用户综合评价结果 y_i 的均值。

Step2：使用选取 (j, s) 的划分用户行为数据集合，并确定集合对应的用户评价结果均值：

$$\hat{c}_m = \frac{1}{N_m} \sum_{x_i \in R_m(j, s)} y_i, \ x \in R_m, m=1, 2 \quad (6\text{-}44)$$

Step3：将根节点分成 2 支后，不断对生成的两个子行为数据集合调用上述两个步骤，当结果满足停止条件时即停止调用。

Step4：将用户行为数据集划分为 M 个子集合，每个子集合对应不同评价指标。根据不同节点划分出的用户行为数据集，即 $R_1, R_2, \cdots, R_M$，生成决策树：

$$f(x) = \sum_{m=1}^{M} \hat{c}_m I(x \in R_m) \quad (6\text{-}45)$$

即当使用用户行为数据测试集预测行为评价时，最终落进叶节点的评价均值被当作最终的用户评价结果。

2）决策树剪枝

输入：CART 树生成算法得到的原始决策树 T_0。

输出：最优决策树 T_α。

Step1：初始化 $k=0$，$\alpha=+\infty$，$T=T_0$。

Step2：从叶子节点开始自下而上计算各内部节点 t 的 $C(T_t)$、$|T_t|$ 和 α。

$$g(t) = \frac{c(t) - C(T_t)}{|T_t| - 1} \quad (6\text{-}46)$$

$$\alpha = \min[(g(t), \alpha] \quad (6\text{-}47)$$

式中　T_t——以 t 为根节点不进行剪枝的子树，t 中用户行为子数据集的划分保持不变；

　　　t——进行剪枝，仅保留 t 并将 t 作为叶节点，即将原来 t 中所有用户行为子数据集集中到 t 中；

$C(T_t)$——内部节点 t 的训练误差损失函数，在本节中表示用户实际评价结果与预测评价结果的均方差；

$|T_t|$——叶子节点数，即用户行为子数据集的个数；

　　　α——正则化阈值。

Step3：从上到下地遍历内部节点 t，当 $\alpha \geq g(t)$ 时，对该节点 t 进行剪枝，并决定叶节点 t 的值为其包含的所有用户评价结果的均值，得到树 T。

Step4：$k=k+1$，令 $\alpha_k=\alpha$，$T_k=T$。

Step5：若 T 不是由根节点单独组成的树，则返回 Step2；否则，令 $T_n=T_k$。

Step6：在子树序列 $\{T_0, T_1, \cdots, T_n\}$ 中交叉验证选取最优子树 T_α。

（2）提升树

提升树模型可以表示为决策树的加法模型：

$$f_{M(x)} = \sum_{m=1}^{M} T(x; \Theta_m) \tag{6-48}$$

式中　$T(x; \Theta_m)$——决策树；

　　　Θ_m——决策树参数；

　　　M——树的个数。

首先确定初始提升树 $f_0(x) = 0$，第 m 步的模型为：

$$f_m(x) = f_{m-1}(x) + T(x; \Theta_m) \tag{6-49}$$

其中，$f_{m-1}(x)$ 为当前模型，通过经验风险极小化确定下一棵树的参数 Θ_m：

$$\hat{\Theta}_m = \operatorname{argmin}(\Theta_m) \sum_{i=1}^{N} L[y_i, f_{m-1}(x_i) + T(x_i; \Theta_m)] \tag{6-50}$$

回归问题的提升树算法如下：

输入：训练数据集 $D = \{(x_1, y_1), (x_2, y_2), \cdots, (x_N, y_N)\}$，$x_i \in \chi \in \boldsymbol{R}^n$，$y_i \in \gamma \in \boldsymbol{R}$。

输出：提升树 $f_M(x)$。

Step1：初始化 $f_0(x) = 0$。

Step2：令 $m = 1, 2, \cdots, M$，

（a）计算残差

$$r_{mi} = y_i - f_{m-1}(x_i), \ i = 1, 2, \cdots N \tag{6-51}$$

（b）拟合残差 r_{mi} 学习一个回归树，得到 $T(x; \Theta_m)$；

（c）更新 $f_m(x) = f_{m-1}(x) + T(x; \Theta_m)$。

Step3：得到回归问题提升树：

$$f_M(x) = \sum_{m=1}^{M} T(x; \Theta_m) \tag{6-52}$$

（3）GBDT 算法

当损失函数为一般损失误差函数时，求解残差较为困难，所以可以将回归问题中残差的近似值确定为损失函数的负梯度值，即梯度提升树算法。在第 m 轮中，第 i 个样本损失函数的负梯度为：

$$\varepsilon_{mi} = -\left\{\frac{\delta L[y, f(x_i)]}{\delta f(x_i)}\right\}_{f(x) = f_{m-1}(x)} \tag{6-53}$$

将 CART 回归决策树作为个体学习器，结合梯度提升树算法形成 GBDT 算法，GBDT 算法如下：

输入：用户行为数据集 $D = \{(x_1, y_1), (x_2, y_2), \cdots, (x_N, y_N)\}$，$x_i \in \chi \in \boldsymbol{R}^n$，

$y_i \in y \in \mathbf{R}$，其中，x_i 表示第 i 名用户的行为数据向量，y_i 表示第 i 名用户的评价结果；损失函数 $L[y, f(x)]$；迭代次数 M。

输出：用于预测评价用户的 GBDT 回归树。

Step1：初始化 CART 回归决策树：

$$f_0(x) = \min \sum_{i=1}^{N} L(y_i, c) \tag{6-54}$$

式中　c——所有用户行为训练数据集中用户评价结果的均值；
$L(y_i, c)$——损失函数，即输入数据集中用户评价结果与结果均值的差异，用均方差表示。

Step2：对迭代次数 $m=1, 2, \cdots, M$，

（a）计算损失函数的负梯度：

$$\varepsilon_{mi} = -\left[\frac{\partial L(y, f(x_i))}{\partial f(x_i)}\right]_{f(x)=f_{m-1}(x)} \tag{6-55}$$

（b）将负梯度 ε_{mi} 作为用户评价样本新的真实值，用户行为数据 (x_i, ε_{mi})，$i=1, 2, \cdots, N$ 作为新的训练数据集，训练得到新的回归树 $f_m(x)$，其对应的各用户评价指标子数据集为 R_{mj}，$j=1, 2, \cdots, J$，J 为叶子节点的个数，即用户行为数据集被划分的个数。

（c）对所有子数据集 $j=1, 2, \cdots, J$ 计算最佳拟合值：

$$c_{mj} = \mathrm{argmin} \sum_{x_i \in R_{mj}} L[y_i, f_{m-1}(x_i)+c] \tag{6-56}$$

此时，c 为上一轮损失函数负梯度的均值，即对用户评价结果和上一轮预测结果的差值求平均。

（d）更新

$$f_m(x) = f_{m-1}(x) + l_r \sum_{j=1}^{J} c_{mj} I(x \in \mathbf{R}_{mj}) \tag{6-57}$$

式中　l_r——学习率，可以避免训练时产生过拟合的现象；
$f_m(x)$——生成的第 m 棵 CART 回归树，输出的结果为用户评价结果与预测评价结果的差异。

Step3：得到最终的 GBDT 回归树：

$$f(x) = f_M(x) = f_0(x) + \sum_{m=1}^{M} \sum_{j=1}^{J} c_{mj} I(x \in \mathbf{R}_{mj}) \tag{6-58}$$

式中　$f_0(x)$——初始回归树中所有用户评价结果的平均值；
$f(x)$——对 M 棵 CART 回归树的输出值求和，即将用户评价结果的均值和预测结果的差值相加，从而得到用户最终的评价结果。

6.2.4　案例分析

用户是共享汽车的使用主体，对用户进行全面综合的评价能够为共享汽车企业运营

提供一定的参考，同时也能够对用户的行为起到一个积极引导的作用。本节在上述构建用户评价指标体系和综合评价模型的基础上，采用实际数据对4580名共享汽车用户的综合价值进行实证分析。

1. 评价指标权重的确定

（1）熵权法确定指标权重

首先，根据确定的22个指标对4580名用户进行评价，建立一个22×4580的评价矩阵，并对各指标进行标准化处理，处理后的矩阵如下：

$$A = \begin{bmatrix} 0.0019 & 0.0000 & 0.6667 & 0.5736 & \cdots & 0.0986 & 0.0000 & 0.0000 & 0.0000 \\ 0.0041 & 0.0000 & 0.0000 & 0.0857 & \cdots & 0.1146 & 0.0000 & 0.0000 & 0.1142 \\ 0.0244 & 0.0498 & 0.3333 & 0.0664 & \cdots & 0.0967 & 0.0000 & 0.0000 & 0.0000 \\ 0.0668 & 0.0268 & 1.0000 & 0.0809 & \cdots & 0.1067 & 0.0000 & 0.0000 & 0.0285 \\ \vdots & \vdots & \vdots & \vdots & \ddots & \vdots & \vdots & \vdots & \vdots \\ 0.0874 & 0.0804 & 0.6667 & 0.0845 & \cdots & 0.1019 & 0.0000 & 0.0000 & 0.0285 \\ 0.0033 & 0.0000 & 0.0000 & 0.0869 & \cdots & 0.0937 & 0.0000 & 0.0000 & 0.0000 \\ 0.0479 & 0.0421 & 0.0000 & 0.4480 & \cdots & 0.1577 & 0.0000 & 0.0000 & 0.0285 \\ 0.1409 & 0.0766 & 0.6667 & 0.0386 & \cdots & 0.1040 & 0.0000 & 0.0000 & 0.0000 \end{bmatrix}$$

对标准化矩阵 A 进行计算，分别求出每个指标的熵值和权重，如表6-9所示。

指标的熵值及权重　　　　表6-9

指标	熵值	权重	指标	熵值	权重
θ_{11}	0.9194	0.0388	θ_{27}	0.9825	0.0084
θ_{12}	0.9037	0.0464	θ_{31}	0.9966	0.0016
θ_{13}	0.9494	0.0244	θ_{32}	0.5693	0.2077
θ_{14}	0.9668	0.0160	θ_{33}	0.9931	0.0033
θ_{15}	0.9464	0.0258	θ_{34}	0.9916	0.0040
θ_{21}	0.9181	0.0395	θ_{35}	0.9998	0.0003
θ_{22}	0.9881	0.0057	θ_{36}	0.9976	0.0011
θ_{23}	0.9727	0.0131	θ_{37}	0.9957	0.0020
θ_{24}	0.9854	0.0070	θ_{38}	0.5349	0.2242
θ_{25}	0.9920	0.0038	θ_{39}	0.4849	0.2484
θ_{26}	0.9797	0.0097	θ_{310}	0.8572	0.0688

由表6-9得到每个指标对应的权重，权重向量为：

$$w_1 = \begin{pmatrix} 0.0388, & 0.0464, & 0.0244, & 0.0160, & 0.0258, & 0.0395, & 0.0057, & 0.0131, & 0.0070, & 0.0038, & 0.0097, \\ 0.0084, & 0.0016, & 0.2077, & 0.0033, & 0.0040, & 0.0003, & 0.0011, & 0.0020, & 0.2242, & 0.2484, & 0.0688 \end{pmatrix}$$

（2）层次分析法确定权重

通过对指标的多个判断矩阵进行赋值，可得到以下 4 个判断矩阵：

$$A = \begin{bmatrix} 1 & 3 & 2 \\ \frac{1}{3} & 1 & \frac{1}{2} \\ \frac{1}{2} & 2 & 1 \end{bmatrix}$$

$$B_1 = \begin{bmatrix} 1 & 2 & 3 & 4 & 3 \\ \frac{1}{2} & 1 & 2 & 2 & 1 \\ \frac{1}{3} & \frac{1}{2} & 1 & 1 & 1 \\ \frac{1}{4} & \frac{1}{2} & 1 & 1 & \frac{1}{2} \\ \frac{1}{3} & 1 & 1 & 1 & 1 \end{bmatrix}$$

$$B_2 = \begin{bmatrix} 1 & \frac{1}{3} & \frac{1}{3} & \frac{1}{2} & \frac{1}{2} & \frac{1}{3} & 1 \\ 3 & 1 & \frac{1}{2} & 2 & 2 & 1 & 2 \\ 3 & 2 & 1 & 3 & 3 & 2 & 2 \\ 2 & \frac{1}{2} & \frac{1}{3} & 1 & 1 & \frac{1}{2} & 1 \\ 2 & \frac{1}{2} & \frac{1}{3} & 1 & 1 & \frac{1}{2} & 1 \\ 3 & 1 & \frac{1}{2} & 2 & 2 & 1 & 2 \\ 1 & \frac{1}{2} & \frac{1}{2} & 1 & 1 & \frac{1}{2} & 1 \end{bmatrix}$$

$$B_3 = \begin{bmatrix} 1 & 2 & \frac{1}{2} & 3 & 2 & 1 & 3 & 2 & 2 & 2 \\ \frac{1}{2} & 1 & \frac{1}{2} & 3 & 2 & 1 & 3 & 1 & 1 & 1 \\ 2 & 2 & 1 & 2 & 1 & 2 & 2 & 1 & 1 & 1 \\ \frac{1}{3} & \frac{1}{3} & \frac{1}{2} & 1 & 1 & \frac{1}{3} & 1 & \frac{1}{2} & \frac{1}{2} & \frac{1}{3} \\ \frac{1}{2} & \frac{1}{2} & 1 & 1 & 1 & \frac{1}{2} & 1 & \frac{1}{2} & \frac{1}{2} & 1 \\ 1 & 1 & 2 & 3 & 2 & 1 & 3 & 2 & 2 & 1 \\ \frac{1}{3} & \frac{1}{3} & \frac{1}{2} & 1 & 1 & \frac{1}{3} & 1 & \frac{1}{2} & \frac{1}{2} & \frac{1}{2} \\ \frac{1}{2} & 1 & 1 & 2 & 2 & \frac{1}{2} & 2 & 1 & 1 & \frac{1}{2} \\ \frac{1}{2} & 1 & 1 & 2 & 2 & \frac{1}{2} & 2 & 1 & 1 & \frac{1}{2} \\ \frac{1}{2} & 1 & 1 & 3 & 2 & 1 & 2 & 2 & 2 & 1 \end{bmatrix}$$

经计算，4 个判断矩阵均通过一致性检验，如表 6-10 所示。

判断矩阵数值表　　　　　　　　　　表 6-10

判断矩阵	最大特征值	CI	RI	CR
A	3.01	0.0046	0.58	0.0079

续表

判断矩阵	最大特征值	CI	RI	CR
B_1	5.06	0.0146	1.12	0.0130
B_2	7.11	0.0184	1.32	0.0139
B_3	10.25	0.0283	1.49	0.0190

其中,各判断矩阵的最大特征值对应的权重向量如表 6-11 所示。

权重向量表　　　　　表 6-11

判断矩阵	权重向量
A	w_A=(0.5396, 0.1634, 0.2970)
B_1	w_{B1}=(0.4108, 0.2014, 0.1236, 0.1007, 0.1635)
B_2	w_{B2}=(0.0667, 0.1809, 0.2791, 0.0984, 0.0984, 0.1809, 0.0956)
B_3	w_{B3}=(0.1578, 0.1091, 0.1091, 0.0443, 0.0708, 0.1507, 0.0464, 0.0920, 0.0920, 0.1278)

根据优化权重计算公式,计算得到优化权重,如表 6-12 所示。

指标优化权重值　　　　　表 6-12

指标	权重	指标	权重
θ_{11}	0.1285	θ_{27}	0.0159
θ_{12}	0.0984	θ_{31}	0.0120
θ_{13}	0.0559	θ_{32}	0.1137
θ_{14}	0.0409	θ_{33}	0.0143
θ_{15}	0.0661	θ_{34}	0.0101
θ_{21}	0.0289	θ_{35}	0.0036
θ_{22}	0.0180	θ_{36}	0.0098
θ_{23}	0.0339	θ_{37}	0.0074
θ_{24}	0.0147	θ_{38}	0.1085
θ_{25}	0.0109	θ_{39}	0.1142
θ_{26}	0.0234	θ_{310}	0.0709

在所有指标中,根据指标权重的数值可以看出,总消费金额、百公里急减速次数、超速时间比例、百公里急加速次数和总使用次数的数值较大,说明这几项指标在评价过程中最重要。这 5 项指标不仅反映了用户对企业产生的直接效益,也反映了用户在出行过程中的安全性,驾驶安全的用户能够在一定程度上避免对企业造成损失。剩余指标中,最大减速度、最大转向角、转向平稳性、最大加速度和出行时长稳定性的数值较小,在

所有指标中重要性较低，表明用户在使用共享汽车时，不安全驾驶行为的波动程度影响程度要低于这些行为的出现频率，频率更能反映出用户的驾驶特点。因此，行为波动对企业的影响要低。综合来看，各指标权重的大小能够反映出用户对企业产生的各种影响，且符合实际中企业的判断准则。

2. 基于 TOPSIS 法的用户综合评价分析

首先，需要确定评价指标矩阵，并对指标数据正向化处理。在本节的研究指标中，最后用车时间差、站点异质性比例、速度平稳性、超速时间比例、加速度平稳性、最大加速度、转向角标准差、最大转向角、百公里急加速次数、百公里急减速次数和百公里急转弯次数均为负向型指标，因此需要将这些指标转化为正向型指标，并将正向化矩阵标准化。表 6-13 表示所有用户评价指标的分布范围，部分用户的评价指标示例和标准化示例如表 6-14、表 6-15 所示。

用户评价指标的分布范围　　　　　　　　表 6-13

指标	分布范围
总消费金额（元）	[5.45，6572.22]
总使用次数	[1，262]
用车类型	[1，2，3，4]
注册时长	[105，933]
最后用车时间差	[0，98]
站点异质性比例	[0，1]
站点使用稳定性	[0.14，1]
出行日期稳定性	[0.14，1]
出行距离稳定性	[0.33，1]
出行时长稳定性	[0.33，1]
出行时刻稳定性	[0.09，1]
平均速度稳定性	[0，0.54]
速度平稳性	[0，1]
超速时间比例	[0，0.03]
加速度平稳性	[0，2.74]
最大加速度	[1.16，4.12]
最大减速度	[-4.79，-0.42]
转向平稳性	[0，1.03]
最大转向度	[74，162]
百公里急加速次数	[0，15]
百公里急减速次数	[0，24]
百公里急转弯次数	[0，9]

用户评价指标示例　　　　　　　　　　　　　　　　表 6-14

指标	20005zsmzg17	20004mjc5q9s	200044kkg637
总消费金额（元）	165.875	780.88	259.36
总使用次数	14	13	8
用车类型	2	4	2
注册时长	160	514	639
最后用车时间差	44	6	21
站点异质性比例	0.1428	0.8333	0.6667
站点使用稳定性	0.3929	0.9167	0.6667
出行日期稳定性	0.2143	0.2500	0.6667
出行距离稳定性	0.9285	0.5833	0.8333
出行时长稳定性	0.9285	0.6667	0.6667
出行时刻稳定性	0.2143	0.1667	0.1667
平均速度稳定性	0.0971	0.0391	0.0630
速度平稳性	0.5593	0.6667	0.6421
超速时间比例	0.0000	0.0000	0.0000
加速度平稳性	1.3084	1.5454	1.4433
最大加速度	0.9008	1.4677	1.9856
最大减速度	−1.0709	−1.4596	−1.7453
转向平稳性	0.2440	0.2486	0.2489
最大转向角	82.9286	114.5455	98.4482
百公里急加速次数	0	1	0
百公里急减速次数	0	0	0
百公里急转弯次数	0	0	2

用户评价指标标准化示例　　　　　　　　　　　　　　表 6-15

指标	20005zsmzg17	20004mjc5q9s	200044kkg637
总消费金额	0.0246	0.1181	0.0386
总使用次数	0.0536	0.0498	0.0306
用车类型	0.3333	1.0000	0.3333
注册时长	0.0664	0.4939	0.6449
最后用车时间差	0.4489	0.8612	0.2142
站点异质性比例	0.1428	0.8333	0.6667
站点使用稳定性	0.2940	0.9031	0.6124

续表

指标	20005zsmzg17	20004mjc5q9s	200044kkg637
出行日期稳定性	0.0833	0.1250	0.6111
出行距离稳定性	0.8928	0.3750	0.7500
出行时长稳定性	0.8928	0.5000	0.5000
出行时刻稳定性	0.1376	0.0853	0.0853
平均速度稳定性	0.1797	0.0722	0.1165
速度平稳性	0.2958	0.4003	0.3762
超速时间比例	0.0000	0.0000	0.0000
加速度平稳性	0.1659	0.2523	0.2150
最大加速度	0.0586	0.1274	0.1901
最大减速度	0.9008	0.8522	0.8165
转向平稳性	0.2138	0.2183	0.2186
最大转向度	0.0967	0.1359	0.1470
百公里急加速次数	0.0000	0.0667	0.0000
百公里急减速次数	0.0000	0.0000	0.0000
百公里急转弯次数	0.0000	0.0000	0.2222

在对指标进行标准化后，分别针对未赋权和优化后赋权两种情况，利用 TOPSIS 法对用户评价结果进行对比分析。TOPSIS 法先确定虚拟的最优用户和最差用户，并计算实际每名用户到最优、最差用户之间的距离，从而计算用户的得分并确定用户的优劣排序。为让评价结果更符合实际应用，本节将最优用户的分数设置为 100，其他用户得分按照比例依次计算得出。

图 6-19 和图 6-20 分别表示赋权前和赋权后用户的评价得分分布。通过两图的对比可

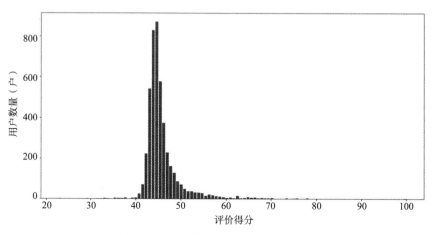

图 6-19 赋权前用户的评价得分分布图

以发现，赋权前用户得分集中，主要分布在之间。赋权后的用户虽然分数范围变小，但分布相对分散，用户之间的区别也较为明显。此外，虽然分数有所变化，但赋权前后的用户排名基本保持不变。因此，通过对不同指标进行权重的赋值，可以加强用户间的区别，使评价结果更符合实际。表6-16为部分用户的综合评价结果。

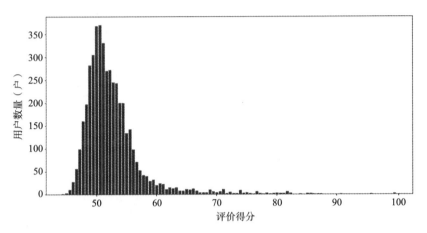

图6-20　赋权后用户的评价得分分布图

部分用户的综合评价结果　　　　　　　　　　　表6-16

用户ID	D^+	D^-	得分	排名
20005zsmzg17	0.2836	0.0487	48.01	2916
10005mzrgx35	0.2590	0.0682	57.12	211
1000555nj3mb	0.2430	0.0905	66.37	48
10005c36z8jh	0.2172	0.1438	85.06	4

由于评价得分是基于所有指标最优值和最劣值进行计算，所以在计算过程中，用户经济价值、驾驶安全性等因素都会对分数产生影响，从而导致用户整体分数偏低。在排名前20%的用户中，高价值用户占比最高，为53.49%，低价值用户占比最低，为3.17%，这些低价值用户出行行为良好，出行稳定性较高，且未出现无危险驾驶行为；在排名后20%的用户中，低价值用户占比最高，为87.01%，其余12.99%的用户为潜在用户。

3. 基于GBDT预测的用户综合评价分析

考虑到共享汽车企业在发展运营过程中，会不断吸引新用户的加入，为节约运营成本，本节在前述TOPSIS法评价模型的基础上，利用GBDT预测算法对评价结果进行分析学习，从而为新用户提供评价结果。

（1）模型建立

1）训练集与测试集

本节预测评价模型选取3660名用户的评价指标和评价结果作为训练集，剩余920名用户数据作为测试集，建立GBDT预测评价模型。

2）参数设置

在构建模型过程中，需要对不同的参数进行调整，从而使精度尽可能达到最高。因此，分别设置模型迭代次数 M、树的最大深度 maxDepth 和学习率 r，可以得到模型各参数与误差关系图。

根据图 6-21 ~ 图 6-23 的结果，可以得出 GBDT 预测模型最优参数如表 6-17 所示。

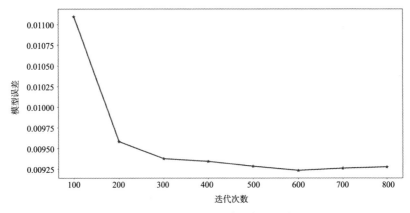

图 6-21　误差随迭代次数的变化

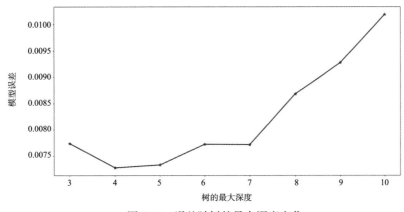

图 6-22　误差随树的最大深度变化

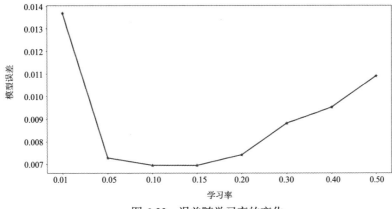

图 6-23　误差随学习率的变化

GBDT 预测模型最优参数　　　　表 6-17

迭代次数	树的最大深度	学习率
600	4	0.15

（2）结果分析

将 3660 名用户的指标数据和评价结果作为训练集，利用 GBDT 算法预测出的部分用户评价结果和预测误差如表 6-18 所示。误差和预测准确率的定义分别见式（6-59）和式（6-60）。920 名用户预测评价结果误差如图 6-24 和图 6-25 所示。

$$\varepsilon_i = score_{pi} - score_{ai} \quad (6\text{-}59)$$

式中　　ε_i——测试集中的第 i 名用户的预测误差；
$score_{pi}$ 和 $score_{ai}$——表示该名用户的预测评价结果和实际评价结果。

$$accuracy = \frac{\sum_{i=1}^{Num} 1 - |\varepsilon_i - score_{ai}|}{Num} \quad (6\text{-}60)$$

式中　$accuracy$——模型的预测准确率；
　　　Num——测试集的用户数量。

部分用户评价结果和预测误差　　　　表 6-18

用户 ID	预测评价结果	实际评价结果	预测误差
20005nwmhdmp	67.77	67.68	0.09
100058zjtn63	67.66	67.84	−0.18
10005c6xgllv	48.73	48.58	0.15
10005x8hww1m	52.75	52.62	0.25
30004976bfpt	49.59	49.79	−0.20
200066sr4f48	48.94	48.21	0.73

如图 6-24 和图 6-25 所示，绝大多数评价结果预测误差的绝对值不超过 2.0，集中分布在 −1 ~ 1 之间。此外，由准确率计算公式计算得到模型的预测准确率为 99.10%，表明 GBDT 预测的共享汽车用户评价结果准确率高，不仅能够准确地给出新用户的评价结果，还能够提高企业运营效率，在实际应用中有较高的参考价值。

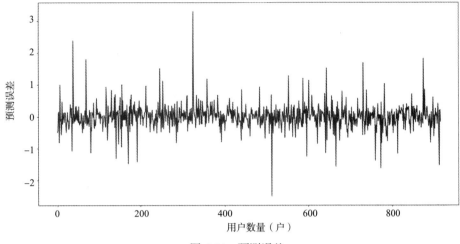

图 6-24 预测误差

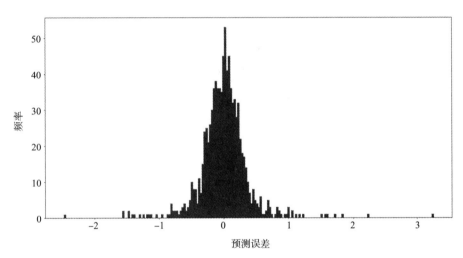

图 6-25 预测误差直方图

参 考 文 献

[1] Shaheen S A, Cohen A P.Carsharing and Personal Vehicle Services: Worldwide Market Developments and Emerging Trends[J].International Journal of Sustainable Transportation, 2013, 7 (1): 5-34.

[2] Crane K, Ecola L, Hassell S, et al.Energy Services Analysis: An Alternative Approach for Identifying Opportunities to Reduce Emissions of Greenhouse Gases[M].Santa Monica, CA: RAND Corporation, 2012.

[3] 张巍, 刘喜波.北京市共享汽车统计分析研究[J].中国市场, 2019 (2): 26-28+32.

[4] 廖进扬, 丛钰卓.中国共享汽车行业发展研究综述——过去、现在、未来[J].现代商贸工业, 2019, 40 (6): 16-17.

[5] Wang M, Martin E W, Shaheen S A.Carsharing in Shanghai, China: Analysis of Behavioral Response to Local Survey and Potential Competition[J].Transportation Research Record, 2012, 2319 (1): 86-95.

[6] Elliot, Martin, Susan, et al.Impact of Carsharing on Household Vehicle Holdings: Results from North American Shared-Use Vehicle Survey[J].Transportation Research Record, 2018.

[7] Millard-Ball A, Murray G, Ter Schure J.Carsharing as Parking Management Strategy[C]// Transportation Research Board 85th Annual Meeting, 2006.

[8] Efthymiou D, Antoniou C, Waddell P.Factors affecting the adoption of vehicle sharing systems by young drivers[J].Transport Policy, 2013, 29: 64-73.

[9] Yoon T, Cherry C R, Jones L R.One-way and round-trip carsharing: A stated preference experiment in Beijing[J].Transportation Research Part D: Transport and Environment, 2017, 53: 102-114.

[10] Zoepf S M, Keith D R.User decision-making and technology choices in the U.S.carsharing market[J].Transport Policy, 2016, 51: 150-157.

[11] Costain C, Ardron C, Habib K N.Synopsis of users' behaviour of a carsharing program: A case study in Toronto[J].Transportation Research Part A: Policy and Practice, 2012, 46 (3): 421-434.

[12] Jin F, Yao E, An K.Analysis of the potential demand for battery electric vehicle sharing: Mode share and spatiotemporal distribution[J].Journal of Transport Geography, 2020, 82: 102630.

[13] 卿三东, 唐敏.共享汽车使用意愿研究[J].时代汽车, 2019 (16): 21-22.

[14] 勾钰,秦雅琴,章涛.共享汽车影响下居民出行行为特征分析——以昆明市呈贡大学城为例[J].物流科技, 2019, 42 (7): 103-106.

[15] 刘向，董德存，王宁，等.基于Nested Logit的电动汽车分时租赁选择行为分析[J].同济大学学报（自然科学版），2019，47（1）：47-55.

[16] 徐慧亮.基于UTAUT模型的共享汽车使用意愿研究[J].产业与科技论坛，2019，18（20）：93-95.

[17] 杨蕴敏.汽车共享的社会效益与环境效益分析[J].科教文汇旬刊，2018，442（12）：211-212.

[18] 张淼，惠英，汪鸣泉.汽车共享对城市温室气体排放的影响[J].中国人口资源与环境，2012，22（9）：48-53.

[19] 夏凯旋，何明升，张华.北京市发展汽车共享服务的经济生态效率及其可行性研究[J].中国软科学，2006（12）：64-70.

[20] 袁霞，王爱民.基于TAM的共享汽车使用意愿影响因素研究[J].武汉理工大学学报（信息与管理工程版），2018，40（4）：434-438.

[21] 陈人杰.共享交通出行者特征及其分担率预测研究[D].南京：东南大学，2018.

[22] 尹治.共享汽车用户的满意度分析[D].昆明：云南大学，2019.

[23] 黄露儿，林洁.关于GoFun出行用户满意度现状调查及建议——以杭州滨江区为例[J].现代经济信息，2019（20）：308-310.

[24] 张圆，邓院昌.基于Logit模型的共享汽车出行影响因素分析[J].科学技术与工程，2019，19（4）：254-258.

[25] Giulio, Giorgione, Francesco, et al.Availability-based dynamic pricing on a round-trip carsharing service: an explorative analysis using agent-based simulation - ScienceDirect[J].Procedia Computer Science, 2019, 151: 248-255.

[26] 王新源.北京市发展共享汽车服务的运营策略研究[J].时代金融，2014（2）：125-126.

[27] 汪磊，马万经，陈蓓，等.汽车共享系统运营模式特征与运营调度研究综述[C]// 中国城市规划学会城市交通规划学术委员会.2017年中国城市交通规划年会论文集.北京：中国建筑工业出版社，2017.

[28] 陈卫东，杨若愚，杨浩博.我国新能源汽车分时租赁发展的现状、问题与对策研究——以上海市"EVCARD"模式为例[J].综合运输，2017，39（8）：89-92.

[29] Galatoulas N, Genikomsakis K N, Ioakimidis C S.Analysis of potential demand and costs for the business development of an electric vehicle sharing service[J].SUSTAIN CITIES SOC, 2018, 42.

[30] 崔晓敏.基于需求预测的单向共享电动汽车车辆调度方法研究[D].大连：大连理工大学，2019.

[31] 吴阳，杨晓芳，郑喆.基于改进型遗传算法的共享汽车停放点布局优化研究[J].物流科技，2017，40（12）：78-82.

[32] Serot Edourad，杨帆.电动汽车共享服务选址方法研究[J].上海汽车，2013（7）：32-35.

[33] Fassi.Evaluation of carsharing network's growth strategies through discrete event simulation[J].Expert Systerms With Applications, 2012.

[34] 陈金升.新能源汽车分时租赁需求预测及调度方法研究[D].武汉：武汉理工大学，2018.

[35] 宋婷颖，盛建平.基于马尔科夫链模型与遗传算法的共享汽车调度方法研究[J].工业控制计

算机，2019，32（5）：127-128.

[36] Kim J，Rasouli S，Timmermans H J P.The effects of activity-travel context and individual attitudes on car-sharing decisions under travel time uncertainty：A hybrid choice modeling approach[J]. Transportation Research Part D：Transport and Environment，2017，56：189-202.

[37] Qian C，Li W，Ding M，et al.Mining Carsharing Use Patterns from Rental Data：A Case Study of Chefenxiang in Hangzhou China[J].Transportation Research Procedia，2017，25：2583-2602.

[38] Zhu X，Li J，Liu Z，et al.Optimization Approach to Depot Location in Car Sharing Systems with Big Data[C]// IEEE International Congress on Big Data.IEEE Computer Society，2015.

[39] Zhang D，Liu Y，He S.Vehicle assignment and relays for one-way electric car-sharing systems[J]. Transportation Research Part B：Methodological，2019，120：125-146.

[40] 翟靖轩，安计勇，闫子骥.基于距离阈值及样本加权的K-means聚类算法[J].微电子学与计算机，2015，32（8）.

[41] 郭靖.对K-means聚类算法欧氏距离加权系数的研究[J].网络安全技术与应用，2016（10）：74-75.

[42] 冯佩雨.公共自行车系统调度管理优化方法研究[D].南京：东南大学，2018.

[43] 王超.城市公共自行车分区调度模型研究[D].杭州：杭州电子科技大学，2016.

[44] 周志华.机器学习[M].北京：清华大学出版社，2016.

[45] 冯佩雨.公共自行车系统调度管理优化方法研究[D].南京：东南大学，2018.

[46] 王超.城市公共自行车分区调度模型研究[D].杭州：杭州电子科技大学，2016.

[47] 周志华.机器学习[M].北京：清华大学出版社，2016.

[48] Huang K，de Almeida Correia G H，An K.Solving the station-based one-way carsharing network planning problem with relocations and non-linear demand[J].Transportation Research Part C，2018，90.1-17.

[49] 梁希喆.北京市出租车需求价格弹性分析——基于2001—2011年的年度数据[J].交通财会，2013（4）：69-72.

[50] Du J，Aultman-Hall L.Increasing the accuracy of trip rate information from passive multi-day GPS travel datasets：Automatic trip end identification issues[J].Transportation Research Part A：Policy and Practice，2007，41（3）：220-232.

[51] Holland J H.Adaptation in Natural and Artificial Systems：An Introductory Analysis with Applications to Biology，Control，and Artificial Intelligence[M].The MIT Press，1992.

[52] 菅倩.基于矩阵编码的遗传算法研究与应用[D].太原：太原理工大学，2008.

[53] 杨劼.求解约束优化问题的遗传算法研究[D].大连：大连海事大学，2013.

[54] 徐梅，文士发，王福林，官林.遗传算法求解约束优化问题时产生初始种群的改进方法[J].东北农业大学学报，2014，45（7）：104-107+111.

[55] 余智勇，袁逸萍，李晓娟.改进初始种群的遗传算法解决柔性车间调度[J].机械设计与制造，2016（11）：258-260+264.

[56] Goldberg D E，Segrest P.Finite Markov Chain Analysis of Genetic Algorithms.International

Conference on Genetic Algorithms[C]// Proceedings of the Second International Conference on Genetic Algorithms on Genetic algorithms and their application.Cambridge，Massachusetts，USA：L.Erlbaum Associates Inc，1987：1-8.

[57] Back T.The Interaction of Mutation Rate，Selection and Self-Adaptation within a Genetic Algorithm[J].Parallel Problem Solving from Nature，1992，84-94.

[58] 徐宗本.计算智能（第一册）——模拟进化计算[M].北京：高等教育出版社，2004.

[59] 田静静.共享汽车站点选址优化模型与算法[D].北京：北京交通大学，2020.

[60] 宁哲.共享单车用户和企业的信用评价研究[D].南京：南京审计大学，2018.

[61] 李莎莎.基于改进层次分析法和熵权法的采矿方法优选研究[J].化工矿物与加工，2020，49（3）：1-4.